IMMACULÉE ILIBAGIZA
mit Steve Erwin

DER JUNGE, DEM JESUS BEGEGNETE

IMMACULÉE ILIBAGIZA

mit Steve Erwin

DER JUNGE, DEM JESUS BEGEGNETE

SEGATASHYA VON KIBEHO

media maria

Bibliografische Information: Deutsche Nationalbibliothek.
Die Deutsche Nationalbibliothek verzeichnet diese Publikation in der
Deutschen Nationalbibliografie; detaillierte bibliografische Daten sind im
Internet über http://dnb.ddb.de abrufbar.

Titelbild auf dem Umschlag: Amy Rose Grigoriou

Die Originalausgabe erschien unter dem Titel:

THE BOY WHO MET JESUS
Segatashya of Kibeho
© 2011 by Immaculée Ilibagiza
Herausgegeben von Hay House Inc., Carlsbad, California, New York City,
London, Sydney, Johannesburg, Vancouver, Hong Kong, New Delhi

Titel der deutschen Ausgabe:

Immaculée Ilibagiza mit Steve Erwin
DER JUNGE, DEM JESUS BEGEGNETE
Segatashya von Kibeho
© Media Maria Verlag, Illertissen
4. Auflage, 2026
Übersetzung: Dr. Gabriele Stein
ISBN 978-3-9454013-7-8
Alle Rechte vorbehalten

www.media-maria.de

Für Segatashya, einen Freund, wahrhaftigen Seher und Gottesboten. Ich bete, dass Deine Erscheinungen eines Tages von der Kirche offiziell anerkannt und all die Botschaften, die Jesus Dir anvertraut hat, von der ganzen Welt gehört und beherzigt werden.

Inhalt

Kapitel 1
Die Stimme in der Dunkelheit 11

Kapitel 2
Wie ich Segatashya entdeckte 27

Kapitel 3
Die Seher und Seherinnen von Kibeho 49

Kapitel 4
Kind, Sohn, Bruder – und nun auch Seher 73

Kapitel 5
Auf Segatashyas Spuren 103

Kapitel 6
Der gute Arzt und das Ende der Zeiten 129

Kapitel 7
Das Ende der Welt nach den Worten Jesu 151

Kapitel 8
Mystische Reisen und Marias liebevolle Arme 163

Kapitel 9
Abschied von zu Hause, der Pate und die Mission in
Burundi 181

Kapitel 10
Die Mission im Kongo 199

Epilog
Meine Begegnung mit Segatashya 225
Danksagungen 237
Über die Autoren 239

Wenn jemand bereits weiß,
dass ich auf diese Erde gekommen bin,
dann lass ihn auch wissen,
dass meine Wiederkunft bevorsteht.

Jesus zu Segatashya

Kapitel 1

Die Stimme in der Dunkelheit

Zuerst konnte ich gar nichts sehen; ich fühlte nur, dass ich mich allein in völliger Dunkelheit befand, und diese Dunkelheit war so massiv, dass ich dachte, sie würde mich erdrücken. Dann drang wie eine Rettungsleine von irgendwoher jenseits der tiefen Schwärze der Nacht eine vertraute Stimme an mein Ohr – eine tröstende Stimme, die Stimme eines Menschen, den ich von klein auf gekannt hatte und zu dem ich Vertrauen hatte. Die Stimme gehörte Segatashya, dem »Jungen, dem Jesus begegnet ist«, wie er in meinem afrikanischen Heimatland Ruanda genannt wird.

Segatashyas sanfte Stimme kam über den lichtlosen Abgrund zu mir, als gleite sie auf einem stillen Windhauch. Zunächst nicht zu entziffern, formte sie sich allmählich zu leise geflüsterten Worten: »Der Himmel erwartet uns alle, wenn unsere Zeit gekommen ist, diese Welt zu verlassen, doch nur, wenn unsere Herzen rein und lauter sind.«

Plötzlich wurde mir bewusst, dass ich schlafen und mich mitten in einem Traum befinden musste, denn Segatashya war viele Jahre zuvor ermordet worden: eines der über eine Million unschuldiger Opfer, die während des entsetzlichen Völkermords 1994 in Ruanda niedergemetzelt worden waren. Und jetzt – jedenfalls am Abend, als ich zu Bett gegangen war – hatten wir Mitte November 2010 ...

Also wusste ich, dass es ein Traum sein musste. Doch ich wusste auch, dass, wenn das wirklich ein Traum war, ich noch nie zuvor etwas Ähnliches geträumt hatte. Was ich fühlte, war so lebhaft, real und lebensecht wie alles, was ich im wachen Zustand erlebte.

Erneut drang die Stimme an mein Ohr: »Jesus sagt, dass wir unsere Herzen auf das Ende der Zeiten vorbereiten müssen. Wir alle werden eines Tages sterben – wir dürfen nicht so leben, als wüssten wir nicht, dass unsere Zeit auf dieser Erde ein Ende haben wird. Die Welt selbst wird ein Ende haben, und dieser Tag kommt rasch näher. Wir müssen alle unsere Sünden bereuen, ehe es zu spät ist. Wir müssen um Vergebung unserer Schuld bitten und in unseren Herzen bereit sein, unseren Schuldigern zu vergeben. Wir müssen unsere Herzen mit der Liebe Gottes läutern und unseren Geist reinigen, indem wir ein Leben voller Liebe und Güte leben. Wir müssen unsere Seele auf den Tag des Gerichts vorbereiten. Die Wiederkunft Christi ist nahe, und die Tore des Himmels werden sich nur dann für uns öffnen, wenn der Herr uns für würdig befindet, in sein Reich einzugehen.«

Die Worte wurden mir immer vertrauter und mir wurde bewusst, dass ich nicht nur die Stimme, sondern auch diese besondere Botschaft erkannte. Genau diese warnenden Sätze hatte ich Segatashya aussprechen hören, als ich noch ein junges Mädchen war.

In meinem Traum glitt ich über den Boden: Mein Herz trug mich der Stimme entgegen, die mich aus der Dunkelheit heraus in einen goldenen Lichtkreis führte. Mehrere Dutzend Menschen waren in der Mitte dieses Lichtkreises versammelt; sie alle lauschten aufmerksam einem Jungen, der voller Nachdruck und Leidenschaft zu ihnen sprach. Der junge Mann saß auf einer langen Holzbank und seine Zuhörer scharten sich um ihn. Er kehrte mir den Rücken zu, sodass ich sein Gesicht nicht sehen konnte, aber ich war sicher, dass es Segatashya war.

Als ich ihn zum ersten Mal hatte sprechen hören, war ich zwölf Jahre alt gewesen und nichts in aller Welt wird den vollen Klang seiner Stimme oder den wunderbaren Inhalt seiner Botschaften je aus meinem Gedächtnis löschen können. Genau genommen habe ich nicht den geringsten Zweifel daran, dass es jedem, der Segatashya je sprechen gehört hat, ganz genauso ergeht – wenn seine liebevollen Worte erst einmal das Herz eines Menschen berührt haben, wird er sie für immer behalten.

Für diejenigen von Ihnen, die mein letztes Buch *Die Erscheinungen von Kibeho: Maria spricht zur Welt aus dem Herzen Afrikas* nicht kennen, sollte ich erklären, dass Segatashya einer von mehreren jungen Seherinnen und Sehern war, denen in den 1980er-Jahren in dem abgelegenen ruandischen Dorf Kibeho die Jungfrau Maria – und in Segatashyas Fall Jesus Christus – erschienen ist.

In der fraglichen Zeit gab es Dutzende Seher und Seherinnen, die behaupteten, sie hätten himmlische Erscheinungen gehabt, doch in *Die Erscheinungen von Kibeho* habe ich mich auf die acht konzentriert, die von der katholischen Kirche und von den Zehntausenden Pilgern, die nach Kibeho strömten, um dort im Glauben bestärkt zu werden, für die glaubhaftesten befunden worden waren.

Im Wesentlichen überbrachten die Seherinnen und Seher Botschaften der Liebe: Hinweise, wie wir besser und in größerer Übereinstimmung mit dem Willen Gottes leben können. Wenn wir dem inspirierenden Rat dieser Botschaften Folge leisteten, so ließen sie uns wissen, dann würde die Welt ein friedlicherer Ort werden und unsere Seelen würden besser auf jenen Tag am Ende unseres Lebens vorbereitet sein, an dem wir Jesus begegnen und über unsere Zeit auf Erden werden Rechenschaft ablegen müssen.

Die himmlischen Botschaften, die in Kibeho überbracht wurden, sind – das haben sowohl die Muttergottes als auch Jesus ausdrücklich gesagt – von großer und unmittelbarer Bedeutung für alle Menschen auf der ganzen Welt. Sie enthielten Warnungen für Ruanda, für unseren Planeten und für die Seelen jedes einzelnen Menschen – Warnungen vor den furchtbaren Dingen, die uns als Einzelne und als der Gattung Mensch zustoßen könnten, wenn wir in unserem Leben nicht den reinen und liebevollen Lebensstil umsetzten, den Jesus und Maria uns vorstellten. Die Welt ist, wie Jesus zu Segatashya gesagt hat, in einer sehr schlechten Verfassung, und uns stehen schreckliche Zeiten bevor – doch so schlimm es auch kommen mag: Wenn wir von ganzem Herzen beten und in aufrichtiger Absicht Gutes tun, dann werden wir in dieser und in der nächsten Welt Frieden finden.

Als die Erscheinungen in Kibeho begannen, war ich elf Jahre alt. Die erstaunlichen mystischen Begegnungen, die die Seherinnen und Seher erlebten, und die wunderbaren Botschaften, die sie vom Himmel empfingen und an uns weitergaben, haben mein Leben in vielerlei Hinsicht geprägt, mehr als ich es erfassen kann. Und keiner der Seher hatte größeren Einfluss auf meinen jungen Verstand, meinen aufkeimenden Glauben und mein langfristiges spirituelles Wachstum als Segatashya. Seine einzigartige persönliche Geschichte und unglaubliche Interaktion mit Jesus haben mich als Kind gefangen genommen und seither – zum Glück! – nicht mehr losgelassen. Ich bin sicher, dass Sie genau dasselbe empfinden werden, wenn Sie ihn erst einmal so kennengelernt haben wie ich.

Obwohl die Erscheinungen von Kibeho in großen Teilen der Welt noch immer weitgehend unbekannt sind (doch ich arbeite nach Kräften daran, das zu ändern), hat die Ausstrahlung des wunderbaren Geschehens, das sich dort ereignet hat, auf Ruandas Farmen, Wälder und Dschungel übergegriffen und mein Geburtsland mit solcher Kraft und Intensität mitgerissen, dass seine Priester, Bischöfe und Erzbischöfe gar nicht anders konnten, als aufmerksam zu werden und davon Notiz zu nehmen. Warum auch nicht? Unzählige Ruander legten zu Fuß und oft ohne Nahrung oder Obdach Hunderte Kilometer zurück, nur um einen Blick auf die Seherinnen und Seher von Kibeho zu erhaschen und an den Wundern teilzuhaben, die dort geschahen.

Autoritäten der katholischen Kirche nahmen strenge Ermittlungen auf, um die Herkunft und das Wesen der Erscheinungen zu überprüfen und das Leben und den Hintergrund der Seherinnen und Seher bis ins letzte Detail zu durchleuchten. Eine Untersuchungskommission wurde eingerichtet und der Vatikan selbst beteiligte sich an den Ermittlungen dieser erstaunlichen, übernatürlichen Geschehnisse, die sich in einer der abgeschiedensten Regionen im tiefsten Afrika zutrugen.

Die Ermittlungen, die von Experten im Auftrag der Kirche – unter ihnen Theologen, Naturwissenschaftler, Ärzte und Psychiater – durchgeführt wurden, dauerten rund zwei Jahrzehnte. Und so bemerkenswert die Erscheinungen der Jungfrau Maria und Jesu selbst auch waren: dass die Untersuchungskommission nach zwanzig Jahren ein positives Fazit zog, erschien vielen als ein beinahe ebenso großes Wunder.

Im November 2001 erkannte der Vatikan in einem äußerst seltenen Dekret die Erscheinungen der Jungfrau Maria offiziell an, die drei der Seherinnen zwischen 1981 und 1989 gehabt hatten. Diese drei Seherinnen – Alphonsine, Anathalie und Marie-Claire – waren allesamt Schülerinnen des Mädcheninternats in Kibeho und die ersten Seherinnen überhaupt, die in der Region Erscheinungen gehabt hatten. Das Heiligtum »Unsere Liebe Frau der Schmerzen« in Kibeho wurde von der Kirche auch offiziell anerkannt. Somit wurde Kibeho zum ersten und bis jetzt einzigen kirchlich anerkannten Erscheinungsort in ganz Afrika. Das kleine Heiligtum an der winzigen Dorfschule wird langsam, aber sicher zu einem beliebten Pilgerziel für Gläubige aus aller Welt.

Die Ergebnisse der kirchlichen Untersuchung machten mich überglücklich. Dass die Botschaften Marias und ihres Sohnes in alle Welt gelangten, obwohl sie in einem so entlegenen Land – und an einem Ort, den ein Massaker der schlimmsten Art heimsuchen und beflecken sollte – überbracht worden waren, war für mich ein Beweis dafür, dass Gottes Macht grenzenlos ist und dass seine Liebe alle Hindernisse überwinden wird.

Die Anerkennung des Heiligtums »Unsere Liebe Frau der Schmerzen« begeisterte mich so sehr, dass ich mich hinsetzte und *Our Lady of Kibeho*[1] schrieb. Ich wollte, dass die ganze Welt von den Seherinnen und Sehern aus Kibeho und ihren Botschaften der Liebe, der Hoffnung und des Friedens erfahren sollte. Auch war es mein Wunsch, die ganze Welt an meiner Liebe zur Jungfrau Maria teilhaben zu lassen. Und ich wünschte mir, dass die ganze Welt nach Ruanda reisen möge, um diesen bemerkenswerten Wallfahrtsort Unserer Lieben Frau zu besuchen und um an diesem heiligen Ort die Macht und Reinheit ihrer Liebe zu erspüren.

Meine Wünsche sind auf so vielerlei Weise in Erfüllung gegangen. Mein Buch ist bislang in mehr als zehn Sprachen übersetzt worden und wird, so Gott will, eines Tages von Menschen überall auf der Welt gelesen werden. Hunderte haben sich nach der Lektüre auf den Weg nach Kibeho gemacht und damit eine Reise unternommen, die ihr Leben verändert hat. Viele von ihnen haben auf wunderbare Weise Heilungen erlebt – wie ein kleiner Junge aus meinem Bekanntenkreis, der an Knochenkrebs erkrankt war und geheilt wurde, nachdem seine Großmutter in der Kapelle, in der die Jungfrau Maria den Seherinnen einige Male erschienen ist, den Rosenkranz der Sieben Schmerzen gebetet hatte. Ich selbst habe Dutzende Freunde aus den Vereinigten Staaten auf Pilgerreisen nach Ruanda begleitet und auf diesem heiligen Boden, wo Jesus und die Jungfrau Maria den jungen

---

[1] »Die Erscheinungen von Kibeho«, Illertissen 2016 (Anm. d. Verl.).

Seherinnen und Sehern erschienen sind, unmittelbar viele Herzens- und Seelenverwandlungen miterlebt.

Und doch hatte ich – neben meiner großen Freude darüber, dass ich der Öffentlichkeit einen kleinen Einblick in die Ereignisse von Kibeho ermöglichen und ihnen die Seherinnen und Seher und eine Auswahl der vielen Botschaften, die sie erhalten hatten, vorstellen durfte – das Gefühl, dass ich einem bestimmten Kibeho-Ereignis, das mir in mancher Hinsicht am meisten am Herzen lag, nicht ganz gerecht geworden bin: der Geschichte von Segatashya.

Obwohl ich in *Die Erscheinungen von Kibeho* jede und jeden der acht Seherinnen und Seher von Kibeho (Segatashya eingeschlossen) erwähnt und beschrieben habe, habe ich mich in diesem Buch doch vor allem auf die drei ersten kirchlich anerkannten Seherinnen und ihre Erscheinungen der Jungfrau Maria konzentriert. Ich hege sehr, sehr tiefen Respekt vor der katholischen Kirche und dem Vatikan und wollte keine Unruhe stiften oder ihre Würdenträger – weder die in Ruanda noch die in Rom – verärgern, indem ich Einzelheiten über Visionen und Botschaften berichtete, deren offizielle kirchliche Anerkennung noch aussteht. Der Vatikan ist sehr vorsichtig, wenn es darum geht, ein Ereignis anzuerkennen, von dem irgendjemand behauptet, dass es ein Wunder sei. Jede Art von Geschehen, das auch nur im Entferntesten den Anschein des Übernatürlichen erweckt, wird von den von der Kirche beauftragten Experten systematisch geprüft, ehe über seine Echtheit oder Falschheit befunden wird.

Zu den vielfältigen Bedenken und Vorbehalten des Vatikans in Sachen Wunder und Erscheinungen gehört auch die in hohem Maße verständliche Sorge, dass solche Phänomene das Werk von Dämonen oder das Werk des Teufels selbst sein könnten – dass also das, was auf den ersten Blick ein himmlisches Wunder zu sein scheint, in Wirklichkeit eine List des Satans ist, um leichtgläubige Menschen in Finsternis, Sünde und Verdammnis zu führen.

Als Segatashyas Visionen nicht unmittelbar in die offizielle kirchliche Anerkennung der Geschehnisse von Kibeho miteinbezogen worden waren, befürchtete ich daher zunächst, dass irgendjemand im Vatikan oder in der ruandischen Amtskirche Segatashya und seinen Botschaften gegenüber einen Argwohn hegte. Gott sei Dank war jedoch, wie mir versichert wurde, das genaue Gegenteil der Fall: Jedes Mitglied der Kirche, das mit den Erscheinungen von Kibeho vertraut war, brachte sowohl dem Menschen als auch dem Seher Segatashya allerhöchste Wertschätzung entgegen. Einige der höchsten kirchlichen Amtsträger in Ruanda verbürgten sich mir gegenüber persönlich dafür, dass jede Erscheinung und jede Botschaft, die Segatashya erhalten hatte, mehrmals gründlich überprüft worden war. Am Ende habe keiner der Beteiligten auch nur den leisesten Zweifel gehabt, was die Aufrichtigkeit des Jungen und was die Echtheit seiner Begegnungen mit Jesus und Maria betraf.

Als ich im Gespräch mit einem der maßgeblichsten Experten, der im Auftrag der Kirche die Untersuchungen vorgenommen hatte, meine Besorgnis artikulierte, sagte er zu mir: »Immaculée, jeder in der Untersuchungskommission, der bei Segatashyas Erscheinungen dabei war, medizinische Tests an ihm vorgenommen oder seinen Geisteszustand und seine moralische Gesinnung überprüft hat, war absolut davon überzeugt, dass er sowohl mit Jesus als auch mit Maria gesprochen hat und dass seine Botschaften direkt vom Himmel kamen.

Und was noch wichtiger ist: Jede einzelne Botschaft, die Segatashya überbracht und alles andere, was er im Rahmen seines Sendungsauftrags, Gottes Wort zu verkünden, gesagt hat, hat die Lehre unseres Glaubens untermauert und abgerundet und mit keiner Silbe irgendeiner Aussage widersprochen, die in der Bibel geschrieben steht. Das sind entscheidende Bedingungen, die erfüllt sein müssen, wenn die Kirche übernatürliche Ereignisse untersucht und die Option in Betracht zieht, einen Seher oder eine Erscheinung anzuerkennen ... und Segatashya hat diese Bedingungen mit Bravour gemeistert.«

»Wenn er alle Bedingungen für die offizielle kirchliche Anerkennung erfüllt hat, warum war er dann nicht unter den offiziell anerkannten Sehern?«, fragte ich.

»Du musst Geduld haben, mein Kind«, antwortete der Kirchenmann. »Normalerweise braucht die Kirche Jahrhunderte, ehe sie ein Wunder anerkennt. Zunächst haben die mit der Untersuchung Betrauten diejenigen Seherinnen anerkannt, denen die Jungfrau Maria zuerst erschienen ist. Das hat nur zwanzig Jahre gedauert, was an sich schon ein kleines Wunder ist. Die Kirche besteht seit zweitausend Jahren, und es ist einfach nicht ihre Art, voreilige Schlüsse zu ziehen. Hab Geduld, Immaculée – das gesamte Material, das ich gesehen habe, gibt mir die Gewissheit, dass die Kirche Segatashyas Erscheinungen und die Botschaften Jesu früher oder später bestätigen wird ... und in nicht allzu ferner Zukunft wird der Vatikan auch Segatashya als echten Seher anerkennen.«

Trotz alledem muss ich betonen, dass die Kirche Segatashyas Botschaften bislang nicht anerkannt hat. Doch alles, was ich hier über diese erstaunlichen Erscheinungen berichte, schreibe ich als Augenzeugin und wahre Gläubige – und in der tiefen Überzeugung, dass ich persönlich verpflichtet bin, Segatashyas Geschichte den Menschen bekannt zu machen.

Außerdem hat mich das, was so viele hochrangige Kirchenvertreter mir gegenüber geäußert haben, ganz klar darin bestärkt, Segatashyas Botschaften weiterzugeben, damit andere sich selbst ein Bild machen können. Ich bin zuversichtlich, dass die Kirche Segatashyas Erscheinungen eines Tages anerkennen wird und dass seine Geschichte und der Inhalt seiner vielen Botschaften der Öffentlichkeit dann vollständig zugänglich gemacht werden.

Das vorliegende Buch ist ein erster Schritt in diese Richtung, und bei dem Gedanken daran, dass Segatashyas Geschichte schon bald von anderen Menschen gelesen werden wird, hüpft mein Herz vor Freude.

Auf meinen Reisen bin ich vielen Menschen begegnet, die *Die Erscheinungen von Kibeho* gelesen haben und davon berührt worden sind, und es hat mich getröstet zu erfahren, dass ich meinen Teil dazu beigetragen habe, die Wunder und Botschaften der Erscheinungen von Kibeho in der Welt bekannt zu machen. Segatashya war damit allerdings nicht so zufrieden, wie ich es war ... Zwei Jahre nach der Veröffentlichung meines Buches entschloss er sich, mich in meinen Träumen zu besuchen und mich genau wissen zu lassen, was er darüber dachte.

In meinem Traum, den ich vor Monaten hatte, stand ich ein wenig abseits und sah zu, wie Segatashya einer wachsenden Zahl von Zuhörern, die sich um ihn scharten, unaufhörlich Botschaften von Jesus übermittelte. Segatashyas leise, sanfte Stimme war von der Ernsthaftigkeit angetrieben, die für ihn so typisch war. Er sprach hastig, als läge es ihm auf der Seele, dass er so vieles zu sagen und zu wenig Zeit dafür hatte.

Eine Weile stand ich am Rand des Lichtkreises und lauschte schweigend. Es war herzerwärmend, seine Stimme wieder zu hören. Dann trat ich ins Licht und ging auf ihn zu, drängte mich durch die Menge hindurch, bis ich seine Bank erreichte und mich neben ihn setzen konnte.

Noch hatte er das Gesicht abgewandt, doch ich spürte, dass er meine Gegenwart wahrnahm. Wir waren einander vor vielen Jahren begegnet und mir war klar, dass er mich erkennen würde, sobald er mich dort sitzen sah. Mir war auch klar, dass er, obwohl er seit vielen Jahren im Himmel war, ganz sicher davon wusste und sich darüber freute, dass ich ein Buch über Kibeho geschrieben hatte. Doch aus irgendeinem Grund kehrte

Segatashya mir weiterhin den Rücken zu und drehte sich nicht um, um mich zu begrüßen. Langsam stieg die Angst in mir auf, dass er mich nicht ansehen *wollte*.

Endlich hielt ich es nicht länger aus. Ich legte ihm die Hand auf die Schulter und drehte ihn sanft zu mir herum. »Segatashya!«, rief ich. »Was tust du hier? Du bist tot! Warum bist du in dieses Leben zurückgekehrt? Weißt du nicht, dass du nicht zu diesen Menschen sprechen kannst? Wenn sie merken, dass du tot bist, werden sie Angst vor dir bekommen; sie werden weglaufen und zu erschrocken sein, um noch auf das zu hören, was du ihnen gerade sagst!«

Ich erschrak, als ich den Ausdruck auf seinem sanften Gesicht sah. Dieser Junge, den ich so sehr liebte – und der zu Lebzeiten immer ein Lächeln auf den Lippen gehabt hatte –, war allem Anschein nach überhaupt nicht glücklich, mich zu sehen.

»Du willst wissen, warum ich hier bin?«, fragte er rundheraus. »Aus einem einfachen Grund: Wenn niemand sonst bereit ist, meine Botschaften in der Welt zu verbreiten, dann muss ich einen Weg finden, es selbst zu tun.«

Ich schluckte. Mir zog sich der Magen zusammen, als mir klar wurde, dass Segatashya tatsächlich von dem Buch wusste, das ich über Kibeho geschrieben hatte – und dass er nicht erfreut darüber war.

Und dann sah er in mein Herz und fragte mich, ohne Worte zu benutzen: »Immaculée, warum machst du dir so viele Gedanken darüber, ob die Kirche die Erscheinungen, die ich hatte, als ich noch auf der Erde gelebt habe, anerkennt oder nicht? Du weißt doch, wie spät es für die Menschheit ist; du weißt, dass das Ende naht. Ist es nicht wichtiger, meine Geschichte zu erzählen, als abzuwarten, ob irgendjemand auf der Erde meinen Worten sein Gütesiegel aufdrückt? Ist es nicht *das Wichtigste* auf der Welt, dass die Leute von den Botschaften erfahren, die Jesus mir anvertraut hat? Was ist dringender, als die Botschaften weiterzugeben, von denen Jesus unbedingt will, dass die Menschen sie so schnell wie möglich erfahren – dass sie sie *jetzt sofort* erfahren, ehe es zu spät ist?«

Dann lächelte Segatashya und sagte: »Du weißt doch: Einige Botschaften sind so wichtig, dass sie sofort bekannt gemacht werden müssen, koste es, was es wolle. Manche Dinge sind so wichtig, dass sie einfach nicht warten können, bis sie anerkannt werden!«

Er streckte seine Hand aus und berührte meinen Arm, und ich schrak aus dem Schlaf auf.

Kaum hatte ich die Augen geöffnet, wusste ich, dass dies kein gewöhnlicher Traum, sondern ein himmlischer Fingerzeig gewesen war. Segatashya hatte das Paradies verlassen und war mit einem Auftrag zu mir gekommen: seine Geschichte zu erzählen und seine Botschaften so vielen Menschen mitzuteilen, wie ich nur konnte.

Ich nahm mir nicht einmal die Zeit, die Lampe anzuknipsen, sondern griff direkt nach Stift und Papier, die auf meinem Nachttisch lagen. Im trüben Licht der frühen Dämmerung begann ich, solange der Eindruck noch frisch war, mir hastig Notizen zu den Bildern von Segatashyas Besuch zu machen … einem Besuch, der in meinem Herzen Wurzeln schlagen und allmählich zu dem Buch gedeihen sollte, das Sie gerade in Händen halten. Und auch wenn die Botschaften, die ich niedergeschrieben habe, sich für einige von Ihnen vielleicht nagelneu anhören, existieren sie in Wirklichkeit seit Erschaffung des Universums. Es sind Botschaften, die seit mehr als zweitausend Jahren überall auf der Welt lautstark widerhallen … Botschaften, die, wenn wir ihnen unser Herz öffnen, bis in alle Ewigkeit in unserer Seele nachklingen werden.

Tatsächlich lassen sich Segatashyas Botschaften in den Worten Jesu wiederfinden, die in der Bibel geschrieben stehen. Doch sie von Segatashya selbst zu hören, ist in vieler Hinsicht so, als hörte man sie direkt von den Lippen eines der Jünger des Herrn, eines dieser gesegneten Apostel, die mit Christus durch das Heilige Land gewandert sind. Ich sage das, weil ich weiß, dass Segatashya ein Junge ist, der genau wie die ersten Jünger wirklich mit Jesus gesprochen hat – ein Junge, den Jesus auserwählt hat, um zu ihm zu sprechen. Genau wie die Jünger hatte auch Segatashya keine Ahnung, wer Christus war, als er ihm zum ersten Mal erschien, denn Segatashya war ein armer afrikanischer Bauernjunge, der weder lesen noch schreiben konnte und obendrein ein Heide war.

Bevor Jesus ihm im Sommer 1982 erschien, hatte Segatashya noch nie eine Kirche von innen gesehen und er hatte auch keine Vorstellung davon, wer Jesus Christus eigentlich war. Seine Unschuld machte den Jungen in mancherlei Hinsicht zu einem idealen Empfänger für die Botschaften unseres Herrn, denn er stellte dieselben Fragen, die Sie oder ich vielleicht stellen würden, wenn wir ihm plötzlich von Angesicht zu Angesicht gegenüberstünden – Fragen wie »Warum ist es überhaupt so wichtig, Gott zu lieben?« und »Wen soll ich am meisten lieben, Gott, den Heiligen Geist, Jesus oder Maria?« oder auch »Die Bibel sagt, dass ich dich, Jesus, mehr lieben soll als meine Eltern oder irgendjemanden sonst ... wie kannst du das ernst meinen, wo ich dich doch gerade erst kennengelernt habe?«.

Einmal ging Segatashya sogar so weit, Jesus Folgendes zu fragen: »Du sagst mir, dass ich meine Feinde lieben soll, aber warum sollte ich das tun, wenn Gott seinen Feind, Satan, nicht liebt?«

Es hat mir immer das Herz erwärmt, mit welcher Arglosigkeit und kindlichen Unschuld dieser Junge seine Fragen an Jesus richtete, und oft habe ich unwillkürlich darüber lächeln müssen. Viel wichtiger aber ist es, dass die Antworten, die der Herr ihm auf diese Fragen gegeben hat, für mich zu einem spirituellen Wegweiser geworden sind: einem Wegweiser, auf den ich immer und immer wieder zurückgegriffen habe, wenn ich mir in dieser turbulenten Welt meinen Weg suchen musste.

Oft, wenn ich mich in meinem Leben in schwierigen und herausfordernden oder sogar scheinbar aussichtslosen Situationen befunden habe – wie damals, während des Völkermords von 1994, als ich mich in einem winzigen Waschraum vor den mit Macheten bewaffneten Killertrupps versteckt hielt –, habe ich in den Worten der Seher von Kibeho und insbesondere in Segatashyas Worten Trost gesucht. Die Botschaften, die Jesus uns in der Bibel und dann wieder neu durch Segatashya mitgeteilt hat, können uns an Leib und Seele heilen und stärken ... und sie können uns Mut, Trost und die Kraft geben, sogar die finstersten Zeiten der Verzweiflung und des persönlichen Kummers zu überwinden.

Wie sehr würde ich mir wünschen, dass alle, die von der Last ihrer täglichen Mühsal bedrängt oder niedergedrückt werden, die tröstenden Worte, die Jesus Segatashya mitgeteilt hat, als dieser seine eigene Tragödie durchlitt, hören könnten – statt am Leben zu verzweifeln, den Glauben an Gott zu verlieren, sich in Drogen oder Alkohol zu flüchten oder sogar mit dem Gedanken zu spielen, dem kostbaren Leben, das Gott ihnen geschenkt hat, ein Ende zu setzen.

Wie der Herr gesagt hat: *Auch wenn ihr jetzt derart leidet, wisst ihr, dass ich schon vor euch noch Schlimmeres durchlitten habe ... fasst Mut und gebt die Hoffnung nicht auf. Haltet euch an mich, vertraut auf mich, stützt euch auf mich, und ich werde euch durch eure Dunkelheit tragen. Haltet an der Wahrheit fest, und ich werde für euch da sein ... ruft zu mir, und ihr werdet nie allein sein, bittet, und ich werde euch hören ...*

Jedes Mal, wenn ich Botschaften wie diese lese, ergibt mein Leben mehr Sinn. Und auch wenn ich manchmal über das Hin und Her von Segatashyas Fragen und Jesu Antworten lachen muss, erfüllen mich doch sowohl die Fragen als auch die Antworten immer unweigerlich mit einem großen Gefühl des Friedens: eines Friedens, der aus dem Wissen stammt, dass Gott immer für uns da ist, dass er jeden von uns unermesslich liebt, dass er uns immer helfen wird, wenn wir zu ihm rufen, und dass er es kaum erwarten kann, uns alle im Himmel zu treffen ... sofern unsere Herzen für dieses Treffen bereit sind, wenn der Tag kommt.

Und das ist vielleicht die wichtigste Botschaft, die Segatashya uns mitteilt: dass Jesus den dringenden Wunsch hat, uns auf das Leben nach dem Tod vorzubereiten und sicherzustellen, dass unsere Seelen bereit sind, in den Himmel einzugehen.

Auf den folgenden Seiten werden Sie Warnungen vor den gefährlichen Zeiten lesen, die der Menschheit drohen ... vor den entsetzlichen und unheilvollen Ereignissen, die auf die Welt in den kommenden Zeiten zukommen werden. Diese Zeiten kennen wir als »das Ende der Zeiten« oder, wie es im Buch der Offenbarung heißt, als Apokalypse. Das heißt aber nicht, dass wir in Furcht oder Verzweiflung leben oder im Hinblick auf die Zukunft allen Mut verlieren sollen. Jesus hat Segatashya gesagt, dass wir das Ende der Welt nicht fürchten, sondern uns lieber darum kümmern sollen, wie wir unser alltägliches Leben verbringen, das jeden Moment zu Ende gehen kann.

Wie uns das Beispiel des jungen Sehers zeigt, bieten die Zeiten, in denen wir leben, uns allen und jedem von uns enorme spirituelle Möglichkeiten. Aus den Botschaften, die er uns mitteilte, erfahren wir, wie wir unser Leben verbringen sollen, damit wir auf den Tag vorbereitet sind, an dem wir unserem Schöpfer begegnen werden. Und wenn wir die großartige Chance nutzen, die uns gegeben ist, dann werden wir auf ewig ins Paradies eingehen. Doch wir dürfen die Gelegenheit nicht verstreichen lassen ... wie Segatashya es mir in meinem Traum gesagt hat: »Manche Dinge sind so wichtig, dass sie einfach nicht warten können!«

Segatashyas Geschichte ist eine Geschichte voller Freude, und die Botschaften, die er uns mitteilte, sind heilsam und erlösend.

Ich weiß, dass sie *mein* Herz verwandelt und meine Sicht auf dieses und auf das künftige Leben mit großer Schönheit bereichert haben. Ich hoffe, dass die Botschaften, die ich auf den folgenden Seiten zusammengestellt habe, in Ihnen mit Gottes Hilfe dasselbe bewirken werden.

Ich will damit beginnen, zunächst ein bisschen über mich und über die ersten Erscheinungen der Jungfrau Maria und ihres Sohnes in Kibeho zu erzählen. Anschließend wird es mir eine große Ehre sein, Ihnen Segatashya vorzustellen: den Jungen, dem Jesus begegnet ist. Ich bin sicher, dass Sie Freunde fürs Leben werden.

Kapitel 2

Wie ich Segatashya entdeckte

Als ich den Namen Segatashya zum ersten Mal hörte, war ich ein kleines Mädchen, das in einem winzigen Dorf namens Mataba in meinem Heimatland Ruanda aufwuchs.

Die meisten Menschen außerhalb Afrikas haben noch nie von Ruanda gehört – oder sie kennen es nur als den Schauplatz eines der grauenhaftesten Massaker der Welt, das sich Mitte der 1990er-Jahre dort ereignet hat.

Der Völkermord von Ruanda, der mein Geburtsland im Frühling 1994 zerriss, war ein blutiges Schlachten von bis dahin ungekannten Ausmaßen. Über eine Million unschuldiger Männer, Frauen und Kinder (unter ihnen auch der größte Teil meiner Familie und meines Freundeskreises) wurden in weniger als hundert Tagen brutal niedergemetzelt. Ich habe die Ursachen, die Gräuel und die Folgen des Genozids – einschließlich der ermutigenden Geschichte, wie Gott in diesen dunklen Stunden mein Leben verschont und meine Seele durch Liebe und Vergebung gerettet hat – in meinen ersten beiden Büchern, *Left to Tell: Discovering God Amidst the Rwandan Holocaust*[2] und *Led by Faith: Rising from the Ashes of the Rwandan Genocide*[3], ausführlich beschrieben.

---

[2] Deutsch: »Aschenblüte: Ich wurde gerettet, damit ich erzählen kann«, Berlin 2008 (Anm. d. Verl.).
[3] Dieser Titel ist bislang nicht auf Deutsch erschienen (Anm. d. Verl.).

In diesen ersten beiden Büchern habe ich die kostbarsten Erinnerungen aus meiner gesegneten Kindheit niedergeschrieben. Ich bin in einer sehr glücklichen Familie aufgewachsen, in der ich von meinen liebevollen Eltern, Leonard und Rose, großgezogen wurde. Meine drei fürsorglichen Brüder verhätschelten mich: Aimable (der älteste), Damascene (ein paar Jahre älter als ich) und Vianney (das Nesthäkchen und der Liebling der ganzen Familie).

Meine Eltern waren fromme Katholiken und offenherzige Christen, die nach der goldenen Regel lebten, andere so zu behandeln, wie man selbst behandelt werden möchte. Beide waren Lehrer und angesehene Mitglieder der Dorfgemeinschaft, und sie waren in der ganzen Region für ihren klugen Rat, ihre Großzügigkeit und ihre vielen guten Taten bekannt und geachtet. Wir lebten oberhalb eines Sees in einer Landschaft, die (wie fast alle ruandischen Landschaften) dank des gemäßigten Klimas üppig grün, idyllisch und einfach atemberaubend schön ist. Unser Dorf lag viele Stunden von der nächsten größeren Stadt entfernt, und unsere Nachbarn waren einfache, fürsorgliche Menschen, die aufeinander achteten und immer gut und freundlich waren.

Ich habe mich stets sicher, beschützt und umsorgt gefühlt, ganz gleich, ob ich allein zu Hause war oder auf den Wegen durch den Wald ging, die – dreizehn Kilometer hin, dreizehn Kilometer zurück – zu meiner Grundschule führten. Als kleines Mädchen schien mir mein Heimat- und Geburtsland der friedlichste und liebevollste Ort auf der ganzen Welt zu sein. Ich hatte nicht die leiseste Ahnung, dass in meinem Land schon seit Langem ethnische Spannungen schwelten, die schließlich in den entsetzlichen Ereignissen von 1994 zum Ausbruch kommen sollten; dass sich ein Nachbar gegen den anderen wenden würde und dass sich die Angehörigen des größten Stammes im Land (die Hutu), von einer korrupten und bösen Regierung angestachelt, mit Macheten und Keulen bewaffnen und beinahe den gesamten Minderheitsstamm (die Tutsi, zu denen auch meine Familie gehörte) niedermetzeln würden.

Tatsächlich fühlte ich mich als kleines Mädchen so sicher und glücklich, dass ich in meinem Leben keine größeren Sorgen hatte als die, ob ich wohl genügend gebetet und hinreichend oft die Messe besucht hätte, um, wenn ich groß wäre, Nonne zu werden. Aus irgendeinem Grund war ich als Kind (und bin es tatsächlich bis auf den heutigen Tag!) von allem fasziniert, was mit Gott zu tun hatte. Das Leben Jesu, die Heiligen, die selige Jungfrau Maria und einfach alles, was irgendwie mit dem Himmel zusammenhing, beschäftigte mich unablässig. Mein winziges Schlafzimmer wurde von meinem eigenen behelfsmäßigen Altar beherrscht: einem kleinen Tisch, bedeckt mit Marienstatuen, Votivkerzen und Bilderbüchern über die Apostel und Heiligen. Mein Lieblingszeitvertreib war, mit meiner besten Freundin Janet zu beten oder fromme Geschichten anzuhören – vor allem abends, wenn die Hausaufgaben erledigt waren, ich meine häuslichen Pflichten erfüllt hatte und das Geschirr vom Abendessen wieder gespült im Schrank stand. Dann versammelte sich meine Familie im Wohnzimmer zur »Erzählstunde«, wie ich es nannte.

Geschichtenerzählen ist ein ganz wichtiger Teil unserer Kultur und war eine der Hauptbeschäftigungen in meiner Kindheit und Jugend. Wie die meisten Gebiete in Ruanda, die sehr arm und überwiegend ländlich geprägt sind, war unser Dorf Mataba, was moderne Annehmlichkeiten angeht, recht primitiv. Mit dem Rest des Landes verband uns eine einzige, unbefestigte Straße und ein Flickwerk aus Viehwegen; fließendes Wasser gab es nicht und Elektrizität war praktisch unbekannt. Folglich gab es auch keine Kinos oder Einkaufszentren, in denen wir Kinder »rumhängen« konnten, ja, meine Brüder und ich hatten sogar – außer auf Bildern in Zeitschriften – noch nie einen Fernseher gesehen. Das bedeutete, dass wir zwischen Sonnenuntergang und Sonnenaufgang nur sehr wenige Beschäftigungsmöglichkeiten hatten, zumal es, wenn die Sonne untergegangen war, draußen so stockdunkel war, dass wir uns nur selten bei Nacht nach draußen wagten.

Genau genommen gab es, wenn Vater nach Einbruch der Dunkelheit die Haustür abgeschlossen hatte, nur zwei Arten des Zeitvertreibs. Die erste war die uralte Sitte des *Igitaramo*. Der *Igitaramo* ist ein althergebrachtes ruandisches Ritual: Man kommt nach dem Abendessen als Familie oder Stamm zusammen, um über die Ereignisse des Tages zu sprechen, Neuigkeiten über entfernt lebende Verwandte auszutauschen oder einfach gute, altmodische Geschichten über ein beliebiges Thema aus den örtlichen Mythen oder aus der Bibel zu erzählen.

Meine Lieblingsgesprächsthemen hingen natürlich – wenn man meinen Hang zu Geschichten über Gott bedenkt – mit dem Himmel zusammen oder beinhalteten allermindestens die Nacherzählung einer beliebten Bibelgeschichte.

Meine Brüder jedoch – zumindest die älteren, Aimable und Damascene, die nicht ganz so religiös waren wie ich – wandten sich oft an meinen Vater, um ihn zu bitten, nicht nachzugeben, wenn ich (zum tausendsten Mal) hören wollte, wie der kleine David den großen Goliath nur mit einem Stein und einer Schleuder zu Fall gebracht hatte. Und tatsächlich ergriff mein Vater oft die Partei der Jungen und wechselte abrupt das Thema unserer abendlichen Gesprächsrunde, um statt über Religion über Lokalereignisse, die Höhepunkte des letzten Fußballspiels, bei dem meine Brüder mitgespielt hatten, oder die Fortschritte eines der vielen karitativen Projekte meines Vaters – zum Beispiel des neuen Schulgebäudes, das er für unser Dorf baute – zu sprechen.

Unser zweiter abendlicher Zeitvertreib galt unserem ramponierten batteriebetriebenen Radio. Hatten wir uns an einem Abend für diese Option entschieden, dann gab es keinen Zweifel, welchen Sender wir hören mussten: Ich beschwatzte und nervte alle so lange, bis der Knopf auf die Frequenz gestellt wurde, auf der Radio Ruanda die wunderbaren Botschaften der Gruppe junger Seher aus Kibeho übertrug, einem Dorf, das sogar noch kleiner und abgelegener war als unseres und etwa hundertsechzig Kilometer weiter im Süden lag.

Wie schon erwähnt, hatten Jesus und die Jungfrau Maria, so unglaublich dies auch klingen mag, Anfang der 1980er-Jahre eine Gruppe von Jugendlichen auf dem Land ausgewählt, um ihnen in regelmäßigen Abständen zu erscheinen und ihnen himmlische Botschaften zu übermitteln, die sie der ganzen Welt mitteilen sollten. Die ersten Botschaften kamen allesamt von der Jungfrau Maria und waren erfüllt von ihrer überströmenden Liebe zu ihren Kindern hier auf Erden. Der Inhalt der Botschaften war häufig belehrend und gab Männern und Frauen Orientierung und Hinweise, was sie zu tun hatten, um ein besseres und friedlicheres Leben zu führen, das sie von der Sünde ab- und dem Licht Gottes und der Ewigkeit im Paradies näherbringen würde. Unter anderem rief Maria dazu auf, alle zum täglichen Rosenkranzgebet anzuhalten, um das Böse abzuwehren; außerdem sollten die Menschen überall auf der Welt mitfühlend füreinander da sein, sich zu ihrem Glauben an den Herrn bekennen, durch das Gebet und durch ein reines Leben eine tiefere Beziehung zu Gott entwickeln, bereits begangene Sünden bereuen und künftige Versuchungen meiden.

Einige der Botschaften der Gottesmutter enthielten erschreckende Vorhersagen über die finsteren Zeiten, die der Welt bevorstehen würden. Sie gewährte den jungen Sehern entsetzliche Einblicke in eine Zukunft, in der die Herzen der Menschen nicht von Liebe, sondern von Hass beherrscht sein und Religionskriege und Naturkatastrophen den Planeten erschüttern würden.

Insbesondere sagte die selige Jungfrau Maria – zwölf Jahre, ehe er dann tatsächlich über mein Land hereinbrach – den Genozid von 1994 voraus, bei dem Ruanda, wie sie ankündigte, von einem »Fluss aus Blut« überschwemmt werden würde, wenn meine Landsleute nicht aufhörten, den Hass aufeinander zu schüren, und stattdessen zuließen, dass die erlösende Liebe ihres Sohnes

Jesus ihre Herzen erfüllte. Mit dieser Liebe, so die Gottesmutter, könnte die drohende Katastrophe und das Blutvergießen abgewendet werden. Durch ihre Seher forderte die selige Jungfrau Maria alle Ruander dringend auf, sich von ihr helfen zu lassen, damit sie imstande seien, Christi Liebe und Vergebung anzunehmen ... und der beste Weg, dies zu erreichen, sei das tägliche Rosenkranzgebet. Maria sagte, dass der Rosenkranz eines der mächtigsten Werkzeuge in der Welt ist, um uns gegen die Versuchung und das Böse zu verteidigen. Sie appellierte an alle Menschen *gleich welcher Religion*, mindestens einmal am Tag den Rosenkranz zu beten, und versprach allen, die ihrer Bitte folgten, großen spirituellen Lohn.

Doch leider hörten zu wenige Ruander auf den Rat Unserer Lieben Frau und unser Land versank, genau wie sie es vorhergesagt hatte, in Chaos, Wahnsinn und Mord. Hätten wir nur auf die Warnungen gehört, die die Jungfrau Maria bei ihren Erscheinungen in Kibeho ausgesprochen hatte: Der Völkermord wäre nie geschehen!

Als junges Mädchen wusste ich beneidenswert wenig von den historischen Stammesfehden und dem Hass, der das Herz so vieler Ruander vergiftet hatte – ein Gift, das Satan die Möglichkeit gab, in ihren Seelen Fuß zu fassen und sie zu so entsetzlichen und blindwütigen Taten wie Folter, Vergewaltigung und Mord zu verleiten. Als Kind hörte ich die Seher nur von Gottes Frieden, Liebe und Vergebung sprechen. Die Botschaften der Jungfrau Maria, die ich bei unserem abendlichen *Igitaramo*-Beisammensein im Radio hörte, erfüllten mich mit Freude und haben mir nie, wirklich niemals Angst gemacht.

Ich war elf Jahre alt, als die Gottesmutter zum ersten Mal in Kibeho erschien und ich wurde rasch mit den Namen und Geschichten der ersten drei Seherinnen vertraut: Alphonsine, Anathalie und Marie-Claire. Doch erst viele Monate später hörte ich, wie im Zusammenhang mit den Erscheinungen auch Segatashya erwähnt wurde. Als ich seinen Namen (und seine Stimme) endlich hörte, war die Auswirkung, die diese in meinem kleinen Herzen hinterließ, so stark, dass es mich für immer verändert hat.

In *Die Erscheinungen von Kibeho* habe ich, wie gesagt, schon vieles über die Geschichte von Kibeho und die Erscheinungen, die die ersten drei Seherinnen hatten, geschrieben. Dennoch würde ich, wenn Sie erlauben, das, was ich dort geschrieben habe, gern kurz zusammenfassen, damit diejenigen von Ihnen, die die Geschichte noch nicht kennen, sich ein genaueres Bild von dem machen können, was in den Wochen und Monaten, ehe Segatashya die Bühne betrat, in Ruanda und in Kibeho geschehen war.

Am 28. November 1981 erschien die Jungfrau Maria zum ersten Mal in Kibeho. Die erste Seherin, der die Gottesmutter erschien, war die sechzehnjährige Alphonsine Mumureke, die als Schülerin des Mädcheninternats in dem Dorf Kibeho wohnte, das, wie schon gesagt, so klein und abgelegen war, dass nur wenige Ruander überhaupt wussten, wo es lag.

Alphonsine war neu im Mädcheninternat in Kibeho. Sie war in Kibungo aufgewachsen, einer abgelegenen Region in Ruanda, die für ihre bittere Armut und dafür bekannt war, dass dort verbreitet Hexerei praktiziert wurde. Ihr Vater hatte die Familie vor ihrer Geburt verlassen und das Mädchen wurde von seiner hart arbeitenden Mutter großgezogen, die eine fromme Katholikin war. Alphonsine selbst war nicht sonderlich religiös, aber sie liebte die Jungfrau Maria und betete zu ihr, wann immer sie etwas bedrückte oder ihr Angst machte.

Obwohl sie in extremer Armut aufgewachsen war, hatte sich Alphonsine stets ein heiteres Gemüt bewahrt. Als sie ein Stipendium erhielt und an das katholische Mädcheninternat der *Kibeho High School* mit rund hundertzwanzig Schülerinnen kam, gelang es ihr dank ihres geselligen und fröhlichen Naturells, rasch

Freundinnen zu finden. Trotzdem hatte sie oft Heimweh, und was die schulischen Leistungen anging, fiel es ihr schwer, mit den anderen mitzuhalten. Wie immer, wenn sie Probleme hatte, betete sie zur seligen Jungfrau Maria und bat sie um Hilfe.

Am 28. November, einem in jeder Hinsicht völlig normalen Tag, stürzte Alphonsine während des Mittagessens zu Boden und fiel in eine tiefe Ekstase, in der sie nichts und niemanden um sich herum wahrnahm außer der weißen schimmernden Wolke aus strahlend hellem Licht, die langsam vor ihr Gestalt annahm. Sekundenbruchteile später erblickte die fassungslose Schülerin die schönste Dame, die sie jemals gesehen hatte.

Wie Alphonsine sich später erinnerte, schien die Dame mitten in der Luft zu stehen und begann dann, von strahlendem Licht umgeben und auf wundersame Weise über dem Boden schwebend, sich auf sie zuzubewegen. Die überwältigend schöne Frau war in ein nahtloses weißes Gewand gekleidet und ihr Haar war mit einem Schleier aus reinstem Weiß bedeckt. Ihre Haut war makellos und schimmerte wie poliertes Elfenbein, auch wenn Alphonsine nicht hätte sagen können, ob ihre Hautfarbe weiß oder schwarz gewesen war. Die Dame schien mit dem Himmel Zwiesprache zu halten, denn sie hatte die zierlichen Finger ihrer schlanken Hände in betender Haltung aneinandergelegt. Wogen der Liebe, die von der Dame ausgingen, hüllten das Schulmädchen ein, dessen Herz vor Glück und Freude bersten wollte, als das schöne Geschöpf näher herankam.

Mit einer Stimme, die zu lieblich war, um sie genau zu beschreiben, offenbarte die Frau Alphonsine, dass sie die Jungfrau Maria sei; sie habe Alphonsines Gebete im Himmel gehört und sei vom Reich Gottes aus nach Kibeho aufgebrochen, um sie zu trösten. Sie sagte dem Mädchen, es solle sie »Mutter des Wortes« nennen.

Ehe sie in den Himmel zurückkehrte, trug die Jungfrau Maria Alphonsine auf, den anderen eine Botschaft von ihr auszurichten: »Ich wünsche, dass deine Freundinnen und Mitschülerinnen denselben Glauben haben wie du; sie glauben nicht genug.«

Das war die erste Botschaft, die die selige Jungfrau Maria in Kibeho überbrachte.

Als Alphonsine wieder zu Bewusstsein kam, lag sie auf dem Boden des Speisezimmers und starrte hinauf in die besorgten und bestürzten Mienen ihrer Mitschülerinnen. Als sie ihnen erzählte, was geschehen war, wurde sie ausgelacht, verspottet und als Lügnerin und Närrin beschimpft. Weil sie aus Kibungo stammte, behaupteten manche, Alphonsine praktiziere Hexerei oder sei von bösen Geistern besessen.

Doch die Jungfrau Maria besuchte Alphonsine weiterhin, und immer, wenn die Muttergottes ihr erschien, fiel das Mädchen in eine so tiefe Ekstase, dass es nichts mehr um sich herum wahrnahm. Einer der Priester vor Ort war derart aufgebracht über Alphonsines Behauptungen, dass er eine andere Schülerin des Mädcheninternats, Marie-Claire, aufforderte, Alphonsine zu quälen, weil er hoffte, dass sie widerrufen würde, wenn der Gruppenzwang nur groß genug wäre.

Marie-Claire galt an der Schule als kontaktfreudig und so geradeheraus, dass es schon an Grobheit grenzte. Sie betete zur Jungfrau Maria (die sie liebte), war aber keine große Kirchgängerin, und in Gebetsgruppen »herumzusitzen« war auch nicht unbedingt ihr Ding. Vielleicht lag es an ihrer tiefen Zuneigung zur Jungfrau Maria – jedenfalls war Marie-Claire wild entschlossen, Alphonsines »unverschämten Betrug«, wie sie es nannte, zu entlarven, und so machte sie sich mit großer Leidenschaft daran, ihre Mitschülerin öffentlich bloßzustellen und zu demütigen.

Marie-Claire warb auch andere Schülerinnen an, sich an ihrer Kampagne zur Überführung der »falschen« Seherin zu beteiligen, und sie und ihre Clique aus Skeptikerinnen fielen über Alphonsine her, wann immer sie in eine ihrer Ekstasen geriet.

Während der Erscheinungen misshandelten sie die Seherin, zogen sie an den Haaren, bogen ihr die Finger zurück, zwickten sie, so fest es nur ging, schrien ihr, so laut sie konnten, direkt in die Ohren und warfen Rosenkränze nach ihr, weil sie Alphonsine herausfordern wollten, die Perlenschnüre zu segnen. Doch Alphonsine blinzelte nicht und zuckte nicht zusammen, ganz gleich, was sie ihr auch antaten oder zu ihr sagten.

Dann, am 12. Januar 1982, erschien die Jungfrau Maria einer zweiten Schülerin des Mädcheninternats: der siebzehnjährigen Anathalie Mukamazimpaka. Anders als Alphonsine war diese junge Frau eine mustergültige Schülerin und galt als eines der frömmsten Mädchen der ganzen Schule. Anathalie stammte aus einem großen und strengkatholischen Haus. Jeden Morgen betete sie nach dem Aufwachen und noch vor dem Unterricht den Rosenkranz, und vor dem Zubettgehen am Abend betete sie ihn ein weiteres Mal. In ihrer freien Zeit zwischen den Schulstunden las sie in der Bibel und sie war Mitglied in verschiedenen katholischen Jugendgruppen. Sie war bescheiden, wohlerzogen und bei Schülerinnen, Lehrkräften und dem übrigen Schulpersonal hoch angesehen. Doch nichts davon konnte Alphonsines Hauptgegnerin Marie-Claire daran hindern, auch Anathalie zu attackieren. Marie-Claire verdoppelte ihre Anstrengungen, die »angeblichen« Besuche der Jungfrau Maria an der *Kibeho High School* ins Lächerliche zu ziehen, indem sie beide jungen Seherinnen immer verhöhnte, nachdem ihnen die Gottesmutter Maria erschienen war.

Marie-Claires Angriffe auf die beiden Seherinnen fanden ein abruptes Ende, als ihr selbst am 1. März 1982 die Jungfrau Maria erschien. Zunächst wehrte sich Marie-Claire gegen ihre Vision, weil sie sicher war, dass die beiden Mädchen, die sie verfolgt und gequält hatte, sie irgendwie zum Narren hielten – und wenn das nicht der Fall war, dann, so war sie überzeugt, wurde sie wohl verrückt oder war von Dämonen besessen.

Doch schon bald ließ sich Marie-Claire von der sanften Stimme der seligen Jungfrau Maria beruhigen und trösten, und dem Mädchen wurde schlagartig klar, dass die Muttergottes ihre Schule tatsächlich mit ihrer himmlischen Gegenwart segnete. Marie-Claire schämte sich furchtbar dafür, dass sie Alphonsine und Anathalie so gequält hatte, und genau wie die beiden anderen Schülerinnen vor ihr versprach sie, eine demütige und willige Dienerin der Jungfrau Maria zu werden.

Bald erschien die Gottesmutter zum Erstaunen der Schülerinnen und des Schulpersonals allen drei Mädchen, die sie als ihre Seherinnen erwählt hatte, in der Schulkapelle. Jedes Mal, wenn eine von ihnen in Ekstase fiel, nahm diese nicht mehr wahr, was um sie herum geschah. Jedes der Mädchen strahlte vor Freude in der Gegenwart dieser Dame; jedes sprach mit einer solch liebevollen Stimme, wenn es die Fragen der Jungfrau Maria beantwortete oder die Botschaften wiederholte, die Maria dem Mädchen gab, damit es diese mit den anderen teilte. Während einer solchen Erscheinung konnte niemand sonst im Raum die Jungfrau Maria sehen oder hören, was sie zu den Seherinnen sagte. Doch die Glücklichen, die als Augenzeugen dabei waren, lauschten angestrengt auf jedes Wort, das eines der Schulmädchen in seiner Ekstase sprach, weil ihnen bewusst war, dass der andere Teil der Unterhaltung, die sie gerade mithörten, vom Himmel stammte.

DIE KUNDE VON DEN WUNDERBAREN ERSCHEINUNGEN verbreitete sich rasch über die *Kibeho High School* hinaus. Die Einheimischen machten sich in Scharen auf den Weg über die unbefestigte Straße – genau genommen war es eher ein mit Furchen durchzogener Ziegenpfad als eine Straße –, die die Schule mit dem Umland verband. Alle hofften, einen Blick auf die übernatürlichen Unterhaltungen zu erhaschen, die innerhalb der Schulmauern stattfanden. Bald schwirrten Hunderte Besucher auf dem Schulgelände herum und versuchten, bei einer der

Erscheinungen mitzuhören, was gesprochen wurde. Sie hingen am Metallzaun, rüttelten an den Toren und zerbrachen die Kapellenfenster bei dem Versuch, einander auf die Schultern zu klettern und einen Blick auf die Mädchen zu werfen, von denen es hieß, dass sie direkt mit der Muttergottes in Verbindung standen. Als die Schar der Besucher sich von den Hunderten in Tausende Pilger erhöhte, errichteten die Schule und die katholische Kirche vor Ort an der Außenwand der Schulkapelle ein hölzernes Podium, damit alle Zeugen der Erscheinungen der Seherinnen sein konnten.

Die Neuigkeiten über die Seherinnen und den Inhalt ihrer Botschaften verbreiteten sich in Ruanda wie ein Lauffeuer binnen Wochen landauf, landab. Reporter von *Radio Ruanda* in Kigali wurden losgeschickt und reisten nach Kibeho, um die Seherinnen bei ihren Gesprächen mit der Gottesmutter aufzunehmen – und diese Aufnahmen wurden, wie ich schon erwähnte, regelmäßig von unserem nationalen Radiosender ausgestrahlt.

Von da an stritten meine Brüder und ich uns regelmäßig darüber, was wir während des *Igitaramo* im Radio hören wollten. Ich wollte auf keinen Fall auch nur ein einziges Wort der Seherinnen verpassen, das über Radio übertragen wurde, doch meine beiden älteren Brüder waren, was die Erscheinungen betraf, zunächst skeptisch und ablehnend. Aimable und Damascene behandelten mich immer liebevoll und herzlich, aber sie zogen mich auch ständig mit meiner wachsenden Begeisterung für die Geschehnisse in Kibeho auf, die ich unermüdlich als »das absolute Wunder« proklamierte.

»Das sind nur ein paar dumme Schulmädchen, die versuchen, ein bisschen Aufmerksamkeit zu bekommen, weil es keine Jungen in der Nähe gibt«, bemerkte Aimable und lachte vor sich hin, als er unseren Vater drängte, einen anderen Sender einzustellen, auf dem gerade ein Fußballspiel übertragen wurde.

Als ich noch ein Kind war (und, Gott sei Dank, die Zeiten ändern sich wirklich!), wurden Frauen in Ruanda zwar als Mütter verehrt und in hohem Maße geachtet, aber selten oder gar nicht als unabhängige, intelligente und denkende Wesen wahrgenommen. Es war eine sehr chauvinistische Gesellschaft, in der grundlegende Rechte wie Eigentum und höhere Bildung den Männern vorbehalten waren. Zum Glück waren mein Vater und meine Mutter in ihrer Einstellung fortschrittlich und sie ermutigten mich, so lange zur Schule zu gehen wie nur irgend möglich – was dazu geführt hat, dass ich schließlich die Universität besuchen konnte. Doch der Männlichkeitskult war als Rollenverhalten allgemein anerkannt, und als meine Brüder Teenager waren, fiel es ihnen schwer, sich davon frei zu machen: Sie ließen keine Gelegenheit aus, über ein Mädchen oder eine Frau zu spotten, die irgendetwas tat, was ein Mann niemals tun würde – und dazu gehörten, zumindest zum damaligen Zeitpunkt, auch die Erscheinungen der Jungfrau Maria!

»Diese Mädchen in Kibeho sind entweder betrunken oder praktizieren Voodoo«, lästerte mein Bruder Damascene und lachte vor sich hin. »Ihr wisst doch, wie das bei den Mädchen an der *High School* ist. Sie haben Angst, dass sie nach dem Abschluss keinen Mann finden, und deshalb wollen sie Zauberei lernen, die ihnen helfen soll, einen Mann zu kriegen, ehe sie zu alt sind!«

Mein Vater beschwichtigte meine Brüder jedes Mal und erlaubte mir, die Berichterstattung aus Kibeho anzuhören, obwohl auch er, ein gebildeter und von Natur aus vorsichtiger Mann, zunächst zögerte, an die Echtheit der Erscheinungen zu glauben. Doch er liebte und respektierte die Jungfrau Maria aus tiefstem Herzen, und wenn man Unserer Lieben Frau Liebe und Zuneigung entgegenbrachte – wie es bei mir der Fall war! –, konnte man sicher sein, dass diese Verehrung bei Vater hundertprozentige Unterstützung und Ermutigung fand.

»Es wird sich zeigen, ob die Erscheinungen echt sind oder nicht«, sagte Vater zu den Jungen. »Aber wenn diese Schulmädchen den Leuten zu einem festeren Glauben an die allerseligste Jungfrau Maria verhelfen, dann wollen wir eure Schwester hören lassen, was sie im Radio zu sagen haben ... und ihr beiden werdet auch zuhören. Eure Sportergebnisse und Fußballspiele können warten.«

Dann stöhnten meine Brüder jedes Mal und verdrehten die Augen und sagten mir voraus, dass bald wohl noch mehr Marienstatuen auf dem kleinen Altar in meinem Schlafzimmer stehen würden. Doch an einem sonnigen Sommertag des Jahres 1982 hörten sie auf, sich zu beschweren, denn an diesem Tag erfuhren wir von einem neuen Seher, der nach Kibeho gekommen war ... einem Jungen namens Segatashya, dem Jesus Christus selbst erschien.

Dass es nun unter den Sehern auch einen Jungen gab, machte all die übernatürlichen Erscheinungen, die in Kibeho schon stattgefunden hatten, für meine Brüder mit einem Schlag sehr viel glaubwürdiger. Außerdem schien es meine ach so schwer zu beeindruckenden älteren Geschwister zu überzeugen, dass Jesus Christus Segatashya als erstem der Seher selbst erschien. Und dass Segatashya und Damascene etwa gleich alt waren, war sicherlich auch nicht von Nachteil.

»Also, wenn das ein Junge ist, der mit Jesus spricht ... dann ist vielleicht doch etwas dran an diesem ganzen Seherkram in Kibeho«, räumte Aimable ein, nachdem er im Radio einen Beitrag über Segatashya gehört hatte.

Was mich betraf, so hatte ich Segatashyas Stimme schon einige Tage zuvor auf einer Kassette gehört, die Pater Apollinaire Rwagema, unser Ortspfarrer, den Kindern in seiner wöchentlichen heiligen Messe, zu der jeweils die Kinder eingeladen waren, vorgespielt hatte.

Pater Rwagema war einer der Ersten, der an die Erscheinungen geglaubt hatte, und einer der glühendsten Anhänger der

Seherinnen, die noch Schulmädchen waren. Und er war auch der Erste in Mataba, der den weiten Weg nach Kibeho pilgerte, um die Seherinnen mit eigenen Augen zu sehen. Er nahm sie während der Erscheinungen mit seinem Kassettenrekorder auf und machte die Aufnahmen für alle in unserem Dorf, die sie hören wollten, zugänglich. In den nächsten Jahren würde ich noch viele Hunderte Stunden damit zubringen, diese Aufnahmen anzuhören, doch diese allererste Aufnahme von Segatashya werde ich bis an mein Lebensende nicht vergessen. In *Die Erscheinungen von Kibeho* habe ich beschrieben, wie es mir kalt den Rücken hinunterlief, als die sanfte Stimme des Jungen zum ersten Mal aus den knisternden Lautsprechern von Pater Rwagemas altem Kassettenrekorder drang. Es war der Mitschnitt eines Gesprächs, das aufgenommen wurde, als Jesus Segatashya erschienen war, und das, als wir das Band hörten, etwa eine Woche zurücklag. Pater Rwagema erzählte uns, dass er die Aufnahme an einem sonnigen Tag unter einem strahlend blauen Himmel gemacht hatte, an dem keine einzige Wolke zu sehen war ... und dann sagte er uns, wir sollten die Ohren spitzen.

Die ungefähr zweihundert Kinder, mit denen ich zusammengedrängt auf dem Boden von Pater Rwagemas kleiner Kapelle saß, lauschten genauso gebannt wie ich auf jedes Geräusch, das aus dem Kassettenrekorder kam. Zuerst hörten wir die Gesänge einer großen Menschenmenge – Tausender inständig betender Pilger –, die in Kibeho zusammengekommen war, um dabei zu sein, wenn die Seher himmlische Botschaften erhielten. Die Leute riefen nach Segatashya, indem sie seinen Namen nannten und ihn aufforderten, ein Wunder heraufzubeschwören ... ein Wunder, das ihnen helfen würde, dem, was sie als Augenzeugen miterlebten, Glauben zu schenken: wirklich und wahrhaftig an die Erscheinungen zu glauben.

Ich wusste es damals nicht, aber ich erfuhr, dass es die einzige Erscheinung war, bei der Jesus es dem Jungen erlaubte, die

Menschen, die gekommen waren, um ihn zu sehen, seinerseits wahrzunehmen und mit ihnen in Kontakt zu treten. Bei jeder anderen Erscheinung war sich Segatashya immer nur der Gegenwart des Herrn bewusst.

Über dem Getöse der Menge erhob sich die sanfte Tenorstimme des jungen Sehers, als er sich ehrerbietig an Jesus wandte: »Ja, Herr, ich habe es ihnen schon so oft gesagt«, antwortete er. »Nein, Herr, sie hören nicht zu ... sie sagen mir immer wieder, dass sie ein Wunder erleben wollen. Sie werden nicht glauben, dass du zu mir sprichst, Jesus ... nicht, solange sie nicht ein Wunder oder ein Zeichen sehen.«

Ich weiß noch, wie mir das Herz aufging, als ich Segatashya an jenem Tag sprechen hörte, und wie mich die Ehrlichkeit und Freundlichkeit in seiner leisen Stimme berührten, mit der er geduldig zu der lärmenden Menge sprach.

Plötzlich ertönte ein Donnerschlag aus den Lautsprechern des Kassettenrekorders, und vor Schreck sprangen wir Kinder im Raum alle gleichzeitig auf. Wir hörten die Schreckensausrufe, die aus dem tumultartigen Lärmen der überraschten Menge herausstachen. Dann gab es Jubelrufe über das Wunder, das gerade geschehen war, und dann war wieder Segatashyas beruhigende Stimme zu hören, die jedem in der Menge zuredete, sich wegen des Donners, der aus heiterem Himmel gekommen war, keine Sorgen zu machen.

»Jesus sagt, dass ihr keine Angst haben müsst, denn er würde seinen Kindern niemals ein Leid zufügen«, sagte der Junge eindringlich. »Niemand hier ist verletzt worden, schwangere Frauen müssen sich nicht um ihre Kinder sorgen, und auch die mit einem schwachen Herzen werden keinen Schaden nehmen ... Ja, Herr, ich werde es ihnen mitteilen ... Jesus sagt mir, dass er euch den Donner geschickt hat, damit ihr auf seine Botschaften hört und nicht um Wunder bittet, die ohne Bedeutung sind ... weil eure *Leben* Wunder sind. Ein Kind im Mutterleib ist ein wahres Wunder; die Liebe einer Mutter ist ein Wunder; ein vergebendes Herz ist ein Wunder. Eure Leben sind voller Wunder, aber ihr seht sie nicht, weil ihr euch von materiellen Dingen ablenken lasst.

Jesus sagt euch, dass ihr eure Ohren öffnen sollt, um seine Botschaft zu hören, und eure Herzen, um seine Liebe zu empfangen. Zu viele Menschen sind vom Weg abgekommen und gehen auf der bequemen Straße, die von Gott wegführt. Jesus sagt, ihr sollt zu seiner Mutter beten, dann wird die selige Jungfrau Maria euch zum allmächtigen Gott hinführen. Der Herr ist mit Botschaften der Liebe und dem Versprechen der ewigen Glückseligkeit zu euch gekommen, doch ihr bittet stattdessen um Wunder. Hört auf, am Himmel nach Wundern zu suchen. Öffnet euer Herz für Gott; wahre Wunder geschehen im Herzen.«

Das war die erste Botschaft, die ich Segatashya übermitteln hörte, und sie hat, wie schon gesagt, mein Leben verändert. Diese Botschaft hat mein Herz für den wesentlichen Inhalt aller Botschaften, die in Kibeho übermittelt werden sollten, geöffnet. Die schlichte Aufrichtigkeit in der Stimme des Jungen machte ihn sofort zu meinem absoluten Liebling unter allen Seherinnen und Sehern.

Es verging weniger als eine Woche, nachdem Pater Rwagema uns das Band mit Segatashyas Stimme vorgespielt hatte, da herrschte bei uns zu Hause und im ganzen Dorf große Aufregung über die Neuigkeiten von Segatashyas Ankunft in Kibeho.

Seit den drei Schulmädchen etwa acht Monate zuvor die Jungfrau Maria erschienen war, fiel mir auf, dass sich bei den meisten meiner Freunde und Nachbarn und sogar bei Fremden, die in unser Dorf kamen und nur auf der Durchreise waren, im tiefsten Inneren etwas verändert hatte. Die Leute hielten sich aufrechter und wirkten entschlossener und zielstrebiger, wenn sie über die Straße gingen. Frauen, die (nach der traditionellen ruandischen Sitte) schwere Körbe mit Lebensmitteln, Wäsche oder Feuerholz auf dem Kopf trugen, fanden nichts dabei, mitten auf ihrem Weg anzuhalten und Fremde auszufragen, was es Neues über Kibeho und insbesondere über Segatashya gebe.

Ich erinnere mich, dass ich durch das Fenster meines Schlafzimmers viele dieser Unterhaltungen mit angehört habe, wenn ich im Bett lag und las oder vor meinem selbst gemachten Altar kniete und betete.

»Ich habe gehört, dass dieser Segatashya noch nie etwas von Jesus gehört hatte, bevor der Herr ihn zum Seher gemacht hat«, berichtete einer unserer Nachbarn.

»Ein Heide durch und durch – das habe ich auch gehört! Aber sie sagen, er sei ein liebes, liebes Kind ... und hübsch! Trotzdem frage ich mich, warum Jesus ihn ausgesucht hat, einen Heiden, wo es doch in Ruanda so viele katholische Jungen gibt?«

»Die Wege des Herrn sind unergründlich; niemand weiß, was Gott denkt. Aber eines weiß ich, nämlich dass Segatashyas Mutter sehr stolz auf ihn sein muss ... Ich frage mich, ob sie Christin geworden ist, wo Jesus doch jetzt ihren Sohn aufsucht?«

Ich sah also, dass ich mit meiner Vorliebe für Segatashya nicht allein dastand. Von den ersten Erscheinungen an entstand eine riesige Schar begeisterter Anhänger: Er war unter den Sehern zu einer Art Star geworden.

Schon bald organisierte Pater Rwagema Prozessionen durch die Dörfer, um Segatashyas Erscheinungen von Jesus zu würdigen und dafür zu danken. Der fromme Priester lud jedes Mitglied seiner Gemeinde und aller Gemeinden im Umkreis ein, mit ihm gemeinsam das wunderbare Ereignis zu feiern.

Ich werde nie vergessen, wie diese beeindruckenden Prozessionen über die unbefestigte Straße zogen, die aus unserem Dorf hinausführte. Unsere Nachbarn kamen zu Hunderten, um daran teilzunehmen, und stellten sich bis zum Beginn der Festlichkeiten in einer langen Zweierreihe hinter dem Priester auf.

Pater Rwagema wartete darauf, dass die Anwesenden ruhig wurden, und wenn er der Meinung war, dass in der Menge ein hinrichend ehrfürchtiges Schweigen eingekehrt war, begann er mit der Zeremonie. Als Erstes nahm er ein großes hölzernes Kreuz und hob es über seinen Kopf hoch. Dann trug er mit lauter Stimme eine der vielen Botschaften vor, die Segatashya von Jesus erhalten hatte, Botschaften, die Pater Rwagema auswendig kannte. Zum Beispiel:

»Gott wird euch sein Erbarmen niemals verweigern, wenn ihr euch wahrhaftig von Herzen bekehrt. Jesus trägt mir auf, euch zu sagen, dass das Leben auf der Erde nur einen Moment lang dauert; doch das Leben im Himmel ist ewig. Deshalb müsst ihr beten! Denkt daran, dass die, die Gott nur mit den Lippen dienen und laut rufen: ›Oh Vater, segne mich!‹, ohne es auch von Herzen so zu meinen oder ihre Verfehlungen zu bereuen, nicht in den Himmel kommen werden. Diejenigen, die Gott wahrhaftig lieben und mit liebevollen Taten auch seinen Willen tun, wird man im Himmelreich willkommen heißen – und nicht die Blender und Heuchler. Denkt daran, aufrichtig zu beten ... Der einzige Weg zum Himmel führt über Gebete, die von Herzen kommen.«

Und dann machte sich Pater Rwagema mit langen, zuversichtlichen Schritten auf den Weg in Richtung Dorfausgang, das Kreuz hoch erhoben und die Lippen in beständiger Bewegung, während er Kilometer um Kilometer Segatashyas Botschaften vortrug:

»Die Liebe Christi zu seinen Kindern ist groß. Gott lässt keines seiner Kinder im Stich; er wartet immer darauf, dass ihr Ja zu ihm sagt und ihn in euer Herz lasst. Am Tag des Gerichts wird der Herr allen ihr ganzes Leben zeigen, und die Menschen werden erkennen, dass sie die Urheber ihres eigenen Schicksals waren. Gott wird ihnen die Taten ihres ganzen Lebens zeigen, und jeder wird dorthin gehen, wohin er es verdient. Denkt nicht, dass Gott eure Sünden nicht sieht – der Herr sieht jede Tat und kennt jeden Gedanken. Bereut, denn es bleibt nicht mehr viel Zeit.

Wenn ihr Hilfe braucht, um Jesus euer Herz zu öffnen, dann betet zu seiner Mutter, damit sie euch zu Hilfe kommt. Jesus wünscht, dass ihr seine Mutter liebt und achtet wie eure eigene Mutter. Sie betet für all ihre Kinder und will euch viele Gnaden und Gaben zuteilwerden lassen«, gab Pater Rwagema die jüngste Botschaft wieder, die Segatashya vom Seherpodium in Kibeho aus verkündet hatte.

Nach meiner Erinnerung haben diese Prozessionen mit Pater Rwagema den größten Teil des Tages in Anspruch genommen, obwohl die Hitze der Sonne im Hochsommer auf uns niederbrannte. Oft waren wir mit einer dicken Schicht aus rotem Staub bedeckt, den all die müden Füße, an denen sich Blasen gebildet hatten, aufwirbelten, während sie im Gleichschritt über die unbefestigte Straße schlurften. Und doch beteten und sangen wir weiter, bis wir ausgetrocknet und unsere Stimmen heiser waren … jeder in der Prozession war überglücklich, dabei zu sein.

Nachdem wir sechzehn oder zwanzig Kilometer gegangen waren, machte die Gruppe ein paar Minuten Pause, um auszuruhen und Wasser zu trinken. Anschließend sang Pater Rwagema ein Lied mit uns, das Segatashya von Jesus gelernt hatte und das wir alle unter dem schlichten und passenden Namen »Segatashyas Lied« kannten:

> *Gott, du bist mir auf der Straße begegnet*
> *und hast mir eine Botschaft mitgegeben,*
> *die ich der Welt mitteilen soll.*
> *Ich habe sie deinen Kindern überbracht,*
> *doch deine Kinder haben nicht zugehört.*
> *Was soll ich tun, lieber Gott?*
> *Bitte, gib mir die Stärke und Weisheit,*
> *meinen Auftrag zu erfüllen,*
> *und hilf mir, deine Botschaft*
> *zu deinem Volk zu bringen.*

Hunderte von Stimmen sangen den einfachen Refrain, während wir umkehrten und den weiten Weg zurück nach Mataba antraten und Pater Rwagema die ganze Zeit über himmlische Botschaften vortrug.

Die Begeisterung der Dorfbewohner für alle Seher aus Kibeho und insbesondere für Segatashya wuchs immer noch weiter an. Das Feuer des Glaubens war bei jedem Einzelnen entzündet. Unser wunderbarer Priester erzählte uns, dass er Segatashya, der nicht einmal eine Schule besucht hatte, bei seinen Besuchen in Kibeho mit Geistlichen und Theologen über die Bedeutung und die verschiedenen Auslegungen der Bibel hatte sprechen hören.

»Dieser Junge ist keinen Tag seines Lebens zur Schule gegangen«, berichtete uns Pater Rwagema voller Staunen. »Wie hätte er mit ausgebildeten Theologen über die Schrift und über die Bedeutung biblischer Passagen diskutieren können, wenn nicht der Herr selbst ihn persönlich in diesen Dingen unterrichtet hätte? Hier geschieht wirklich ein großes Wunder ... so etwas hat man in Afrika noch nicht erlebt!«

Pater Rwagemas Begeisterung für Kibeho und Segatashya war so groß, dass er begann, Pilgergruppen den weiten und mühseligen Weg nach Kibeho zu begleiten, damit sie die übernatürlichen und wunderbaren Erscheinungen selbst miterleben konnten.

Weil es von Mataba nach Kibeho keine richtigen Straßen gab und weil die meisten Menschen in unserem Dorf keine Schuhe, geschweige denn Autos hatten, pilgerte man zu Fuß nach Kibeho. Die Reise dauerte viele Tage und oft mussten die Pilger gefährliche Flüsse überqueren, gebirgige Abschnitte bewältigen und sich in dichten Wäldern ihren Weg durchs Unterholz bahnen, was mir mit meinen zwölf Jahren unglaublich interessant und spaßig zu sein schien.

Als mein Vater ankündigte, dass er mit Pater Rwagema und etwa einem Dutzend Nachbarn an einer Wallfahrt nach Kibeho teilnehmen würde, fing ich – in der Hoffnung, ihn überzeugen zu können – sofort damit an, ihn unablässig zu bearbeiten und zu bedrängen, damit er mich mitnehmen sollte.

Mein Vater lehnte meine wiederholten Bitten rundheraus ab und sagte (durchaus zu Recht), dass ich viel zu jung und die Reise viel zu gefährlich sei. Er versprach, mich mitzunehmen, wenn ich älter wäre, aber tatsächlich sollte es noch viele Jahre dauern, bis ich endlich selbst nach Kibeho pilgern konnte. Zu diesem Zeitpunkt war ich bereits Anfang zwanzig und Segatashya hatte in Kibeho schon lange keine öffentlichen Erscheinungen mehr gehabt.

Das hinderte mich allerdings nicht daran, Segatashya genauso gut wie irgendein Mitglied meiner Familie kennenzulernen. Aus dem, was Vater von seinen Wallfahrten nach Kibeho erzählte, und von den Aufnahmen, die Pater Rwagema von den Erscheinungen des Jungen gemacht hatte und denen ich Stunde um Stunde lauschte, lernte ich ihn sogar sehr gut kennen.

Vielleicht war es vor allem der Umgang, den Segatashya pflegte, der ihn für mich so besonders machte – der Umgang mit den anderen bemerkenswerten Seherinnen von Kibeho, die der Himmel auserwählt hatte, um Botschaften zu verbreiten, auf die wir alle hören müssten. Es ist eine Gruppe von Mädchen, die wir alle kennen und lieben sollten.

Kapitel 3

Die Seher und Seherinnen von Kibeho

Manchmal, wenn ich draußen bin – in einer friedlichen Landschaft, das kühle Gras unter meinen Füßen, eine sanfte Brise in meinem Haar und die Wärme der Sonne auf meinem Gesicht –, schließe ich die Augen und fühle mich in die Zeiten zurückversetzt, als ich an den Nachmittagen Stunden damit zubrachte, darauf zu warten, dass mein Vater von einer seiner Wallfahrten zurückkehrte. Noch heute kann die Erinnerung an die bange Aufregung, die mein Kleinmädchenherz damals erfasst hatte, meinen Puls zum Rasen bringen.

Das Haus, das mein Vater gebaut hatte, lag am Rand eines steilen Hügels oberhalb des Kivusees, eines der spektakulärsten und schönsten Plätze in ganz Afrika. Von unserem Hinterhof aus hatte man eine atemberaubende Sicht auf den See, der meine rege Fantasie faszinierte und verzauberte.

Der Kivusee erstreckt sich über die gesamte Länge der ruandischen Ostgrenze und die weite und glänzende Wasserfläche des Sees dient als natürliche Trennlinie zwischen Ruanda und dem benachbarten Zaire (das man heute unter dem Namen Demokratische Republik Kongo kennt).

Zaire war viel, viel größer als Ruanda, und für meine jungen Augen, die von dem Aussichtspunkt in unserem Hinterhof aus über dieses überwältigend schöne Gewässer schweiften, dehnten sich die dichten Wälder und dunkelgrünen Dschungel dieses Landes bis ins Unendliche aus. An besonders klaren Tagen konnte ich in weiter Ferne sogar die höchsten Bergspitzen Zaires über die flockigen Wolken hinausragen sehen. Diese nebelbedeckten Gipfel reichten so hoch empor, dass ich dachte, dort oben müsste man schon halbwegs im Himmel sein. Ich stellte mir vor, dass diese erhabenen und abgeschiedenen Höhen ein idealer Platz für Jesus und die Jungfrau Maria wären, um eine kleine Pause einzulegen, wenn sie sich zwischen dem Reich Gottes und dem Dorf Kibeho bewegten, um den Sehern zu erscheinen.

Manchmal verbrachte ich den ganzen Nachmittag damit, im Hinterhof auf diese Berge zu schauen und zu warten, dass Vater von einer Wallfahrt aus Kibeho heimkehrte. Dann saß ich stundenlang reglos da, weich gebettet im Gras, und atmete den berauschenden Duft ein, der aus dem riesigen Blumengarten meiner Mutter herüberwehte. Und ich fragte mich die ganze Zeit, ob Jesus und seine Mutter, die Gottesmutter Maria, vielleicht gerade dort oben waren und falls sie wirklich da oben waren, ob sie vielleicht sogar zu mir heruntersahen. Und wenn ja, machte es sie dann froh zu wissen, dass ich sie beide so lieb hatte?

Ich hoffte jedes Mal, meinen Vater zu überraschen, wenn er von seiner Wallfahrt heimkehrte: auf ihn zuzulaufen und mich in seine Arme zu werfen, ehe er die Vordertür erreichte. Doch meistens war es Vater, der mich überraschte, wenn er in den Hinterhof kam, wo ich in Tagträume über Jesus und Maria versunken auf die weit entfernten Berge starrte. Dann räusperte er sich oder pfiff eine kleine Melodie, damit ich wusste, dass er nach Hause gekommen war und darauf wartete, dass ich ihn umarmte.

Ich schlang zur Begrüßung die Arme um meinen Vater und wir gingen zusammen an den Rand des Hügels und genossen die Aussicht, die wir beide so sehr liebten. Und Vater sagte, was er immer sagte, wenn wir allein in unserem Hof standen und unsere Blicke über den Kivusee schweifen ließen. »Immaculée, ich weiß einfach nicht, wie irgendjemand etwas so Schönes sehen und nicht von diesem Wunderwerk Gottes ergriffen sein kann. Hast du gewusst, dass die Leute sagen, dass Gott tagsüber durch die Welt reist und kontrolliert, ob mit seiner Schöpfung alles in Ordnung ist, und dass er nachts nach Ruanda zurückkehrt, um sich auszuruhen, weil Ruanda der schönste Ort ist, den er je geschaffen hat? Vergiss das nicht, Immaculée. Gott schläft in Ruanda.«

Ich umarmte ihn, so fest ich nur konnte, und küsste ihn auf die Wange. Mein Vater war der einzige Mensch, den ich kannte, der Gott genauso sehr liebte wie ich, und deshalb liebe ich ihn mehr, als ich es je beschreiben könnte.

Nach einem ausgiebigen Blick auf den See sagte Vater dann, dass er hungrig sei, und wandte sich wieder in Richtung Haus. Doch noch ehe er die Chance hatte hineinzugehen, fing ich an zu betteln, damit er mir Einzelheiten über seine Reise und die wunderbaren Dinge erzählte, die er in Kibeho gesehen und gehört hatte. Aber Vater war in allem, was er tat, sehr methodisch und erzählte kein einziges Wort von seiner Pilgerreise, ehe wir mit der ganzen Familie gegessen und uns dann zum *Igitaramo* im Wohnzimmer versammelt hatten. Erst dann begann er, uns die wahrhaft wunderbaren Ereignisse zu schildern, die er in Kibeho miterlebt hatte.

Das Erste, was ich Vater fragte, war immer, ob er Segatashya gesehen hatte. Und jedes Mal war seine Antwort auf meine Frage, um es vorsichtig zu formulieren, zwangsläufig unbefriedigend. »Oh ja, ich habe Segatashya gesehen«, antwortete er. »Aber sei nicht so voreilig, Immaculée ... das Gute kommt zu denjenigen, die warten können.«

Mein Vater ließ sich nie von irgendjemandem hetzen, vor allem dann nicht, wenn er eine Geschichte erzählen wollte. Geschichten waren für ihn – wie für viele Ruander – eines der wichtigsten Bildungsmittel, die einem Erzieher, einem Stammesführer oder Eltern zur Verfügung standen, wenn es darum ging, der jungen Generation moralische Vorstellungen und Botschaften zu vermitteln. Ruandas Kultur und Geschichte wird von jeher durch die mündliche Tradition des Geschichtenerzählens weitergegeben, und diese Tradition wurde bei uns zu Hause eifrig gepflegt.

Wenn er mit seinen Erzählungen von der Wallfahrt anfing, begann Vater jedes Mal mit der Beschreibung der Reise selbst und erzählte alles, was sich auf dem kilometerlangen, mühseligen Weg ereignet hatte. Für mich gehörten diese Geschichten, die oft mit Schilderungen der schlimmsten Strapazen gespickt waren, zu den großartigsten Abenteuergeschichten aller Zeiten.

Vater schilderte uns, wie seiner Gruppe aus zweihundert bis dreihundert einfachen Pilgern aus den Dörfern auf ihrem Weg die Vorräte ausgegangen, wie sie nachts von wilden Tieren belauert worden waren oder wie sie die Orientierung verloren und sich in der Wildnis eines pfadlosen Teils des ruandischen Waldes verirrt hatten. »Ihr müsst wissen, dass die meisten dieser Leute nie weiter gereist sind als zum Verwandtenbesuch in eines der Nachbardörfer hinter dem nächsten oder übernächsten Hügel«, erklärte er uns. »Eine größere Expedition über Land oder einen Aufbruch ins Unbekannte haben sie noch nie geplant ... und einige von ihnen sind nicht mehr die Jüngsten. Die meisten haben ihre Hütten verlassen und überhaupt keinen Proviant mitgenommen; die Mehrheit von ihnen hatte keine Schuhe und nicht einmal eine Decke, um darauf zu schlafen. Sie waren nicht im Geringsten auf die Schwierigkeiten vorbereitet, die sie unterwegs erwarteten ... doch ihre Herzen und ihre Seelen waren entschlossen, die himmlischen Botschaften zu hören, und jetzt, wo sie wussten, dass Jesus und Maria in Kibeho auf sie warteten, hielt sie einfach nichts mehr zu Hause zurück.«

Dann erzählte Vater uns, dass, ganz gleich, wie verzweifelt die Situation auch wurde, ihre Liebe und Verehrung für die Jungfrau Maria der Gruppe half, mit allen Mühen und Plagen fertigzuwerden, mit denen sie unterwegs zu kämpfen hatten. Er beschrieb, wie Pater Rwagema an den Abenden, nachdem sie ihr Nachtlager aufgeschlagen hatten, mit den Pilgern betete. Sie knieten sich gemeinsam vor das Lagerfeuer und beteten zur Jungfrau Maria um Beistand und Führung. Und ihre Gebete wurden ausnahmslos erhört.

Einmal, nach einer mehrtägigen und überaus strapaziösen Wanderung, stellte die Gruppe fest, dass sie buchstäblich überhaupt nichts mehr zu essen, aber Hunderte hungriger Pilger zu versorgen hatte. An diesem Abend beteten sie zum Himmel, dass er ihnen Nahrung schicken möge – und am darauffolgenden Morgen entdeckten sie voller Freude, dass irgendeine gütige Seele während der Nacht ins Lager geschlichen war und riesige Säcke mit Reis und Bohnen dagelassen hatte. Ein anderes Mal hatten sich die Pilger im dichten Busch hoffnungslos verlaufen und wussten nicht mehr, in welche Richtung sie gehen sollten. Also schlugen sie ein Lager auf und baten die Muttergottes, sie auf einen Weg oder Pfad zu führen. Später am Abend erschien ein unbekanntes Sternbild am Himmel über ihnen, wurde am dunklen Nachthimmel immer heller und bildete die Form eines Kreuzes. Sie gingen davon aus, dass es ein himmlisches Zeichen war, und gingen am nächsten Tag einfach in die Richtung, die ihnen das Sternenkreuz gewiesen hatte – und ehe sie sich versahen, waren sie heraus aus dem Busch und wieder auf der Straße nach Kibeho.

»Niemand hat sich je ernsthaft über unsere Kratzer und Blasen beklagt oder auch nur gemurrt, wenn er Hunger hatte«, berichtete mein Vater. »Schließlich waren wir unterwegs, um Jesus und Maria zuzuhören, und was waren unsere kleinen Leiden schon im Vergleich zu ihren?« Vater erzählte uns, dass die Pilger, je mehr sie zu erdulden hatten, umso mehr konnten sie erahnen, was Jesus und die Jungfrau Maria für uns alle auf sich genommen hatten ... und dass sie umso entschlossener waren, mit einem Lächeln auf ihren Gesichtern und Freude in ihren Herzen in Kibeho anzukommen.

An diesem Punkt war ich in der Regel so aufgeregt und ungeduldig, etwas von Segatashya zu erfahren, dass ich meinen Vater unterbrach. »Was ist mit dem Jungen, dem Jesus begegnet ist, Papa? Erzähl uns von Segatashya – wie hat er ausgesehen? Ist er so jung, wie alle sagen? Hat er wirklich mit Jesus gesprochen? Was ist passiert, als er auf dem Podium war? Hat er Jesus wieder gesagt, dass die Leute ein Wunder sehen wollen? Erzähl, Papa! Hat Segatashya noch ein Wunder geschehen lassen?«

Dann sah Vater mich geduldig an und sagte: »Das Wunder von Kibeho beginnt in dem Augenblick, an dem man sich mit einem liebenden und gläubigen Herzen als Pilger auf den Weg nach Kibeho macht. Nicht die Seher lassen Wunder geschehen ... Wunder geschehen, wenn zweifelnde Herzen sich verwandeln und zu Herzen werden, die von der Liebe Gottes erfüllt sind. Und es ist der Glaube an Gott, der die Liebe in unsere Herzen bringt! Glaube und Liebe – Glaube an die Liebe von Jesus und Maria und Glaube daran, dass die Botschaften, die sie für uns haben, von Gott gesandt sind, um uns zu retten –, das ist es, was hier auf Erden himmlische Wunder geschehen lässt. Vergesst das nie, Kinder.«

Eines dieser Wunder, fügte mein Vater hinzu, war, dass alle Verletzungen, die sich die Teilnehmer seiner Wallfahrt auf ihrem Weg zu den Sehern zugezogen hatten – von stark entzündeten Blasen über Sonnenbrand bis hin zu schlimmen Zerrungen oder Bänderdehnungen –, bald nach ihrer Ankunft in Kibeho geheilt wurden. Oft geschahen die Heilungen nach einem Regenschauer am Ende einer Erscheinung, wenn einer der Seher ankündigte, dass Maria die Schmerzen und Verletzungen all derer lindern würde, die eine so große Entfernung zurückgelegt hatten, um sie zu sehen.

Und danach ging aus heiterem Himmel ein erquickender Schauer nieder, der die Wunden Tausender Pilger heilte. Für Vater war es immer ein ganz besonderes Vergnügen, uns zu erzählen, wie ein kollektives Aufseufzen aus etwa zehntausend Kehlen über den Hügeln von Kibeho nachklang, wenn Hunderte Schnitte aufhörten zu bluten, Schwellungen an verstauchten Knöcheln abklangen oder ganz verschwanden und in unzähligen müden und matten Menschen mit einem Mal die Lebensgeister wieder erwachten. Alle verbleibenden Beschwerden und Sorgen verdunsteten in der Wärme des nun wieder gleißenden Sonnenscheins. In den Millionen Regentropfen, die an den unzähligen Grashalmen auf dem Hügelland von Kibeho hingen, brach sich das Licht zu einer Million winziger Regenbogen – für jeden, der dabei war, ein beeindruckender Anblick.

Wenn dann der Regen wieder aufhörte und die Sonne ihre Kleider trocknete, standen die Pilger wie ein Mann auf und fassten sich an den Händen. Sie sahen zum Himmel empor und stimmten gemeinsam das Magnifikat an, das Lieblingslied Unserer Lieben Frau, um der himmlischen Mutter für die Fürsorge und Freundlichkeit zu danken, die sie gerade über ihnen ausgegossen hatte ... ihren dankbaren und frommen Kindern aus Kibeho:

> *Meine Seele preist die Größe des Herrn,*
> *und mein Geist jubelt über Gott, meinen Retter.*
> *Denn auf die Niedrigkeit seiner Magd hat er geschaut.*
> *Siehe, von nun an preisen mich selig alle Geschlechter.*
> *Denn der Mächtige hat Großes an mir getan*
> *und sein Name ist heilig.*
> *Er erbarmt sich von Geschlecht zu Geschlecht*
> *über alle, die ihn fürchten.*
> *Er vollbringt mit seinem Arm machtvolle Taten:*
> *Er zerstreut, die im Herzen voll Hochmut sind;*
> *er stürzt die Mächtigen vom Thron*
> *und erhöht die Niedrigen.*
> *Die Hungernden beschenkt er mit seinen Gaben*
> *und lässt die Reichen leer ausgehen.*

Er nimmt sich seines Knechtes Israel an
und denkt an sein Erbarmen,
das er unsern Vätern verheißen hat,
Abraham und seinen Nachkommen auf ewig.

Wenn Vater beschrieb, wie er mit den verschiedenen Pilgergruppen aus Mataba in Kibeho ankam, entwarf er stets ein unglaubliches Bild der nationalen Gläubigkeit und Verehrung.

»Tausende und Abertausende Menschen hatten sich um das Dorf herum versammelt«, erzählte er uns, »und sie alle waren gekommen, um Zeugen der Erscheinungen zu werden, die Jesus und die Jungfrau Maria für die folgenden Tage angekündigt hatten. Die Hügel rund um Kibeho waren mit Lagern der Pilger bedeckt: Gruppen von Freunden und ganze Großfamilien, die den weiten Weg zurückgelegt hatten, um die Botschaften zu hören. Sie kamen aus ganz Ruanda und einige sogar aus Kenia, Tansania, Burundi und Zaire ... sie alle waren da, um die Worte der Seher zu hören, um zu hören, was die Himmelskönigin und Jesus uns mitteilen wollten ... um die Botschaften zu empfangen, die der Himmel uns ins Herz legen will, damit wir nach dem Willen Gottes leben.«

»Bitte, Papa«, bettelte ich wieder, weil ich vor lauter Neugier auf meinen Lieblingsseher beinahe platzte und einfach nicht mehr an mich halten konnte. »Erzähl uns von Segatashya!«

Meine ständigen Unterbrechungen des *Igitaramo* brachten meinen Vater immer nur kurzzeitig aus seinem Erzählrhythmus. Damals war er schon kein Lehrer mehr, sondern hatte sich dank einer Reihe von Beförderungen die akademische Leiter emporgearbeitet: vom Lehrer zum Direktor und schließlich in die Position eines Regionaldirektors der katholischen Schulen. Während all dieser Jahre im Schulsystem hatte er genügend Erfahrung im Umgang mit ungeduldigen und aufsässigen Kindern wie mir gesammelt.

Wenn ich ihn also einmal zu oft in seiner Erzählung unterbrochen und versucht hatte, ihn zur Eile anzutreiben, dann hörte Vater einfach ganz auf zu reden. Er sah mich mit seinem offiziellsten Schuldirektorenblick an, ohne etwas zu sagen, bis ich versprach, ruhig zu sein und geduldig zu warten, während er uns auf seine Weise und in seinem eigenen Tempo von Kibeho erzählte.

WENN VATER BESCHRIEB, WAS ES HIESS, in Kibeho zu sein, wollte er immer als Erstes die Leidenschaft, Ehrfurcht und Stimmung der riesigen Pilgerschar vermitteln, der er sich dort angeschlossen hatte. Am Ende jeder Erscheinung kündeten Jesus und die Jungfrau Maria dem jeweiligen Seher oder der jeweiligen Seherin an, wann er oder sie genau mit einem Wiedersehen rechnen konnte. Die Muttergottes (oder Jesus, wenn der Seher Segatashya war) nannte tatsächlich jeder Seherin den genauen Tag und die genaue Uhrzeit der nächsten Erscheinung, und dann wurden diese Daten und Uhrzeiten im Radio übertragen. Dank dieser Information konnten alle, die nach Kibeho pilgern wollten, ihre Reise an den gesegneten Ort genau planen.

Mein Vater erzählte uns, dass Tausende Pilger, die nach Kibeho kamen, hofften, von einer Krankheit geheilt zu werden, oder Dinge mitbrachten, die sie gern von Jesus und der Jungfrau Maria segnen lassen wollten. Oft hatten die Pilger, wenn sie aus ihrem Heimatdorf aufbrachen, ihre Taschen mit Rosenkränzen vollgepackt, die sie sich über den Kopf hielten, wenn die Seherinnen auf das Podium traten. Andere brachten Behälter mit Flusswasser mit, weil sie hofften, dass es während der Erscheinungen auf wunderbare Weise in Weihwasser verwandelt werden würde.

»Das waren kleine Geschenke an die Gläubigen – Geschenke, die halfen, in der ganzen Versammlung eine liebevolle Atmosphäre zu schaffen«, sagte mein Vater. Er war wirklich zutiefst erstaunt darüber, dass so viele Menschen, die alle eine ebenso anstrengende und weite (oder sogar noch viel weitere!) Reise gemacht hatten wie er, nach ihrer Ankunft in einer so guten Stimmung waren.

»Wie oft im Leben findet man einen Platz, an dem Tausende und Abertausende Menschen tagelang auf engem Raum und mit einem Minimum an Nahrung oder Wasser zusammengepfercht sind, ohne dass es auch nur die kleinsten Reibereien oder Rangeleien gibt? In Kibeho habe ich kaum je auch nur ein ärgerliches Wort gehört ... es gibt einfach keinen zweiten Ort wie Kibeho, weder in Ruanda noch anderswo!«, schwärmte Vater. »Ohne jeden Zweifel haben die liebende Gegenwart der Jungfrau Maria und der Friede ihres Sohnes Kibeho in einen Ort verwandelt, wie ich ihn auf keiner meiner Reisen je gesehen habe. Die liebende Gegenwart Gottes war überall zu spüren!«

Dann erzählte mein Vater, wie Dutzende Schülerinnen des Mädcheninternats von Kibeho mit anderen Mädchen aus ganz Ruanda eine lebhafte Tanztruppe bildeten. Von Trommeln und anderen Musikinstrumenten begleitet, führte die junge Truppe stundenlang vor dem Podium traditionelle Tänze auf, während die Menge auf die Ankunft der Seher wartete.

»Die Mädchen fingen an, Loblieder für die Jungfrau Maria zu singen«, erzählte Vater. »Und schon bald stimmten jede Frau und jeder Mann, die sich in der hügeligen Umgebung rund um das Podium befanden, mit ein ... zehntausend Stimmen, die alle unisono von ihrer Liebe zur seligen Jungfrau Maria sangen und Unsere Liebe Frau und Jesus baten, sie zu segnen.

Auf unserer letzten Wallfahrt war die junge Alphonsine die erste Seherin, die am ersten Tag das Podium betrat«, fuhr Vater fort und beschrieb seine Überraschung, weil sie noch so kindlich wirkte, und wie sehr ihn die scheue Unschuld und die Sanftmut des Schulmädchens berührt hatten. Eine Woge der Zuneigung ging durch die Menge, als sie in die Mitte des Podiums schritt, ihren Rosenkranz emporhielt und mit der ganzen Versammlung zu Unserer Lieben Frau zu beten begann.

Dann erzählte Vater von der tiefen Stille, die sich über die Hügel legte, als die Jungfrau Maria schließlich dem Mädchen erschien, das gerade dabei war, ein Ave-Maria zu beten. Er beschrieb, wie Alphonsines Gesicht in einem Ausdruck reinster Hingabe aufstrahlte, als hätte ihr Herz einen riesigen Stromstoß der Liebe empfangen, und wie das Gesicht des jungen Mädchens selbst mit einem Mal von einem Ausdruck überirdischer Schönheit gezeichnet war.

Pater Rwagema hatte mit dem Klerus aus Kibeho gesprochen, der die Erscheinungen untersuchte, und von ihm wusste ich bereits, dass die Seherinnen während der Erscheinungen außer der himmlischen Gegenwart nichts in ihrer Umgebung wahrnahmen. Wenn die Gottesmutter ihnen erschien, war, wie Vater uns jetzt erklärte, alles, was Alphonsine und die anderen Seherinnen sehen konnten, die Jungfrau Maria, die mehrere Meter vor ihnen über dem Boden schwebte. Die Menge der Pilger, die vor dem Podium stand, verwandelte sich aus der Sicht der Seherinnen in ein endloses Feld mit Blumen. Einige Blumen standen aufrecht und sahen stark, lebendig und schön aus; andere Blumen schienen welk zu sein und ließen den Kopf hängen.

Die Jungfrau Maria hatte den Seherinnen erklärt, dass die Blumen die Menschen darstellten, die nach Kibeho gekommen waren, um ihre Botschaften und die Botschaften ihres Sohnes Jesus zu hören. Sie sagte, die gesünderen Blumen seien die Menschen, deren Glaube an Gott kräftig und lebendig war; die eher kränklichen dagegen seien Menschen, deren Glaube an den Herrn der Stärkung bedürfe. Doch die Jungfrau Maria sagte den Seherinnen immer, dass sie all diese Blumen gleichermaßen liebe und ihre Botschaften der Liebe dazu bestimmt seien, allen zu helfen, die nach Kibeho kämen, um von ihr gesegnet zu werden.

»Wie üblich hat sich Alphonsine mit der seligen Jungfrau genauso unterhalten, wie du mit deiner Mutter sprichst, Immaculée«, berichtete mein Vater. »Sie hat die Jungfrau mit ›Mama‹

angeredet, und dann haben sie darüber gesprochen, wie es mit den Schularbeiten vorangeht und wie sie und die anderen Mädchen an der *Kibeho High School* zurechtkommen.«

Vater erzählte uns, an jenem Abend habe Alphonsine gesagt, dass die Muttergottes sie ein Lied gelehrt habe, das alle Menschen auf der ganzen Welt singen lernen sollten. Das Lied war so einfach und schön, dass, als Alphonsine zu singen begann, jede Stimme in Kibeho einfiel und gemeinsam mit der Seherin sang. Die Muttergottes nannte das Lied »Die Kinder von Kibeho«:

Ich vertrau dir meine Zukunft an, Maria,
weil du die Stimme Gottes zu uns bringst, Maria.
Ich habe alles genommen, was ich besitze, Maria,
und werfe mich in deine Arme, Maria.
Schau, wie ich mich ändern werde, Maria,
weil ich die Stimme Gottes gehört habe, Maria.
Lehre uns, deine Kinder von Kibeho,
einander zu lieben, Maria.
Möge jeder dich lieben, Maria,
möge jeder dir vertrauen, Maria.
Bitte schau, wie ich von heute an leben werde, Maria,
weil du die Stimme Gottes zu mir gebracht hast, Maria.

Dann beschrieb Vater, wie Alphonsine am Ende ihrer Erscheinung physisch erschöpft und emotional völlig ausgelaugt wie ein Stein zu Boden gefallen sei. »Es war immer dasselbe bei all diesen Kindern«, erklärte er. »Sobald Maria ihren Besuch beendet hatte, fielen sie flach auf den Boden, entweder auf den Rücken oder aufs Gesicht. Es ist ein Wunder, dass sie sich nie das Genick gebrochen oder einen Schädelbruch erlitten haben. Aber es scheint, dass Maria als beschützende Mutter über sie wacht. Pater Rwagema hat mir erzählt, dass die Ärzte der Untersuchungskommission, die während der Erscheinungen bereitstehen, um die Seherinnen vor, während und nach den Erscheinungen zu untersuchen – nie feststellen können, dass die Kinder sich eine Verletzung zugezogen haben, ganz gleich, wie sehr sich ihre Körper während einer Ekstase verdreht hatten oder wie hart sie nach der Ekstase zu Boden gestürzt waren.«

Außer den Ärzten, die während der Erscheinungen immer zu mehreren anwesend waren, sei auch eine Gruppe ortsansässiger Nonnen da gewesen, um die Seherinnen zu betreuen, sagte Vater. Zwei oder drei dieser Nonnen seien am Ende jeder Erscheinung auf das Podium geeilt und hätten sich um die am Boden liegende Schülerin gekümmert – und nachdem sie wieder zu Bewusstsein gekommen war, hätten sie dem Mädchen aufgeholfen, es gestützt und an einen abgeschirmten Ort gebracht, wo es sich ausruhen und wieder zu Kräften kommen konnte.

»Ich weiß noch, wie mein Herz der kleinen Alphonsine förmlich zugeflogen ist … Nach der Erscheinung der Gottesmutter war sie so sehr erschöpft, dass drei kräftige Männer ihren schlaffen Körper auf die Schultern nehmen und sie vom Podium hinuntertragen mussten.«

Als mein Vater seine Schilderung von Alphonsines wunderbarer Erscheinung beendet hatte, sah ich ihn hoffnungsvoll an, faltete meine Hände wie zum Gebet und formte mit meinen Lippen eine stumme Bitte, die aus nur einem Wort bestand: »Segatashya?«

Vater hob den Arm und wandte mir seine Handfläche zu wie ein Verkehrspolizist, der einen Raser stoppt. »Nur langsam, Immaculée, dazu kommen wir noch früh genug!« Dann beschrieb er rasch die Erscheinungen der nächsten beiden Seherinnen – Anathalie und Marie-Claire –, die er auf dem Podium miterlebt hatte. Ausschnitte aus diesen Erscheinungen hatte ich im Radio gehört, als er noch unterwegs gewesen war, aber er erinnerte sich auch an zwei kurze Lieder, die die Seherinnen gesungen hatten. Eines davon hatte die Jungfrau Maria Marie-Claire selbst gelehrt und ich hatte es noch nie gehört.

Wie ich schon gesagt habe: Geschichten sind in der ruandischen Gesellschaft ein überaus wichtiges Lehrmittel, aber Lieder sind sogar noch wichtiger, weil die Worte des Liedes mithilfe der Melodie in unserem Herzen und in unserem Verstand Wurzeln schlagen können. Deshalb bestand nicht die geringste Chance, dass Vater jemals irgendein Lied auslassen würde, das eine Seherin während einer seiner Wallfahrten nach Kibeho mit den Pilgern geteilt hatte.

Das erste Lied, eine bittersüße Geschichte vom Leiden einer Mutter, hatte die Jungfrau Maria die Seherin Marie-Claire während einer nachmittäglichen Erscheinung gelehrt:

Gütigste Mutter, erinnere uns stets
an das Leid deines Sohnes Jesus.
Wer unter uns würde nicht weinen beim Anblick der Tränen,
die die Mutter Jesu für ihren einzigen Sohn vergossen hat?
Denn die Dornen, die sie ihm aufs Haupt setzten,
spürte sie am eigenen Leib.
Als sie hörte, wie das Kreuz
in die frisch ausgehobene Grube eingesenkt wurde,
brach ihr Herz entzwei.
Gütigste Mutter, erinnere uns stets
an das Leid deines Sohnes Jesus!

Das nächste Lied, das Vater uns vorsang, war ein Hymnus der Liebe und Verehrung, den Anathalie für die Jungfrau Maria gesungen hatte. Vater erzählte uns, dass die Seherin vor dieser einen Erscheinung eine Zeit lang gefastet hatte, um Buße zu tun, und dass sie, als sie das Lied sang, so schwach und müde war, dass ihre Stimme kaum mehr als ein Flüstern zu hören war.

Diese Geschichte hat mich so ergriffen, dass ich das Lied auswendig lernte und es nach Anathalies Vorbild und ihr zu Ehren jahrelang immer nur mit einer müden und erschöpften Stimme sang:

Wir sind gekommen, dir zu danken, Mutter,
liebe, treue Mutter.
Niemand war je so gesegnet wie du.
Wir wollen unsere Stimme erheben, um dich zu preisen,
liebe Mutter, du zärtlich Geliebte des Schöpfers.
Außer dir wurden wir alle mit der Erbsünde geboren,
nur du, liebe Mutter, kamst unbefleckt zur Welt.
Alle Engel im Reich Gottes besingen im Himmel deinen Namen.
Liebe Mutter, die du auf Erden unsere Tränen trocknest,
wir lieben dich!

Nachdem er uns Anathalies Lied vorgesungen hatte, stand Vater auf und streckte sich, wobei er so laut gähnte, dass es im ganzen Haus zu hören war. Ich wusste, was jetzt kam; ich hatte es vorausgesehen. Oft, wenn er von einer seiner Wallfahrten zurückkam, ließ er uns Kinder so lange warten wie nur möglich – unsere häuslichen Pflichten, unsere Schularbeiten und das Abendessen mit der Familie hatten immer Vorrang –, ehe er uns rief, damit wir uns zum *Igitaramo* zusammensetzten. Dann aber – und genau das schien sich jetzt anzukündigen – unterbrach er sich mitten in einer seiner Geschichten und erklärte, er sei so müde, dass er sofort zu Bett gehen müsse.

»Keine Angst, Kinder«, sagte er. »Ich muss nur eine Nacht richtig gut schlafen. Vom Rest meiner Wallfahrt erzähle ich euch irgendwann später in dieser Woche ... oder vielleicht in der nächsten Woche, wenn nicht zu viel zu tun ist.«

Doch ehe Vater auch nur zu Ende gegähnt hatte, sprang ich auf die Füße und stellte mich zwischen ihn und den Eingang zum Elternschlafzimmer. Ich bin sicher, dass mein Blick und meine entschlossene Miene Bände sprachen, ja geradezu ausriefen: »Denk nicht daran, schlafen zu gehen, ehe du mir nicht bis ins letzte Detail alles erzählt hast, was Segatashya getan und gesagt hat!«

Mein Vater lächelte, als er meine Entschlossenheit sah. Ich glaube nicht, dass er mich je zuvor so energisch hatte auftreten sehen, und ich bin sicher, dass ihm meine Begeisterung für Segatashyas Botschaften von Jesus sehr gefiel.

»Es ist warm im Haus heute Abend. Ich glaube, wir könnten hier drinnen ein bisschen frische Luft gebrauchen«, sagte er und ging an mir vorbei zu dem kleinen Flur bei der vorderen Eingangstür. Er sah auf die Uhr und öffnete die Tür. Dort stand Pater Rwagema im Türrahmen, als ob mein Vater ihn irgendwie durch einen Trick hergebracht hätte.

»Danke, dass Sie gekommen sind, Pater«, sagte mein Vater und führte ihn ins Wohnzimmer. Der freundliche Priester lächelte, winkte meinen Brüdern und mir zu und machte eine Verbeugung vor meiner Mutter, die sofort in die Küche eilte, um für unseren Gast etwas zu essen und ein Glas Milch zu holen. Obwohl er gerade erst mit meinem Vater zusammen aus Kibeho zurückgekommen war, wirkte Pater Rwagema frisch und tatkräftig. Seine Augen blitzten vor Energie, und sein Gesicht strahlte von den gerade erst miterlebten Wundern.

»Ich habe Pater Rwagema heute Abend eingeladen, weil ich sicher bin, dass er mehr über Segatashya weiß als irgendjemand sonst in diesem Land«, sagte Vater. »Und ich wusste natürlich, dass Immaculée mir mehr Fragen über ihren Lieblingsseher stellen würde, als ich beantworten könnte.«

SOBALD PATER RWAGEMA SICH IN EINEM STUHL NIEDERGELASSEN und meine Mutter ihm eine Stärkung gebracht hatte, fuhr Vater mit seiner Geschichte fort.

»Pater Rwagema, ich war eben dabei, von den Seherinnen zu erzählen, die wir gesehen haben, und habe ihnen gerade Anathalies Lied vorgetragen«, bemerkte Vater. »Mir ist klar, Immaculée, dass du hoffst, dass Segatashya direkt nach Anathalie aufs Podium kam, aber wir mussten noch einen ganzen Tag warten, bis er in Kibeho eintraf. Zu diesem Zeitpunkt hatte sich die Menge von zehntausend Pilgern, die wir bei unserer Ankunft im Dorf angetroffen hatten, beinahe verdreifacht – so beliebt ist Segatashya in so kurzer Zeit geworden. Es müssen mindestens dreißigtausend Menschen gewesen sein, die sich an dem Nachmittag, für den die Erscheinung angekündigt war, vor dem Podium drängten, und der Jubel, der in der Menge aufbrandete, als er endlich kam, war ohrenbetäubend.«

Mit verwundertem Kopfschütteln beschrieb Vater den Moment, als er Segatashya zum ersten Mal sah. »Bei all diesem Rummel habe ich wahrscheinlich jemanden erwartet, der über zwei Meter groß und wie ein Prinz gekleidet wäre, aber das Kind, das da aufs Podium stieg, sah aus, als käme es direkt von der Viehweide!

Segatashya ist ein Jugendlicher, aber in meinen Augen sah er nicht älter aus als acht oder neun. Er wirkte sogar kleiner als die Schulmädchen, die vor ihm auf dem Podium gewesen waren – und um ehrlich zu sein: Ich glaube nicht, dass er viel größer war als du, Immaculée! Man konnte sehen, dass seine Familie nicht viel Geld hatte, dass sie auch sonst nichts besaß und dass sie sogar noch ärmer war als die ärmsten Leute bei uns hier im Dorf. Der Junge war so mager und schmächtig, dass man sofort sah, dass er in seinem Leben noch nie mehr als eine Mahlzeit aus Reis und Bohnen am Tag zu essen gehabt hatte, wenn überhaupt!

Ich glaube, er hat an diesem Tag noch zu Hause die Ziegen gehütet und ist von dort aus – das ist etwa vierzig Kilometer entfernt, habe ich mir sagen lassen – direkt nach Kibeho gekommen. Er war barfuß, und an seinen Füßen und Knöcheln klebte getrockneter Schlamm. Er trug ein Paar alte, zerfetzte rote Shorts, die auch mit Schlamm bespritzt waren und die er mit einem dicken Strick um die Taille herum festgebunden hatte. Sein ausgeblichenes T-Shirt war an vielen Stellen löchrig und zerrissen, und er wirkte so scheu, dass ich dachte, er würde nie imstande sein, jemandem direkt in die Augen zu schauen.«

Pater Rwagema hatte den Teller Reis aufgegessen, den meine Mutter ihm gereicht hatte, und wühlte nun eifrig in einer Tasche, die er mitgebracht hatte. Ich hoffte, dass er nach seinem Kassettenrekorder suchte und dass er eine Aufnahme von der Erscheinung dabeihatte.

»Ihr dürft nicht vergessen«, sagte Pater Rwagema, »dass Segatashya ein Bauernjunge ist: Er hat nie eine Schule besucht und weiß nichts über Religion. Er ist ein Heide wie seine Eltern, und ich glaube, dass er nie weiter als einen Tagesmarsch von zu Hause weg gewesen ist, ehe Jesus ihm erschienen ist und ihm Botschaften übergeben hat, die er nach Kibeho bringen sollte.«

Pater Rwagema sah meine Brüder und mich an. »Kinder, könnt ihr euch vorstellen, dass ihr in eurem Leben noch nie eine größere Menschenansammlung erlebt habt als diejenige, wenn eure Familie sich zum gemeinsamen Essen trifft, und dass ihr dann plötzlich auf einem Podium steht vor dreißigtausend Leuten – und jeder Einzelne erwartet von euch, dass ihr ihm das Wort Gottes überbringt?«, fragte er uns. »Dieser Junge muss den Mut eines Löwen haben! Vielleicht ist das einer der Gründe dafür, dass Jesus ihn dazu auserwählt hat, hier auf Erden ein Botschafter des Himmels zu sein.«

Vater wandte sich meinem Bruder Damascene zu, der genau in Segatashyas Alter war, und sagte zu ihm: »Als ich Segatashya auf dem Podium gesehen habe, wie er da so klein zwischen den Priestern und Ärzten stand, die gekommen waren, um ihn zu untersuchen ... und so winzig und unbedeutend aussah vor diesen Zehntausenden Menschen, die so weit gereist waren, um ihn zu hören ... da musste ich an meine eigenen Söhne denken. Ich wusste, dass es mir als Vater furchtbar wehgetan hätte, wenn irgendeines meiner Kinder dort hätte stehen müssen, wo der Junge in diesem Augenblick stand: unter einem so enormen Druck und unter der Last so unglaublicher Erwartungen.

Doch dann erlebten wir eine absolut erstaunliche Verwandlung – in dem Augenblick nämlich, als Segatashya spürte, dass sich die Gegenwart des Herrn näherte«, bemerkte Pater Rwagema. »Stellt euch vor, wie sich das anfühlen muss: Gott im wahrsten Sinne des Wortes *zu sehen*. Natürlich können wir alle die Gegenwart des Herrn spüren, wenn wir beten ... aber niemand von uns, die wir heute Abend hier zusammensitzen, wird je erfahren, was es heißt, mit unserem menschlichen Körper vor ihm zu stehen. Und wir waren dort! Was für eine Erfahrung! Uns ist die Gnade zuteilgeworden, dabei zu sein, als Segatashya Jesus sah!

Ich bin inzwischen mehr als ein Dutzend Mal in Kibeho gewesen, und ich kann bezeugen, dass der Schock, von dieser irdischen Welt getrennt zu werden und in die Sphäre des Himmlischen einzutreten, auf jede Seherin und jeden Seher eine tiefe Auswirkung hat. Doch die extremen Belastungen, die Segatashya erlebt, schienen mir immer besonders hart und haben mich am meisten beeindruckt.«

Dann schilderte der Priester, wie er sich von der Pilgergruppe, die er nach Kibeho geführt hatte, entfernte und auf das Podium stieg, um auf Band aufzunehmen, was Segatashya zu Jesus sagen würde. »Ich stand dort mit den beiden Ärzten und mehreren Priestern der Untersuchungskommission«, erzählte er uns. »Außerdem war da noch ein Radiotechniker mit einem Mikrofon: Alles, was Segatashya sagte, wurde von einer leistungsstarken Lautsprecheranlage übertragen – die ganze riesige Menschenmenge konnte jede Silbe hören, die Segatashya von sich gab.

Der Techniker hatte das Mikrofon gerade unter Segatashyas Kinn platziert, als der Junge auf die Knie fiel. Er riss die Augen auf und sein Gesicht strahlte auf, als ob von irgendwo weiter oben der Schein von hunderttausend Taschenlampen auf ihn gerichtet worden wäre.

Als Segatashya zu Boden stürzte, fiel er auf das Mikrofon des Technikers, das gegen die Brust des Jungen gedrückt wurde. Im selben Augenblick verstummte die Menge. Im Umkreis von mehreren Kilometern war nichts mehr zu hören außer Segatashyas Herzschlag, der von dem Mikrofon eingefangen und durch die gewaltige Lautsprecheranlage neben dem Podium um ein Vielfaches verstärkt wurde.

Zuerst war sein Puls normal – sein Herz hörte sich an wie bei jedem anderen gesunden Jungen in seinem Alter, sechzig oder siebzig Schläge in der Minute. Doch als der Herr vor ihm Gestalt annahm, begann Segatashyas Herz zu rasen. Das ständige Bumbum seines Herzschlags wurde so schnell, dass es aus menschlicher Sicht praktisch nicht möglich zu sein schien, das auszuhalten. Es hörte sich an, als ob man in seinem Brustkasten einen verrückten Trommler losgelassen hätte.

Segatashyas Puls beschleunigte sich auf hundert Schläge pro Minute, sprang dann mit einem Mal auf zweihundert und dann auf dreihundert oder sogar noch mehr Schläge in der Minute. Die Ärzte auf der Bühne waren genauso erschrocken wie alle anderen und suchten in ihren Taschen nach einem Stethoskop. In der Menge hielten sich einige die Ohren zu, weil sie das Geräusch nicht mehr ertragen konnten; es machte ihnen Angst. Ich dachte, das Herz des armen Jungen würde jeden Moment durch den Brustkorb hindurch explodieren.«

Als er sah, dass wir alle den Atem anhielten, lächelte Pater Rwagema uns beruhigend zu. »Dann strahlte Segatashya über das ganze Gesicht und sagte mit lauter, starker Stimme: ›Karame!‹« (In der ruandischen Landessprache Kinyarwanda ist *Karame* ein höflicher Gruß und heißt wörtlich übersetzt: »Ich wünsche dir ein langes Leben!«)

»Sobald Segatashya Jesus begrüßt hatte«, fuhr der Priester fort, »wurde sein Pulsschlag wieder normal. Einige Sekunden später begann der Junge das Vaterunser zu beten, und wir, alle dreißigtausend Pilger, die da vor ihm standen, knieten auf dem Boden nieder und beteten mit:

Vater unser im Himmel,
geheiligt werde dein Name.
Dein Reich komme.
Dein Wille geschehe
wie im Himmel, so auf Erden.
Unser tägliches Brot gib uns heute.
Und vergib uns unsere Schuld,
wie auch wir vergeben unsern Schuldigern.
Und führe uns nicht in Versuchung,
sondern erlöse uns von dem Bösen.
Amen.«

Endlich hatte Pater Rwagema gefunden, wonach er in seiner Tasche gesucht hatte, und es war, wie ich gehofft hatte, tatsächlich sein Kassettenrekorder. »Ich weiß, es wird schon spät, aber ich dachte, jeder hier und besonders Immaculée würde vielleicht gern etwas von dieser letzten Erscheinung hören«, sagte er mit einem Lächeln. »Im ersten Teil fragte Segatashya Jesus, wie er mit all den zweifelnden Thomassen umgehen sollte, auf die er traf und die ihm begegneten, seit die Erscheinungen begonnen hatten.«

Pater Rwagema drückte die Starttaste seines Kassettenrekorders und plötzlich war Segatashya bei uns im Raum und sprach mit sanfter, fester Stimme zu Jesus:

Herr Jesus, es gibt da etwas, das du, glaube ich, wissen solltest. Es gibt noch immer viele Menschen in Ruanda, die nicht verstehen, was hier in Kibeho geschieht; und was noch schlimmer ist, es gibt Menschen, die einfach nicht glauben, dass du und deine Mutter uns wirklich erscheinen. Es gibt Menschen, die sich beschweren und behaupten, dass das, was in Kibeho geschieht, nicht wahr ist und dass die Seher ihnen große und sehr schlimme Lügen erzählen. Warum übergibst du mir deine Botschaften auf eine Weise, die es den Leuten nicht leicht macht, daran zu glauben? Ich möchte gern vorschlagen, dass du ihnen dein Licht zeigst oder dass du dich selbst ihnen zeigst, so wie du dich mir zeigst; dann werden alle die Wahrheit erkennen. Warum leuchtet ihnen dein Licht nicht, Jesus? Schenke ihnen dein Licht, damit sie die Wahrheit erkennen wissen. Zumindest muss ich die Antwort auf die Fragen wissen, mit denen diese Leute zu mir kommen … falls du sie nicht mit deinem Licht des Verstehens erleuchtest, dann musst du mir alle Antworten im Voraus geben, damit ich ihre Fragen richtig beantworten kann.

Mein Vater lachte laut auf – etwas, das er im Beisein seiner Kinder äußerst selten tat. Er war ein sehr herzlicher Mann, aber zu Hause war er in aller Regel sehr förmlich, weil er für die Disziplin in der Familie verantwortlich war. Doch Segatashyas Art, mit Jesus zu sprechen, war für ihn gleichzeitig ergreifend und vergnüglich. »Hört euch diesen Jungen an«, sagte Vater. »Er hinterfragt nicht nur die Art und Weise, wie der Herr der Welt seine Botschaften übermittelt – Segatashya ist sogar so unschuldig und hat ein so aufrichtiges und offenes Herz, dass er sich anschickt, Jesus Christus einen Rat zu geben!«

»Das schlichte Gemüt des Jungen muss ein weiterer Grund dafür sein, dass Jesus ihn als seinen Boten auserwählt hat«, fügte Pater Rwagema hinzu.

»Aber im Ernst«, sagte mein Vater, während sein Lachen verebbte, »selbst wenn Segatashya Jesus hinterfragte oder sich anschickte, ihm einen Rat zu geben, war es nicht zu überhören, dass die tiefe Ehrfurcht des Jungen von den Hügeln widerhallte.«

»Aber Papa«, meldete ich mich zu Wort, »woher wissen wir, was der Herr Segatashya geantwortet hat? Wie können wir in Erfahrung bringen, was Jesus geantwortet hat, als Segatashya ihn fragte, was er den Leuten sagen soll, die nicht an Kibeho glauben?«

»Ah ... das wissen wir, denn nachdem die Erscheinung vorbei war, bin ich zu ihm hinter das Podium gegangen. Ich habe ihm dieselben Fragen gestellt wie du gerade, Immaculée. Und Segatashya hat Folgendes gesagt« – und mit diesen Worten drückte Pater Rwagema erneut auf die Taste *Play*. Und wieder hörten wir Segatashyas Stimme: Diesmal wiederholte er die Frage, die er Jesus gestellt hatte, und erzählte Pater Rwagema anschließend, was der Herr ihm geantwortet hatte:

Als ich Jesus fragte, was ich all diesen Zweiflern erzählen soll, sagte er zu mir:

Mein Kind, sag all jenen, die nicht an die Botschaften glauben, die in Kibeho überbracht werden, dass sie sich nur darum sorgen sollen, dass sie an das glauben und sich an das halten, was in der Bibel steht ... sie müssen von ganzem Herzen an das glauben und sich an das halten, was in der Bibel steht.

Aber was soll ich den Leuten antworten, die mich fragen, ob sie verpflichtet seien, die katholische Bibel zu lesen, weil Jesus am häufigsten katholischen Sehern erscheint? Und Jesus sagte zu mir:

Ich werde die Herzen all der Menschen finden, die an mich glauben und meine Gebote halten – ganz gleich, welche Bibel sie lesen oder welcher Religion sie angehören.

Wenn ich komme, um nach meinen Kindern zu suchen, dann werde ich nicht nur in der katholischen Kirche nach guten Christen suchen, die gute Taten und Akte der Liebe und Hingabe vollbringen. Ich werde auf der ganzen Welt nach jenen suchen, die meine Gebote in Ehren halten und mich mit offenem und aufrichtigem Herzen lieben ... ihre Liebe, nicht ihre Religion macht sie zu wahren Kindern Gottes. Sag diese Wahrheit allen, zu denen du in meinem Namen sprichst:

Glaubt an mich, und was immer ihr in eurem Leben tut, tut es mit Glauben und Liebe.

Diejenigen, die von Gott wissen, denen Gottes Wille gelehrt wurde, werden an einem höheren Maßstab gemessen werden … denn wem gegeben wurde, von dem wird viel erwartet werden.

Niemand wird gezwungen, an Gott zu glauben, aber Gott lebt im Herzen eines jeden Menschen … folgt einfach eurem Herzen zur Liebe Gottes. Wer in Liebe lebt, wird Gottes Stimme hören, denn Gottes Stimme ist eine Stimme der Liebe.

Pater Rwagema drückte auf die Taste *Stop* und sagte: »Selbst wenn ich so alt werde wie Methusalem, werde ich nie imstande sein, eine Predigt zu halten, die von einer so schlichten und gewaltigen Gnade erfüllt ist wie die, die wir gerade gehört haben und die Jesus Segatashya mitgegeben hat, damit er sie mit uns teilt: Glaubt an den Herrn und tut alles, was ihr in eurem Leben tut, aus Glauben und Liebe.«

Diese Botschaft trage ich seit damals (vor etwa dreißig Jahren) bis auf den heutigen Tag in mir … und ich versuche beständig, sie umzusetzen.

Nach all diesen wunderbaren Botschaften, die ich an jenem Abend in meinem liebevollen Zuhause hatte hören dürfen, sehnte ich mich nur umso verzweifelter danach, mit meinem Vater nach Kibeho zu pilgern, um Segatashyas Erscheinungen selbst mitzuerleben. Meine Eltern versprachen mir, dass ich dorthin reisen dürfte, wenn ich älter sei, aber Segatashyas öffentliche Erscheinungen in Kibeho dauerten nur ein Jahr. Da ich ihn also nicht von Angesicht zu Angesicht treffen konnte, musste ich mir etwas anderes einfallen lassen, um ihn kennenzulernen.

Kapitel 4

Kind, Sohn, Bruder – und nun auch Seher

Mit Segatashyas Auftreten nahm der Ruhm der Seher von Kibeho rapide zu. Tausende und Abertausende Pilger strömten in das einstmals unbekannte Dorf – allesamt in der Hoffnung, dass sie an Leib oder Seele geheilt oder auch nur der Kummer ihres täglichen Lebens gelindert werden würde, wenn Jesus Segatashya erschien und sie möglichst nahe dabei waren.

Obwohl die Straßen nach Kibeho eigentlich unpassierbar waren, wuchs die Zahl der robusteren Wagen und Armeefahrzeuge, die voll mit Pilgern beladen waren und in der Nähe des Podiums vor jeder angekündigten Erscheinung vorfuhren. Und der Himmel hallte über dem Ort an Erscheinungstagen schon bald vom Dröhnen der Militärhubschrauber wider. Die Helikopter, die kaum jemand in dieser ländlichen Gegend von Ruanda zuvor gesehen hatte, landeten auf den nahe gelegenen Feldern. Sie brachten berühmte Leute und Politiker aus ihren noblen Villen der Hauptstadt Kigali an diesen rückständigen Ort, der so klein war, dass er auf keiner Karte eingezeichnet war. Doch Kibeho war plötzlich der bekannteste Ort im ganzen Land geworden, und alle wollten bei den Sehern gesehen werden, die immer populärer wurden.

Selbst der ruandische Präsident Juvénal Habyarimana war mit von der Partie und sein Hubschrauber landete auf dem

Grundstück der *Kibeho High School*. Später wurde er sogar bei einer privaten Unterredung mit Segatashya beobachtet! Dieses Treffen versetzte ganz Ruanda in Aufruhr: Alle sprachen darüber, dass der mächtigste Mann im Land sich mit dem heidnischen Analphabeten beraten hatte, dem Jesus erschien.

All das verlieh den Menschenansammlungen in Kibeho eine zirkusähnliche Atmosphäre … und das wiederum löste bei vielen Menschen und insbesondere bei meinen Eltern ein ziemliches Unbehagen aus. Sie liebten die Reinheit der Erscheinungen der Seher, aber sie verabscheuten die Vorstellung, dass ein echtes Wunder für politische Zwecke missbraucht wurde.

Die Menge der Pilger wuchs dermaßen an, dass sie nicht mehr zu kontrollieren war, und das waren schlechte Neuigkeiten für mich und meinen brennenden Wunsch, die Seherinnen zu hören und Segatashya persönlich zu begegnen. Je zahlreicher die Pilger wurden, desto wirkungsloser verhallten meine Bitten, mich an einer Wallfahrt teilnehmen zu lassen, bei meinen Eltern.

»Das kommt nicht infrage, vor allem jetzt nicht, da der Präsident dort gewesen ist. Wer weiß, was alles passieren könnte«, wies mein Vater eine meiner unzähligen Bitten zurück, mich auf seine nächste Wallfahrt mitzunehmen.

»Du könntest von dem Mob zu Tode getrampelt werden«, fügte meine besorgte Mutter hinzu, die von Natur aus ängstlich war, sobald es um die Sicherheit ihrer Kinder ging.

»Aber ich werde im Januar dreizehn«, protestierte ich. »Ich bin fast so alt wie Segatashya!«

»Aber du bist nun einmal nicht Segatashya, Immaculée«, erklärte mein Vater nachdrücklich. »Ich denke, wir warten, bis du sechzehn bist, ehe wir dich nach Kibeho pilgern lassen, um Segatashya zu sehen.«

»Nein!«, unterbrach ihn meine Mutter energisch. »Sie darf nicht dorthin, bevor sie nicht mindestens achtzehn ist.«

»In Ordnung, an deinem achtzehnten Geburtstag darfst du nach Kibeho pilgern«, entschied Vater.

»Nein, Leonard, besser erst an ihrem einundzwanzigsten Geburtstag!«

»Vergesst es einfach«, stöhnte ich. Ich wusste, dass es keinen Zweck hatte, mit den beiden zu diskutieren: Ihre Beweggründe waren Vernunft, Liebe und der elterliche Drang, ihr Kind vor jedem Schaden zu bewahren.

Mir wurde klar, dass ich mich noch lange würde gedulden müssen, bis ich Segatashya persönlich treffen und unmittelbar in Kibeho selbst sein könnte – aber das hieß nicht, dass ich ihn nicht kennenlernen und an allem teilnehmen konnte. Ich war wild entschlossen, so viel wie nur irgend möglich über Segatashya und seine Erscheinungen in Erfahrung zu bringen.

Dieser Entschluss schlug in meinem Herzen Wurzeln und wurde schließlich zu einer (gesunden!) Obsession, die mich ganz offensichtlich bis auf den heutigen Tag nicht losgelassen hat.

Ich brachte Hunderte Stunden damit zu, den Bändern zu lauschen, die Pater Rwagema von seinen Wallfahrten aus Kibeho nach Mataba heimgebracht hatte. Und ich verdoppelte meine Anstrengungen, meinem Vater jedes Detail von Segatashyas Auftritten auf dem Podium zu entlocken, wenn er von einem seiner Besuche aus Kibeho zurückkam. Diese Anstrengungen dehnte ich schließlich auch auf meine beiden älteren Brüder aus, die (eben weil sie älter und weil sie Jungen waren) das Glück hatten, Vater auf mehreren Wallfahrten begleiten zu dürfen. Armer Aimable und armer Damascene – ich muss sie verrückt gemacht haben mit meinem stundenlangen Ausfragen, was genau Segatashya während einer Erscheinung gesagt und mit welchem Gesichtsausdruck und in welchem Tonfall er es gesagt hatte.

Wie ich in einem der folgenden Kapitel noch erzählen werde, hatte ich, als ich in der Universitätsstadt Butare studierte, schließlich das große Glück, Segatashya persönlich zu begegnen. Das war 1992 – nur zwei Jahre, bevor der Seher und so viele andere Menschen, die ich liebte und verehrte, beim Genozid getötet wurden. In den Jahren, die seither vergangen sind, habe ich weiterhin versucht, so viel über Segatashya herauszufinden, wie ich nur konnte – ein Unterfangen, das ein Liebesdienst war und immer sein wird.

Durch meine persönliche Begegnung mit Segatashya und aus Gesprächen mit Menschen, die ihn gekannt haben – seinen verbliebenen Verwandten und den Experten, die sich jahrzehntelang mit diesen Erscheinungen befasst haben –, konnte ich eine frühe Biografie dieses unglaublichen jungen Mannes zusammenstellen. Er war einer der wenigen Seher unseres modernen Zeitalters, ein Junge, den der Herr aus der Dunkelheit herausgeführt hat, damit er der Welt das Wort Gottes verkündet.

SEGATASHYA KAM IN DER HÜTTE SEINER ELTERN ZUR WELT, die kilometerweit vom nächsten Klinikum oder Krankenhaus entfernt lag. Es gibt keinen offiziellen Eintrag über seine Geburt und auch eine Geburtsurkunde wurde nie für ihn ausgestellt. Selbst seine Eltern wussten nicht genau, an welchem Tag er geboren worden war.

Das Genaueste, was sich mit einiger Gewissheit sagen lässt, ist, dass Segatashya im Juli 1967 an einem Ort namens Muhora in der ruandischen Provinz Gikongoro im Süden des Landes und nicht allzu weit von der Grenze zum benachbarten Burundi entfernt zur Welt gekommen ist. Muhora war eher eine winzige Anzahl von Lehmhütten und Ziegenpferchen als eine wirkliche Dorfgemeinschaft – und da es nicht durch eine Straße mit dem Rest von Ruanda verbunden war, musste man sich zu Fuß auf den Weg machen, wenn man einen anderen Ort erreichen wollte. Das größte Dorf in der näheren Umgebung war Kibeho, und bis dorthin war es ein Fußweg von mehr als einer Stunde, der durch Wälder und Felder und über Bäche und Flüsse führte.

Segatashyas Vater Matabaro und seine Mutter Mukandekezi waren bitterarme Kleinbauern und Hirten, wie es schon ihre Eltern und Großeltern gewesen waren. Ihre Ehe war, wie es Brauch war, arrangiert und sie waren in einer traditionellen Stammeszeremonie verheiratet worden. Eine kirchliche Trauung hatte es nicht gegeben, denn sie waren Heiden, hatten noch nie eine Kirche gesehen und hätten, wenn sie gemeinsam vor einem Altar gestanden wären, auch gar nicht gewusst, was sie hätten tun sollen.

Obwohl sie einander bei der Hochzeit fremd gewesen waren und überhaupt kein Geld besaßen, entstand zwischen Matabaro und Mukandekezi eine tiefe Liebe und Achtung, und schon bald wimmelte es in ihrer Hütte mit dem Grasdach, die aus einem einzigen Raum bestand, von Kindern – drei Jungen und zwei Mädchen –, von denen Segatashya das älteste war.

Schon als Kleinkind begann Segatashya, im Gemüsebeet der Familie zu arbeiten, und mit vier Jahren hütete er bereits die Ziegen und molk die eine Kuh, die seine Familie besaß. Auch seine Geschwister arbeiteten allesamt, sobald sie selbstständig laufen konnten, auf den kargen Bohnenfeldern der Familie oder hüteten die wenigen Tiere.

In den ersten Jahren ihrer Familiengründung kam es Matabaro und Mukandekezi nicht einmal in den Sinn, ihre Kinder zur Schule zu schicken. Keiner der beiden hatte als Kind je eine Schule gesehen, geschweige denn betreten ... und dasselbe galt für ihre Eltern, ihre Großeltern oder irgendjemanden, mit dem sie aufgewachsen waren. Sie alle waren viel zu sehr damit beschäftigt, sich darum zu kümmern, dass die Familie jeweils genug zu essen hatte, um einen weiteren Tag zu überleben, als dass sie sich um solch merkwürdige und fremdartige Begriffe wie Schulbildung hätten Gedanken machen können. Niemand in der näheren und ferneren Verwandtschaft konnte lesen oder schreiben und selbst wenn sie es gekonnt hätten, wären Bücher,

Zeitschriften und sogar alte Zeitungen für sie unerschwinglich gewesen.

Im Unterschied zu beinahe jeder anderen Familie in Ruanda waren Matabaro und Mukandekezi so arm, dass sie sich nicht einmal ein kleines Transistorradio kaufen konnten, um sich über Dinge zu informieren, die außerhalb ihres kleinen Ortes geschahen. Ihre familiäre Welt bestand aus den Bohnen, die sie anpflanzten und ernteten, und aus der Milch, die sie von ihren Ziegen und ihrer Kuh bekamen. Sie alle lernten von klein auf, vom Land zu leben, und ihre Bildung ließ sich auf eine einfache Lektion herunterbrechen: Arbeite jeden Tag, um deine Lieben zu versorgen, sonst werden sie hungers sterben.

Auch für Religion hatte die Familie nicht viel Zeit. Die einzige Form der Andacht, die sie praktizierten, war die Verehrung der Geister ihrer Vorfahren. Segatashyas Eltern waren, wie ich schon erwähnt habe, als Heiden aufgewachsen, die die Geister ihrer toten Verwandten verehrten und an den großen ruandischen Geistergott Ryangombe glaubten. Unter den ruandischen Heiden herrschte die Überzeugung, dass es der Familie gut gehen würde, solange man die Geister der Ahnen verehrte: Dann würden die Kühe Milch geben, die Ziegen nicht krank werden, die Feldfrüchte gedeihen und Kinder nicht tot geboren werden. Doch auch wenn Segatashyas Eltern aus Tradition Heiden waren, machten sie sich keine allzu großen Gedanken über die Rituale und Praktiken, die die lokalen *Umupfumu* oder Medizinmänner, wie sie gemeinhin genannt werden, ihnen nahelegten.

Segatashya kannte Ryangombe als ranghohen Gott in der Geisterwelt und er wusste außerdem, dass Jesus Christus eine Art Gottheit war, deren Namen die Feldarbeiter anriefen, wenn sie sich verletzten oder wenn sie sich bei Faustkämpfen gegenseitig beschimpften. Was den Jungen anging, so waren Ryangombe und Jesus ein und dasselbe – ein Geist, der in den Wolken lebte und bei den Menschen gute Dinge geschehen ließ, wenn er zufrieden war, und böse Dinge, wenn er zornig war. Ich bin sicher, dass Segatashya, wenn er zu diesem Zeitpunkt einem katholischen Priester begegnet wäre, diesen für irgendeinen neuartigen Medizinmann und die Bibel für ein Buch mit Zaubersprüchen gehalten hätte.

An Segatashyas vollständiger Unkenntnis in Sachen Bildung und Spiritualität änderte sich auch dann nichts, als seine Mutter beschloss, dass ihr Ältester zumindest ein Minimum an Schulbildung erhalten sollte. Mukandekezis Gründe waren rein praktischer Natur: Sie dachte sich, dass, wenn sie der hoffnungslosen Armut, in der sie lebten, jemals entrinnen wollten, irgendjemand in der Familie lesen lernen müsste.

Also entschied Mukandekezi, als Segatashya elf Jahre alt war, dass es Zeit sei, mit Matabaro über dieses Thema zu sprechen. »Wir verhungern«, sagte sie zu ihm. »Wenn unser Junge lesen könnte, wären wir in der Lage, Dinge zu lernen, die wir nicht wissen ... wir würden lernen, welche Feldfrüchte in unserem Boden am besten wachsen, und wir würden erfahren, welche Bohnen wir zur Pflanzzeit in die Erde legen müssten. Es ist Zeit, dass Segatashya zur Schule geht!«

Matabaro stimmte seiner Frau zu und begleitete den jungen Segatashya pflichtgemäß durch die Wälder zu einem mehrere Kilometer entfernt gelegenen Nachbarort, wo man eine kleine Lehmhütte errichtet hatte, die als Schulhaus diente.

»Ich hole dich am Ende des Tages hier wieder ab«, sagte Matabaro zu dem Jungen und verabschiedete sich vor der Eingangstür zur Schule von ihm. Und ebendort wartete Segatashya auf ihn, als Matabaro am Abend wiederkam. Da er nie selbst zur Schule gegangen und unsicher war, wie es in einem Klassenzimmer zugeht, wusste der Vater nicht, welche Fragen er seinem Sohn stellen und wie er sich nach dessen Tagesablauf erkundigen sollte. Also gingen sie den ganzen Nachhauseweg schweigend nebeneinander her.

In den nächsten beiden Wochen ging Segatashya morgens allein zur Schule und kam abends allein wieder zurück. In der dritten Woche ging sein Vater dann wieder mit ihm, weil er einen Verwandten besuchen wollte, der in der Nähe lebte. An der Eingangstür zur Schule stießen sie zufällig auf den Lehrer.

»Wer ist dieser Junge?«, fragte der Lehrer, und so stellte sich schnell heraus, dass Segatashya nie mehr als fünf Minuten im Inneren der Schule zugebracht hatte. Der Junge mochte es nicht, dass all die anderen Schüler viel jünger waren als er, und außerdem sah er nicht ein, weshalb er den ganzen Tag über im Inneren eines Gebäudes sitzen sollte, wenn er doch genauso gut draußen die schöne Natur genießen konnte. Deshalb, so erzählte er seinem Vater, hatte er die Tage damit zugebracht, die umliegenden Wälder und Flüsse zu erkunden und nach einem guten Platz für ein neues Bohnenfeld zu suchen.

Matabaro brachte den Jungen nach Hause, bestrafte ihn mit einer Tracht Prügel und sagte ihm, dass er zur Schule gehen und lesen lernen müsse, ob es ihm nun gefalle oder nicht. Doch Segatashya verfügte über ein gutes Selbstbewusstsein und war entschieden der Meinung, dass er keine Bildung brauchte. Sooft sein Vater ihn auch persönlich an der Schule ablieferte (und sooft er auch verprügelt wurde, weil er geschwänzt hatte) – Segatashya weigerte sich, auch nur einen einzigen Tag im Klassenzimmer zu verbringen. Schließlich gaben seine Eltern auf und ließen ihn ganztags auf dem Feld arbeiten und die Ziegen hüten: Beschäftigungen, die Segatashya gefielen und denen er glücklich und zufrieden von Sonnenaufgang bis Sonnenuntergang nachging.

»Er gehörte zu den fröhlichsten Jungen, die man je treffen konnte«, sagte mir seine Schwester Christine, als ich ihr vor nicht allzu langer Zeit auf einer Reise nach Ruanda begegnete.

Christine ist eine von nur zwei Angehörigen von Segatashyas Familie, die heute noch am Leben sind. Sie ist in den Vierzigern und hat ein kleines Kind. Sie leben in der Nähe von Kibeho, und obwohl ich als Fremde an ihre Tür klopfte, lud sie mich wie eine lange verloren geglaubte Verwandte in ihr Haus ein.

Christine verfügt über viele, viele wunderbare Erinnerungen an Segatashya und sie war überglücklich, ihr Herz öffnen und sie mit mir teilen zu können. »Er war mein großer Bruder, nur ein paar Jahre älter als ich, und er hat immer auf mich aufgepasst«, sagte sie. »Meine lebhafteste Kindheitserinnerung an ihn ist sein liebes Gesicht – als Junge hat er *immer* gelächelt. Er war sehr glücklich; selbst wenn man nur fünf Minuten mit ihm verbrachte, wusste man schon, dass er das Leben liebte.

Unsere Familie war furchtbar arm. Wir lebten in einer sehr kleinen Hütte mit Grasdach – meine Eltern und die fünf Kinder, manchmal auch meine Großeltern, und sogar unsere Kuh, wir lebten alle zusammen in diesem winzigen Zuhause. Die Hütte hatte nur einen Raum und wir drängten uns alle darin zusammen – in diesem Raum haben wir geschlafen, gegessen und gelebt. Man kann sich kaum vorstellen, wie dunkel und voll es darin werden konnte … doch jedes Mal, wenn Segatashya die Hütte betrat, wurde es darin heller. Mit ihm zusammen zu sein war so, als hätte man ein bisschen Sonnenschein bei sich. Als Junge hatte er bei allem, ganz egal, was er tat, eine große Freude im Herzen. Wenn er auf den Feldern arbeitete, sang er meistens vor sich hin oder pfiff irgendeine Melodie, wenn er die Ziegen hütete.

Und er war sehr lustig. Ich erinnere mich, wie ich mich einmal – ich war vier oder fünf Jahre alt – darüber beklagte, dass es in der Hütte einfach zu heiß und zu voll war, um zu schlafen … ich sagte, dass ich mich fühlte, als ob ich in Flammen stünde. Schließlich schlief ich dann doch ein, um dann mit einem Ruck wieder aufzuwachen, als ich spürte, wie mir plötzlich ein Schwall eiskaltes Wasser ins Gesicht geschüttet wurde – Segatashya war zum Fluss gelaufen und hatte einen Eimer Wasser geholt, um mich abzukühlen. Als ich dann senkrecht im Bett saß, sagte er zu mir: ›Du kannst jetzt ganz entspannt sein, Christine, ich glaube, ich habe deine Flammen gelöscht!‹ Wir lachten beide, bis uns der Bauch wehtat.«

Bei dem Gedanken an diese Begebenheit lachte Christine in sich hinein, um dann mit ihren Erinnerungen fortzufahren. »Trotzdem war Segatashya auch ein sehr ernster und gewissenhafter Junge. Er war das älteste Kind der Familie und er empfand uns Übrigen gegenüber eine sehr große Verantwortung. Auch wenn er selbst es nicht aushalten konnte, in einem Klassenzimmer eingesperrt zu sein, achtete er darauf, dass wir jüngeren Kinder etwas Schulbildung bekamen … Er brachte uns zur Schule und stellte sicher, dass wir im Klassenzimmer blieben, bis der Unterricht angefangen hatte. Ich habe es ihm zu verdanken, dass ich bis zur siebten Klasse in der Schule war und lesen und schreiben gelernt habe.

Segatashya arbeitete härter als alle anderen in unserer Familie. Er empfand es als seine Pflicht, sich um uns zu kümmern und dafür zu sorgen, dass alle zu Hause genug zu essen hatten. In einem Jahr – ich denke, er muss etwa zwölf Jahre alt gewesen sein – brachten unsere Bohnenfelder keinen Ertrag. Mein Bruder liebte es mehr als alles andere, bei seiner Familie zu sein, aber er konnte die Vorstellung nicht ertragen, dass auch nur einer von uns Hunger leiden musste. Also lief er weg, sobald klar war, dass wir keine eigenen Bohnen würden ernten können, und suchte sich eine Arbeit. Ein reicher Farmer, der einige Meilen weit von uns weg lebte, stellte ihn als Hirten ein. Doch Segatashya hatte unseren Eltern nicht erzählt, dass er weggehen wollte – wahrscheinlich weil er wusste, dass sie es ihm nicht erlauben würden. Er verschwand einfach spurlos und sie waren außer sich vor Sorge, als sie entdeckten, dass er nicht da war.

Nach einigen Wochen kam dann einer der Männer des reichen Farmers, lud Säcke mit Bohnen und Reis vor unserem Haus ab und sagte, das sei die Bezahlung für Segatashyas Arbeit. Vater ging daraufhin geradewegs zu der Farm und brachte den Jungen nach Hause. Der reiche Farmer sagte meinem Vater, dass er Segatashya nur sehr ungern gehen lasse, weil er ein so guter Arbeiter sei. Und er fügte hinzu, dass mein Bruder sich sehr rasch einen Ruf als ehrlicher, gewissenhafter Arbeiter und als junger Mann mit einem guten Charakter erworben habe.

Segatashya bekam eine Tracht Prügel von meinem Vater, weil er ohne Erlaubnis fortgegangen war, aber er lächelte die ganze Zeit über, während Vater ihn schlug, weil er einfach so froh war, wieder bei seiner Familie zu sein. Und beim Essen an jenem Abend waren wir alle froh – dank Segatashyas Bohnen und Reis hatte jeder von uns zum ersten Mal seit langer Zeit wieder einen gut gefüllten Magen.

Später am Abend vertraute Segatashya mir an, dass er sich, als er weg war, jeden Abend in den Schlaf geweint hatte. ›Wenn ich im Bett lag, hatte ich solches Heimweh‹, sagte er zu mir, ›dass ich bei mir dachte: *Ryangombe, Gott von Ruanda, wenn meine Familie nur nicht hungrig wäre, dann würde ich noch in diesem Moment zu unserer Hütte zurücklaufen und nie wieder von zu Hause weggehen!*‹ Das ist nur ein Beispiel dafür, wie freundlich und liebevoll er war; er ist schon mit einem guten Herzen zur Welt gekommen.«

Christine erzählte weiter, dass Segatashya, obwohl ihm das Alleinsein beim ersten Mal, als er von zu Hause weggegangen war, so schlimm zugesetzt hatte, doch keinen Moment zögerte, als die Familie im nächsten Jahr wieder eine Missernte erlebte und Hunger litt.

»Eines Morgens stand er auf und sah, dass die Frühstücksnäpfe der Kinder leer waren. Er nahm seinen Wanderstock und sagte: ›Ich gehe, um etwas Geld für das Essen zu verdienen.‹ Dann ging er durch die Tür und war für über zwei Monate verschwunden. Doch wenige Tage, nachdem er gegangen war, schickte er schon Geld nach Hause, und meine Eltern konnten Essen kaufen, um den Rest von uns Kindern zu ernähren. Nach einiger Zeit fanden wir heraus, dass Segatashya eine Gruppe von Bauernjungen zusammengestellt hatte, die genau wie er selbst in wirtschaftlicher Hinsicht schwere Zeiten durchlebten, und dass er sie ans Ufer eines der reißendsten Flüsse im südlichen Ruanda geführt hatte. Er hatte erfahren, dass der einzige Steg, auf dem Fußgänger in dieser Region den Fluss überqueren konnten, unterspült worden war. Nachdem er eine Weile nachgedacht hatte, beschloss er, ein bisschen Geld zu verdienen, indem er Reisenden, die am Ufer festsaßen, über den Fluss half.

Segatashya und seine Freunde verschränkten ihre Arme ineinander und bildeten eine Menschenkette über das schnell fließende Wasser. So konnten die Leute sich wie an einem Halteseil an die Jungen klammern, wenn sie den Fluss überquerten, und all ihr Gepäck und ihre Habseligkeiten mit sich nehmen. Mein Bruder war klein für sein Alter, aber er war stark, körperlich wie geistig. Die Arbeit in diesem tückischen Fluss war schwer und gefährlich, aber er war bereit, das Risiko auf sich zu nehmen, um für andere zu sorgen. Die wenigen Geldstücke pro Woche, die er am Fluss verdiente, landeten letztlich auf dem Esstisch unserer Familie, und mit dem, was übrig blieb, wurden Bohnen für die nächste Aussaat gekauft.

Segatashya war als Junge im wahrsten Sinne des Wortes ein Lebensretter ... vielleicht ist das einer der Gründe, weshalb Jesus ihn ausgewählt und ihm den Auftrag gegeben hat, Seelen zu retten«, sagte Christine mit einem Lächeln.

VON JUNG AUF HÖRTE ICH BRUCHSTÜCKE der Geschichte, wie Jesus zum ersten Mal Segatashya erschienen war, und ich habe sogar in *Die Erscheinungen von Kibeho* über dieses einschneidende Erlebnis in Segatashyas Leben geschrieben. Doch als ich Christine begegnete, wurde mir klar, dass das eine einmalige

Gelegenheit war, von ihr einen genauen Bericht über dieses Ereignis zu erfahren. Ich fragte sie, ob es ihr etwas ausmachen würde, mir dies nochmals zu schildern, und ich hätte ihr wohl kaum eine größere Freude machen können. Sie sagte mir, dass sie ihren Bruder nur wenige Stunden nach seiner ersten Begegnung mit Jesus getroffen hatte. Ihre Schilderung dieses wunderbaren Treffens machte mich sprachlos.

»Woran ich mich noch am deutlichsten erinnere«, erzählte Christine, »ist, dass dieser Morgen begonnen hat wie jeder andere Morgen auch. Segatashya stand bei Sonnenaufgang auf und verließ die Hütte, um die Kuh zu füttern und die Ziegen zu hüten. Und ich erinnere mich noch, wie ängstlich die Stimme meiner Mutter klang, als sie meinen Vater bat, er solle Segatashya daran erinnern nachzusehen, ob die Bohnen, die wir gepflanzt hatten, schon reif genug für die Ernte seien. Mutter machte sich Sorgen, weil wir mehrere schlechte Ernten nacheinander gehabt hatten. Es war wichtig, dass wir in diesem Jahr eine gute Ernte bekämen. Davon abgesehen, schien es der übliche Tagesanfang eines ganz normalen Tages zu sein.

Doch dieser Sommermorgen hat das Leben unserer Familie für immer verändert – und wie Sie wissen, wurde auch Segatashyas Leben auf unvorstellbare Weise verändert. Als er am Nachmittag nach Hause kam, hat er mir alles erzählt, was geschehen war. Und natürlich war ich selbst dabei und habe viel von dem, was sich später ereignet hat, direkt miterlebt.

Es war der 2. Juli 1982, und aus dem warmen, sonnigen Morgen versprach ein wunderschöner Tag zu werden. Segatashya hatte die Ziegen gefüttert und sich quer durch das hügelige Land auf den Weg zu unserem Bohnenfeld gemacht. Er kniete auf der schweren roten Erde und untersuchte die Sprossen, als ihm etwas sehr Ungewöhnliches auffiel: Die Bohnen sahen nicht nur reif aus, sondern, wie er sich ausdrückte, ›schöner als jede andere Bohne‹, die er bis dahin gesehen hatte. Normalerweise brachte der ausgelaugte Boden auf unserem Feld nur saftlose, kränklich wirkende Bohnen hervor – und wir waren schon glücklich, dass wir überhaupt etwas ernten konnten! Daher staunte Segatashya über das, was er jetzt in der Hand hielt. Wieder und wieder drehte und wendete er die kleinen Hülsenfrüchte in seiner Handfläche und war völlig fasziniert von ihrer prallen Fülle und dem goldglänzenden Schimmer.

Mein Bruder dachte, die Bohnen seien zu schön, um wirklich zu sein, und wollte seinen Augen nicht trauen. Er pflückte ein paar von ihnen in Bodennähe und ging zum nächsten Feld, um einen benachbarten Kleinbauern nach seiner Meinung zu fragen. Er grüßte den Mann und hielt ihm die Bohnen hin, damit er sie anschauen konnte. ›Meine Augen spielen mir einen Streich, weil die Sonne heute so hell scheint‹, sagte Segatashya arglos. ›Sag mir, fällt dir an diesen Bohnen irgendetwas auf, das merkwürdig oder anders ist?‹

Unser Nachbar schüttelte den Kopf und erwiderte: ›Nein, sie sehen reif aus, aber ich würde nicht sagen, dass da irgendetwas Auffälliges daran ist.‹

Segatashya bedankte sich bei dem Nachbarn und verließ ihn wieder. Daraufhin ging er zum Bach hinunter, um etwas frisches Wasser zu trinken und sich abzukühlen, weil er dachte, dass er an diesem Morgen vielleicht zu viel Sonne abbekommen hätte. Auf dem Rückweg zu unseren Feldern wurde er mit einem Mal sehr müde und setzte sich unter einen Baum, um sich auszuruhen. Und dann hörte er, wie die allerschönste Stimme, die er je gehört hatte, seinen Namen rief.«

Ich las Christine jedes einzelne Wort förmlich von den Lippen ab. Schließlich hatte ich bis zu diesem Moment noch nie einen Verwandten – einen Menschen, der Segatashya sehr nahestand und ihn sehr gut kannte – aus seiner Sicht schildern hören, was dem Jungen widerfahren war. Mir fiel auf, dass sie häufig innehielt, während sie sich die Erinnerungen an ihren Bruder – die

Freude, die er in ihr Leben gebracht, und den Kummer, den sein Verlust ihr bereitet hatte – vergegenwärtigte. Sie weinte abwechselnd Tränen der Freude und der Trauer.

Während sie weitererzählte, legte sie sich ihr Baby an die Brust und stillte die Kleine. »Niemand sonst erkennt es, aber dieses süße kleine Kind hat dieselben Augen wie Segatashya. Nicht wahr, mein Liebling?«, flüsterte sie dem glucksenden Säugling zu.

Dann setzte sie die Erzählung wieder fort: »Segatashya sagte, dass die Stimme, die er hatte rufen hören, während er unter dem Baum saß, eine Männerstimme war, aber sehr viel freundlicher und weitaus sanfter als die Stimme jedes Mannes, den er kannte.« Dann vertraute Christine mir an, was ihr Bruder vor all den Jahren gesagt hatte, und erzählte die Geschichte in seinen eigenen Worten weiter:

»›Zuerst dachte ich, dass ich vor lauter Hitze Halluzinationen hätte … Ich sah unglaublich schöne Bohnen, dann hörte ich plötzlich eine wunderbar klingende Stimme. Ich blickte mich um, um zu sehen, wer da so freundlich nach mir rief, aber da war niemand. Ich nahm an, es sei nur der Wind gewesen, der durch die Baumzweige pfiff, und machte die Augen zu, um ein wenig zu schlafen. Doch dann hörte ich die Stimme zum zweiten Mal, und sie sagte: *Du da, mein Kind!* Rasch sah ich mich wieder um, aber ich konnte noch immer niemanden in meiner Nähe erkennen.

Ich hatte das Gefühl, dass die Stimme aus dem Himmel über mir kam. Wahrscheinlich hätte ich Angst haben sollen, aber die Stimme war wie Musik, die in meinem Herzen spielte. Mich überkam ein Gefühl tiefen Friedens, und ich fühlte mich so froh, dass ich am liebsten gesungen hätte! Und dann sprach die Stimme mich zum dritten Mal an, als sie sagte: *Du da, Kind, wenn dir eine Botschaft übergeben wird, damit du sie der Welt überbringst, wirst du sie überbringen?*

Ich hatte das Gefühl, dass ich dazu nicht Nein sagen konnte, aber das spielte sowieso keine Rolle, weil ich alles tun wollte, worum mich diese freundliche, geheimnisvolle Stimme bat. Ohne einen Moment zu zögern, war ich damit einverstanden, jede Botschaft weiterzugeben, die er mir übergeben würde. Also anwortete ich: ›Ja, ich möchte das tun, worum du mich bittest, aber wer bist du? Was soll ich den Leuten sagen, wenn sie mich fragen, wer mich gesandt hat?‹

Du weißt, wie die Menschen sind – wenn ich dir meinen Namen sage, kann es sein, dass niemand auf dich hört. Ich höre die Menschen sagen, dass man niemandem trauen soll, der im Namen Jesu Christi kommt. Weißt du, sie werden es vielleicht nicht verstehen, und es kann sein, dass sie dir nicht glauben, wenn ich meine Identität offenbare.

Als ich das hörte, sagte ich zu der Stimme: ›Wenn du wirklich Jesus Christus bist, dann werden sie dir glauben – du musst nur bereit sein, ihnen dabei zu helfen. Ich jedenfalls werde mein Bestes tun, vorausgesetzt, du gibst mir die Gabe der Weisheit, wenn ich die Worte deiner Botschaft ausspreche.‹

Ich bin Jesus Christus. Um mir zu beweisen, dass du wirklich fähig bist, meine Botschaft künftig an die Menschen weiterzugeben, möchte ich, dass du jetzt gleich hinübergehst und diese Botschaft denen überbringst, die auf dem Hof eines gewissen Herrn Hubert arbeiten. Gib ihnen diese Botschaft mit diesen Worten weiter: Jesus Christus hat mich heute hergeschickt, um euch und allen Menschen zu sagen, dass ihr eure Herzen erneuern sollt. Bald kommt der Tag, an dem sich Schweres für die Menschheit ereignen wird. Deshalb könnt ihr nun nicht sagen, dass ich euch nicht gewarnt hätte.«

Nachdem Christine ihr Baby zu Ende gestillt hatte, fuhr sie fort: »Segatashya tat, was Jesus ihm aufgetragen hatte. Er ging zum

Haus unseres Nachbarn Ngenzi Hubert, um die Botschaft Wort für Wort auszurichten. Als er auf dem Hof der Huberts ankam, traf Segatashya auf eine Gruppe von Männern, die auf der Außentenne arbeiteten und mit Stöcken Bohnen aus großen Haufen getrockneter Hülsen droschen. Er ging auf die Leute zu und überbrachte ihnen mit lauter Stimme die Botschaft des Herrn. Die Männer brachen in Gelächter aus, denn ohne dass es ihm selbst bewusst war, hatte Segatashya auf irgendeine Weise seine Kleider verloren und stand nun splitternackt vor ihnen.

Einige der Männer riefen ihm zu: ›Wer, sagst du, hat dich geschickt, du Idiot mit deinem nackten Hintern?‹ Andere waren aufgeschlossener und fragten: ›Jesus Christus hat dich gesandt? Wo bist du ihm begegnet, Kind?‹

Daraufhin erklärte Segatashya, dass er Jesus unter einem Baum getroffen oder zumindest seine Stimme gehört habe. Dann sagte er zu den Leuten: ›Alles, was ich euch sagen kann, ist, dass ich seine Stimme gehört habe und dass die Botschaft, die er mir übergeben hat, gut und wichtig ist. Ich habe mich getröstet gefühlt, als ich sie gehört habe. Es war wirklich nicht schwierig, es zu verstehen – er hat mich nur gebeten, euch seine Worte auszurichten, also bin ich hergelaufen, um das zu tun.‹

Mein Bruder war ehrlich schockiert, als die Männer ihm sagten, dass er nackt war. Er hatte geglaubt, vollständig bekleidet zu sein, und als er bemerkte, dass seine Kleider fort waren, konnte er den Männern dafür keine Erklärung geben. Er rief zum Himmel: ›Jesus, warum hast du meine Kleider weggenommen? Diese Männer lachen mich aus – wie soll ich mit ihnen reden, wenn ich *so* aussehe?‹ Da hörte er erneut die Stimme des Herrn:

Der Menschensohn ist vor langer Zeit, als es dich noch gar nicht gegeben hat, in die Welt gekommen, und sie haben ihn nackt ausgezogen. Meinst du, er wäre nicht in den Himmel gekommen? Sei gewiss, dass er es ist, der heute dieses Wunder hier vollbracht hat.

An diesem Punkt hörten einige der Männer, denen Segatashya die Botschaft überbracht hatte, auf zu lachen und beschuldigten meinen Bruder der Gotteslästerung. Sie umringten ihn und drohten ihm mit ihren Stöcken. Zum Glück erkannten einige der Arbeiter im Hof sein Gesicht. Ein junger Mann lief los, um meinen Vater und meine Onkel zu holen, damit sie Segatashya retteten, und eine ältere Frau, die mit meiner Mutter bekannt war, brachte eine Decke und bedeckte seine Blöße.

Als die Frau Segatashya in die Decke hüllte, flüsterte sie ihm zu: ›Kind, wo, sagst du, bist du Jesus begegnet?‹ Segatashya wiederholte, dass er Jesus nicht persönlich begegnet sei, sondern nur seine Stimme gehört habe, die ihm aufgetragen hatte, zum Hof der Huberts zu gehen und den Leuten zu sagen, dass sie ihre Herzen reinigen sollten, weil die Wiederkunft Christi unmittelbar bevorstehe.

Die Frau band Segatashya die Decke um die Hüften und gab ihm einen mütterlichen Rat: ›Du kannst nicht erwarten, dass die Leute dir glauben, dass du mit einer Botschaft von Jesus kommst, wenn du nackt durch die Gegend läufst! Aber du bist so ein unschuldiger und ehrlicher Junge, dass einige von uns hier glauben, dass du wirklich mit einer Botschaft von Gott gekommen bist. Wir wollen deine Worte hören, aber die meisten dieser Männer sehen dich nackt, und das macht sie wütend und taub für alles, was du sagst.‹

Im selben Augenblick, so hat Segatashya mir später erzählt, ist ihm Jesus erschienen und er hat den Herrn zum ersten Mal in menschlicher Gestalt gesehen.« Die Fortsetzung der Geschichte erzählte Christine wieder mit den Worten ihres Bruders:

> »›Ich hatte den Leuten des Hubert-Hofes gerade die Botschaft des Herrn überbracht, als seine freundliche Stimme zu mir sagte, dass es ihm gefallen habe, wie ich die Botschaft weitergegeben habe. Die Stimme sagte: *Danke für heute. Du*

hast deine Sache gut gemacht, wie du diese Botschaft weitergegeben hast, mein Kind. Nun schau auf und sieh den, der zu dir gesprochen hat.

Ich sah nach oben, und plötzlich teilte sich der blaue Himmel über mir wie ein Stück Stoff, das in zwei Teile gerissen wird. Ein strahlendes Licht füllte die Mitte des Himmels aus. Das Licht war so blendend hell, dass plötzlich alles um mich herum verschwunden war – die Leute, die Farm, die Hügel und Bäume, alles war weg.

Es war sehr merkwürdig, weil ich immer noch sehen konnte, aber das, was ich sah, war mir völlig unbekannt. Ich befand mich in einer ganz neuen und anderen Welt. Ich war allein und stand in einem riesigen Meer von wogendem, süß duftendem grünem Gras. Das Licht über mir wurde von Sekunde zu Sekunde strahlender, und dann füllte sich der Himmel mit einer Million leuchtend weißer Blumen, die schöner waren, als man es sich vorstellen kann.

Einen Augenblick später erschien Jesus am Himmel. Er stand inmitten der weißen Blüten und war in ein leuchtendes Licht gehüllt, das ihn umgab und gleichzeitig aus dem Inneren seines Körpers herausstrahlte. Er schwebte hoch über mir, getragen von der Schönheit des großen weißen Lichts und den herrlichen Blumen, die jetzt wie Sterne funkelten. Er war der schönste Mann, den ich je gesehen habe. Er sah aus wie Anfang dreißig und war dunkelhäutig, aber seine Haut war nicht annähernd so dunkel wie die eines Ruanders. Er trug das traditionelle Gewand eines ruandischen Mannes, und der Stoff glänzte, als wäre er aus Silber- und Goldfäden genäht. Während ich hinaufsah, hatte ich die ganze Zeit über das Gefühl, als ob starke, liebevolle Arme mich umschlingen würden. Meine Seele war im Frieden, und mein Herz war glücklicher, als ich es jemals zuvor gewesen bin.

Dann lächelte Jesus mich an und fragte: *Hast du mich, der dich gesandt hat, lange und gründlich genug angeschaut?* Ich nannte ihn *Herr* und sagte ihm, dass ich ihn sehr gründlich betrachtet hätte. Er sagte: *Du hast das heute sehr gut gemacht, mein Kind, du hast die Sache gut gemacht, wie du meine Botschaft an diese Männer weitergegeben hast. Nun geh und tu, was ich dir aufgetragen habe. Wenn du deine Sache weiterhin gut machst, werde ich dich sehr bald wieder besuchen.*‹«

Nach einer Pause, in der sie mir Gelegenheit gab, das alles ein wenig zu verarbeiten, fuhr Christine – diesmal mit ihren eigenen Worten – fort: »Segatashyas Bewusstsein kehrte wieder in die Welt zurück, die wir kennen, und er stand mitten auf dem Hof von Herrn Hubert. Während er in Ekstase gewesen war und zu Jesus aufgeblickt hatte, hatten ihn viele der Männer, die auf dem Hof arbeiteten, umringt. Manche waren sehr zornig geworden; sie schwangen ihre Stöcke und drohten ihm mit einer schlimmen Tracht Prügel.

Zum Glück kamen in diesem Augenblick mein Vater und meine Onkel hinzu und stellten sich zwischen Segatashya und die Männer, die ihn bedrohten. Mein Vater warnte sie davor, seinem Sohn auch nur ein Haar zu krümmen, und dann fragte er, was geschehen sei. Mein Bruder erzählte meinem Vater, dass Jesus ihn aufgefordert hatte, zum Hof von Herrn Hubert zu gehen und den Arbeitern zu sagen, dass sie ihre Seele vorbereiten sollten, weil das Ende der Welt nahe sei.

Das brachte die Männer wieder auf, und sie sagten zu meinem Vater: ›Siehst du, siehst du? Dein Sohn ist verrückt ... er ist betrunken, er hat zu viel Bananenbier getrunken! Er ist ein Lügner ... er gibt vor, einer dieser Seher zu sein wie diese Schülerinnen aus Kibeho, aber er ist nur ein betrunkener Lügner!‹

Vater sprang sofort für Segatashya in die Bresche: ›Was seid ihr nur für Leute? Mein Sohn ist doch noch ein Kind! Er war in seinem ganzen Leben noch nie betrunken und er ist ganz sicher weder verrückt noch ein Lügner! Er ist ein guter Junge ... Er war nur zu lange in der Sonne oder er ist hingefallen und hat sich am Kopf gestoßen. Ihr hättet ihm helfen sollen, statt hier herumzustehen und ihn zu beschimpfen. Ihr Männer solltet euch schämen!‹

Dann hob er Segatashya hoch und trug ihn auf den Armen über die Felder nach Hause. Während mein Vater ihn trug, dachte mein Bruder die ganze Zeit über an die letzten Worte, die Christus am Ende dieser ersten Erscheinung zu ihm gesagt hatte: *Nun geh und tu, was ich dir aufgetragen habe. Wenn du deine Sache weiterhin gut machst, werde ich dich sehr bald wieder besuchen.*

Solange Jesus bei ihm war, erzählte mir Segatashya, habe er sich unbeschreiblich zufrieden gefühlt und sich in diesen wenigen Augenblicken um nichts sonst Sorgen gemacht ... nicht um seine Felder, nicht um sein Zuhause, nicht einmal um seine Familie. Alles, was er wollte, war, bei Jesus Christus zu sein und nie zurückzukommen. Jesus hatte versprochen wiederzukommen, wenn Segatashya die Botschaft weiterhin gut weitergab – also gelobte er, die Botschaft weiterzugeben, so gut er nur konnte, damit Christus ihn wieder besuchen würde.

Noch ehe Vater und meine Onkel Segatashya vom Hof der Huberts nach Hause gebracht hatten, fing er an, die Botschaft des Herrn zu wiederholen. Er sagte unserem Vater und den Onkeln, dass sie ihre Herzen reinigen sollten, weil Jesus schon bald auf die Welt zurückkommen werde und jeder darauf vorbereitet sein müsse.

Während Vater ihn in unsere Hütte brachte und ihn auf die Schlafmatte legte, wiederholte mein Bruder immer und immer wieder dieselbe Botschaft. Mutter stürzte herbei und legte ihm ihre Hände auf die Wangen – allem Anschein nach fantasierte er, doch es verwirrte sie, dass er kein Fieber hatte und keinerlei

Anzeichen einer Kopfverletzung aufwies. Sie schickte uns übrige Kinder mit Eimern an den Bach, um kaltes Wasser zu holen. Den Rest des Tages und die ganze Nacht über saß sie an Segatashyas Seite, wusch ihn mit Schwämmen und legte ihm kalte Kompressen auf die Stirn. Tränen rannen ihr über das Gesicht, als sich sein Zustand nicht besserte. Mama hatte Angst, dass irgendein rachsüchtiger Mensch ihren Ältesten vergiftet oder – schlimmer noch – dass Segatashya eine Hexe in der Umgebung beleidigt hatte, die ihn nun mittels schwarzer Magie mit einem Fluch belegt hatte.

In der Zwischenzeit hatten die Leute vom Hubert-Hof angefangen, die Geschichte vom nackten Segatashya herumzuerzählen, der behauptete, ein Bote Gottes zu sein. Am nächsten Tag hatten sich bei Sonnenaufgang rund zwei Dutzend Menschen vor unserer Hütte versammelt und wollten den Jungen sehen, dem Jesus begegnet war. Einige verfluchten ihn und unsere ganze Familie; sie nannten uns heidnische Gotteslästerer und gottlose Ungläubige, die Jesus beleidigten … doch andere wollten hören, was der Herr zu Segatashya gesagt hatte. Meine anderen Geschwister und ich waren völlig durcheinander – wir wussten nicht, wer Jesus war oder warum die Leute so wütend auf Segatashya waren, der doch der liebste Junge auf der Welt war.

Ich weiß noch, wie mein Vater, der bis dahin sehr liebevoll und sehr um Segatashyas Gesundheit besorgt gewesen war, aus der Hütte rannte und die Leute vor der Tür anschrie, dass sie verschwinden sollten: ›Mein Sohn ist krank, warum belästigt ihr uns? Geht weg von unserem Haus – der Lärm macht meine Ziegen nervös, schert euch fort von hier, bevor sie uns noch weglaufen. Wir sind arme Leute und können uns keine neuen Ziegen leisten; lasst uns in Frieden!‹

Dann kam Vater in die Hütte zurück und fing an, Segatashya anzuschreien. ›Was ist mit dir los?! Warum redest du diesen ganzen Unsinn? Du bist nicht krank, du hast dich nicht am Kopf gestoßen ... du bist vollkommen normal und gesund! Warum sitzt du dann da und murmelst etwas von jemandem mit dem Namen Jesus, statt unsere Bohnen zu ernten, bevor sie auf dem Boden verfaulen? Wir wissen nicht einmal, wer dieser Jesus überhaupt ist!‹

Bald hatten sich mehr Leute vor unserer Hütte versammelt, Dutzende und Aberdutzende, und Segatashya stand von seiner Matte auf und ging hinaus in den Garten vor unserer Tür, um mit ihnen zu reden. Kaum stand er vor ihnen, sank er auf dem schlammigen Boden in die Knie und fiel erneut in Ekstase. Ich glaube, das war der Beginn seiner zweiten Christuserscheinung, aber ich bekam nicht viel davon mit. Vater zog mich in unsere Hütte, schlug die Tür hinter sich zu und sagte: ›Der Junge spielt seltsame Spielchen. Wenn's nach mir geht, kann er draußen bleiben, und zwar für immer. Hört euch diese Irren an, die kommen, um ihn zu sehen! Das halbe Umland steht da draußen ... Ich möchte nicht, dass einer von euch ihn beachtet, wenn er so ist wie jetzt!‹

Meine Mutter war außer sich – sie versuchte, nach draußen zu gehen, um sich zu vergewissern, dass mit ihrem Sohn alles in Ordnung sei, aber Vater ließ es nicht zu. Ich weiß nicht, wie lange wir alle an diesem herrlichen Sommertag im Dunkeln gesessen und darauf gewartet haben, dass Segatashya zu Ende brachte, was auch immer er da draußen tat. Doch als er schließlich die Tür öffnete und hereinkam, lächelte er und strahlte einen tiefen Frieden aus. Sofort stürzte Vater sich auf ihn: ›Wer ist das? Wer ist dieser Jesus, der sich in deinem Kopf eingenistet hat? Ist er irgendein neuer Geistergott, den ich nicht kenne? Ist er ein Medizinmann? Wer ist er? Antworte mir, Junge, jetzt sofort!‹

Und dann versuchte Segatashya zum allerersten Mal, unserer Familie genau zu erklären, wer Jesus war:

›Alles, was ich euch jetzt im Moment sagen kann, ist, dass Jesus mich aufgesucht hat und dass er in einem Paradies jenseits dieser Welt lebt. Er ist ein viel besseres Wesen als jeder Mensch, den ich je kennengelernt habe. Seine Macht ist wunderbar und erschreckend, aber es ist die Macht seiner Liebe. Er liebt jeden Menschen auf der Welt mit einer Kraft, die größer ist als die Hitze der Sonne oder die Stärke von tausend Wasserfällen. Er hat diese Welt geschaffen und alles, was auf der Erde existiert, auch alle Menschen, die auf der Erde leben.

Er hat mir gesagt, dass die Welt in Flammen aufgehen wird und dass er in die Welt zurückkehren und jeden, der mit einem reinen Herzen lebt und ihn liebt, ins Paradies mitnehmen wird, um für immer dort bei ihm zu sein. Doch unsere Herzen müssen rein sein, wenn er zurückkommt; wir müssen leben, wie er gelebt hat, als er vor langer Zeit auf der Erde war. Er ist der ehrenwerteste Mann und reinste Geist im Universum. Wir müssen ihn achten, wir müssen ihn verehren, und wir müssen ihn von ganzem Herzen und ganzer Seele lieben. Wir müssen tun, worum er bittet, ohne Fragen zu stellen, und ich muss jetzt, in diesem Augenblick, die Botschaft, die er mir übergeben hat, mit denen teilen, die zu unserer Hütte gekommen sind, um seine Worte zu hören.‹

Damit stand Segatashya wieder von seiner Matte auf und ging nach draußen, um zu den zwei oder drei Leuten zu sprechen, die immer noch vor unserer Hütte standen. Er sagte zu ihnen: ›In den Zeiten, die kommen, wird es in der Welt viel Leid geben. Viele Tränen werden fließen, wenn die Menschen in aller Welt ihre Herzen nicht ändern und anfangen, Jesus und sich gegenseitig wahrhaftig zu lieben und ein reines Leben zu führen. Ihr müsst alle eure Herzen erneuern und euch darauf vorbereiten, Jesus zu begegnen, wenn er zurückkommt.‹

Mein Vater war außer sich. Er stürmte nach draußen, packte Segatashya am Ohr und zerrte ihn zurück in die Hütte. Er schlug ihn sehr heftig und sehr lange, aber mein Bruder beschwerte sich nicht, sondern fragte Vater nur, ob er nun wieder hinausgehen und den Menschen die Botschaft des Herrn überbringen dürfe. Das machte meinen Vater nur noch wütender. ›Du gehst nirgendwohin und sprichst mit niemandem!‹, brüllte Vater. Er nahm einen Strick und fesselte Segatashyas Hände und Füße an die Wand der Hütte. ›Ich binde dich los, wenn du mir versprichst, mit dem Reden aufzuhören und wieder auf die Felder arbeiten zu gehen. Bis dahin kannst du bleiben, wo du bist!‹

Doch als wir am nächsten Morgen aufwachten, sahen wir, dass Segatashyas Fesseln gelöst waren und er wieder draußen im Vorgarten war. Er kniete auf der Erde und sah zum Himmel empor. Er war sehr glücklich und zufrieden – auf seinem Gesicht lag ein breites Lächeln und er nickte mit dem Kopf, wie um jemandem zuzustimmen, der mit ihm redete. Dutzende Menschen standen im Hof und sahen ihm mit stillem Staunen zu und alle paar Minuten trafen weitere Zuschauer vor unserer Hütte ein. Ich wusste es damals noch nicht, aber genau in diesem Moment sprach Segatashya mit Jesus. Es war der 4. Juli 1982 und mein Bruder hatte erneut eine Erscheinung. Zum Glück war Vater aufs Feld gegangen, um unsere Bohnen zu ernten, sonst hätte er Segatashya gleich an Ort und Stelle verprügelt, ganz gleich, mit wem er sprach!

Ich weiß nicht, wie lange es gedauert hat, es fühlte sich an, als wären es Stunden gewesen … Segatashya sagte Dinge, die ich damals nicht verstand, doch später erfuhr ich, dass es Gebete und Worte aus der Bibel waren, die Jesus ihn lehrte. Irgendwann an diesem Nachmittag stand er schließlich auf und predigte vor der Menschenmenge, die sich versammelt hatte. Es waren mindestens vierhundert oder fünfhundert Leute, und aller Augen waren auf meinen Bruder gerichtet. Er sagte Folgendes zu ihnen:

›Jesus sagt euch: *Jeder von euch soll nach meiner Wahrheit suchen und dem Weg folgen, den ich in der Bibel dargelegt habe, damit alle Menschen ihm folgen. Jeder Mann und jede Frau soll jedem Wort, das ich gesprochen habe, gläubig folgen. Allen, denen bewusst ist, dass ich schon einmal auf dieser Erde gewandelt bin, soll auch bewusst sein, dass ich in die Welt zurückkehren und jeden von euch zur Rechenschaft ziehen und darüber urteilen werde, ob ihr meinen Worten gemäß gelebt habt, denn meine Worte sind ein himmlischer Schatz. Alle, die mehr nach irdischen Freuden als nach der Wahrheit meiner Worte suchen, gefährden ihre ewige Seele. Achtet auf meine Worte in Matthäus 24,35 – Himmel und Erde werden vergehen, aber meine Worte werden nicht vergehen –, und lest meine Worte, die in der Bibel verzeichnet sind, denn ihr dürft gewiss sein: Alles, was ich dort sage, ist wahr und wird ganz sicher eintreffen.*‹«

Christine lächelte bei der Erinnerung daran. »Meine Schwestern und Brüder und meine Mutter waren schockiert, als sie hörten, wie unser schüchterner Segatashya so selbstbewusst und mit solcher Autorität zu so vielen Menschen sprach, unter denen sich auch zahlreiche gebildete Leute, Priester und Pastoren befanden. Wir hingen an seinen Lippen und lauschten jedem Wort, das er sagte, aber wir vermochten uns einfach nicht vorzustellen, woher er all diese Dinge wusste. Segatashya konnte überhaupt nicht lesen, war nie in einer Kirche gewesen und hatte noch nie eine Bibel gesehen. Zu diesem Zeitpunkt wusste er nicht einmal, was die Bibel überhaupt war. Und doch zitierte er daraus … und später erfuhren wir, dass er die Worte genauso oder zumindest ganz ähnlich zitiert hatte, wie sie im Neuen Testament stehen.

Nachdem er zu den Leuten gesprochen hatte, kam er in die Hütte, um sich von uns zu verabschieden. Er erklärte uns: ›Jesus hat mir gesagt, dass ich nach Kibeho gehen soll, wo die Seherinnen, die die Schule besuchen, mit seiner Mutter sprechen. Er sagt, dass ich dorthin gehen muss, um weitere Botschaften von ihm zu erhalten. Ich gehe jetzt, und ich werde zurückkehren, wenn Jesus es mir sagt.‹

Segatashya brach nach Kibeho auf, und nicht lange danach begann er auf dem Podium, wo die anderen Seherinnen die Jungfrau Maria sahen, mit Jesus zu sprechen. Von diesem Moment an wurde er im ganzen Land berühmt, Tausende Menschen kamen zu uns nach Hause, um zu hören, wie er mit dem Herrn sprach, oder um sich Jesus von ihm beschreiben oder die Bedeutung der Botschaften erklären zu lassen.

Sie können sich nicht vorstellen, was hier für ein Chaos herrschte, nachdem mein Bruder in Kibeho bekannt geworden war. Unsere Felder wurden von den Menschenmassen zertrampelt und die Leute rissen unseren Zaun nieder bei dem Versuch, nahe an ihn heranzukommen. Es fehlte nicht viel und sie hätten auf der Suche nach einem Erinnerungsstück, das sie mit nach Hause nehmen konnten, unsere Hütte zerstört. Ich erinnere mich noch an einen Mann, der sich die Taschen mit Steinen von unserem Hof füllte, an einen Jungen, der eines von Segatashyas alten Hemden von der Wäscheleine nahm, und an eine Frau, die eine Kartoffel aus unserem Gemüsebeet grub, als wäre es eine Art heilige Reliquie. Die meisten unserer ›Besucher‹ waren fromme Leute, die wirklich die Botschaften Christi hören wollten, aber einige wurden ausfallend und beschimpften Segatashya und den Rest der Familie, wann immer wir die Hütte betraten oder verließen.

Für meinen Vater war das sehr hart, weil er nicht wusste, wie er mit all diesen Menschen umgehen sollte, und fürchtete, seine Familie nicht länger beschützen zu können. Und es war hart für ihn, dass er seinen Sohn, der immer eine so gute Arbeitskraft gewesen war, an Kibeho verloren hatte. Segatashya half zwar nach wie vor mit, aber wenn Jesus ihn wieder nach Kibeho schickte, um dort eine Botschaft zu verkünden, dann brach er unverzüglich auf. Und wenn er auf dem Feld arbeitete und jemand vorbeikam und ihn nach den Botschaften fragte, dann ließ er alles fallen und sprach stundenlang mit dem Betreffenden, um sicherzugehen, dass dieser die Worte des Herrn auch wirklich verstanden hatte.

Segatashya versprach, dass er so viel, wie er nur konnte, auf den Feldern und bei den Ziegen helfen würde, aber Jesus hatte ihm gesagt, es sei sein Lebenswerk, das Wort Gottes zu verbreiten. Der Herr sagte Segatashya, dass er seine Kräfte schonen und sie ganz und gar darauf verwenden solle, die Botschaften zu verbreiten, die ihm übergeben wurden ... denn die Botschaften mussten in alle Welt hinausgetragen werden. ›Die Botschaften Jesu in die ganze Welt hinauszutragen, ist jetzt mein eigentlicher Lebenszweck; alles andere kommt danach. Der Herr muss immer an erster Stelle stehen‹, erklärte er uns.

Jesus gab Segatashya den Auftrag, die himmlischen Botschaften auch in anderen Regionen zu verkünden, und es gab lange Zeitspannen, in denen wir ihn gar nicht zu Hause sahen. Und trotzdem tauchten Tag für Tag Scharen von Menschen vor unserer Hütte auf, weil sie hofften, einen Blick auf ihn zu erhaschen. Sie schlugen zu jeder Tages- und Nachtzeit an die Tür und verlangten, mit Segatashya zu sprechen, und zu jeder Zeit kampierten rund um unsere Hütte zweihundert bis dreihundert Menschen. Die Beeinträchtigung wurde so groß, dass mein Vater schließlich beschloss, mit der ganzen Familie, so weit wie er nur konnte, von Kibeho wegzuziehen. Doch mein Bruder weigerte sich, mit uns zu kommen – er wollte immer in der Nähe von Kibeho und in der Nähe des Feldes bleiben, wo Jesus zum ersten Mal zu ihm gesprochen hatte.

Mit der Zeit wurde uns klar, wie ernst Segatashyas Sendungsauftrag war. Wir gingen nach Kibeho, um ihm zuzuhören, wenn er seine Erscheinungen hatte; und wenn er bei uns zu Hause war, dann bat er uns morgens, mittags und abends, mit ihm zu beten. Er sprach unablässig über die Botschaften von Jesus, selbst wenn er schlief. Die Botschaften wurden ein Teil von ihm. Wenn er nicht betete oder Botschaften verkündete, dann sang er Lieder, die der Herr ihn gelehrt hatte.

Ich erinnere mich an eines, das er häufig sang und das ich noch heute meiner Tochter vorsinge:

Ich gebe euch ein neues Gesetz, ein Gesetz,
einander zu lieben, wie ich euch geliebt habe.
Lieber Gott, ich habe mich entschlossen, dir zu folgen,
und ich werde dich mein Leben lang preisen.
Gesegnet ist der, der keinen Umgang mit Sündern pflegt.
Gesegnet ist der, der sich nicht denen anschließt,
die über andere spotten.
Ich gebe euch ein neues Gesetz, ein Gesetz,
einander zu lieben, wie ich euch geliebt habe.
Lieber Gott, ich habe mich entschlossen, dir zu folgen,
und ich werde dich mein Leben lang preisen.

Wenn Segatashya zu Hause war, erinnerte er uns ständig daran, dass wir mehrmals täglich in unserer Arbeit innehalten und über unsere Seelen und unser ewiges Leben nachdenken sollten. Nichts sei wichtiger als das, sagte er uns, und wir müssten uns dafür Zeit nehmen. Wenn wir uns dann beschwerten, dass wir keine Zeit zum Beten hätten, weil wir für Essen und Geld arbeiten müssten, tadelte er uns und sagte: ›Lasst euch nicht von den Schätzen dieser Welt in Versuchung führen. Das alles wird ein Ende haben und alles, was jetzt auf der Erde ist, wird vergehen ... Seid zufrieden mit dem, was ihr schon habt, und seid dankbar für die Zeit, die ihr habt, um zu beten und ein besserer Mensch zu werden.‹

Mit der Zeit glaubten wir alles, was Segatashya uns sagte, und wir erkannten die guten Früchte all der Gebete und die Weisheit, die in seinen Botschaften enthalten war. Kaum ein Jahr war vergangen, seit Jesus ihm zum ersten Mal erschienen war, als er getauft wurde, und die ganze Familie tat es ihm nach. Wir wurden alle katholisch getauft.

Ich werde nie vergessen, was ich als Mädchen gedacht habe: Mein Bruder hat die Herzen unserer Familie bekehrt, sodass wir Jesus akzeptiert haben, und dann zog er aus, um die Herzen der ganzen Welt zu bekehren«, sagte Christine, und ihre Augen strahlten vor Liebe.

Kapitel 5

Auf Segatashyas Spuren

Nachdem das Buch *Left to Tell: Discovering God Amidst the Rwandan Holocaust* (auf Deutsch: »Aschenblüte«) erschienen war, luden mich Hunderte Gruppen in aller Welt ein und baten mich, sie zu besuchen und meine Geschichte zu erzählen – die Geschichte, wie ich Gott inmitten eines Holocausts gefunden und mit der Macht seiner Liebe gelernt hatte, den Menschen zu vergeben, die meine Familie während des Genozids von 1994 ermordet hatten.

Meine Seele sang vor Freude darüber, dass mein Buch die Herzen anderer Menschen berührte und dass so viele Vergebung üben und empfangen wollten. Und natürlich war ich nur zu gern bereit (und werde es immer sein), überallhin zu gehen und über die heilende Gnade der Liebe und Vergebung Gottes zu sprechen.

Meine Vorträge haben mich in alle Welt geführt. Doch ganz gleich, wohin ich gereist bin – immer habe ich festgestellt, dass die Menschen, die kommen, um meine Geschichte zu hören, trotz der unterschiedlichen Sitten und Sprachen doch zumindest eines gemeinsam haben: Ihre Herzen sind offen für meine Botschaft, dass die größte und erlösendste Kraft im Universum die Macht der Liebe und Vergebung Gottes ist.

Und welchen besseren Ausdruck für Gottes Liebe könnte es geben als die Botschaften, die Jesus und Maria nach Kibeho gebracht haben? Was könnte die erlösende Kraft der Liebe Christi besser zum Ausdruck bringen als die von Segatashya überbrachten Botschaften, dass uns das ewige Leben im Paradies sicher ist, wenn unsere Herzen die Liebe Gottes wahrhaft annehmen?

Obwohl ich Kibeho in meinen ersten beiden Büchern nur am Rande erwähnt habe, bin ich bei meinen öffentlichen Auftritten oft gebeten worden, über die drei Schülerinnen zu sprechen, die der Vatikan inzwischen als Seherinnen anerkannt hatte. Natürlich sprach ich von Herzen gern über Kibeho, und wann immer es mir möglich war, brachte ich die Rede auch auf den »inoffiziellen« Seher, den heidnischen Jungen, dem Jesus begegnet war: meinen Liebling Segatashya. Und ich sprach voller Liebe über ihn und seine bemerkenswerte Beziehung zum Herrn.

Erstaunlicherweise fragten mich die Leute, die mich im Anschluss an meine Vorträge ansprachen, mehrheitlich nach Segatashya. Hunderte Male geschah dies, in den unterschiedlichsten Ländern von Japan bis nach Island. Immer wenn mich jemand nach Kibeho und meinem lieben Segatashya fragt, beginnt mein Herz schneller zu schlagen – und ich wurde so oft danach gefragt, dass mein Herz, davon war ich überzeugt, früher oder später völlig abgenutzt sein würde.

Da die Menschen so sehr an Kibeho interessiert waren, beschloss ich, dass ich ein Buch schreiben sollte, um die Welt mit den Sehern bekannt zu machen. Also begann ich mit der Arbeit an *Our Lady of Kibeho* (auf Deutsch: »Die Erscheinungen von Kibeho«). Doch ehe ich zu schreiben begann, wollte ich ein weiteres Mal dorthin pilgern und so viel an Informationen über die Seher und ihre Botschaften zusammentragen, wie ich nur konnte.

Als ich mich hinsetzte, um meine Reise zu planen, dachte ich an all die Menschen, denen ich begegnet war und die sich so eingehend nach Segatashya erkundigt hatten. Wie gern hätte ich sie alle mit nach Ruanda genommen und ihnen Gelegenheit gegeben, selbst zu erleben, was es hieß, nach Kibeho zu kommen und dort zu stehen, wo die Seher gestanden hatten, als Jesus und die

Jungfrau Maria ihnen erschienen waren. Und dann dachte ich bei mir: Warum kann ich sie nicht alle nach Ruanda mitnehmen? Natürlich konnte ich nicht alle mitnehmen ... dafür hätte ich einen eigenen Jumbojet gebraucht. Aber nichts sprach dagegen, dass mich nicht wenigstens ein paar von ihnen begleiteten.

Also rief ich sofort eine Freundin an, die sehr viel Erfahrung mit der Planung und Logistik größerer Reisen hatte, und fragte sie, was machbar wäre. Sie schlug mir für diese Reise – ihrer festen Überzeugung nach die erste von vielen Amerika-Kibeho-Wallfahrten, die ich leiten würde – eine Gruppengröße von nicht mehr als zwölf Personen vor. Wir schickten einige Einladungen ab und die Reaktion kam rasch und war überwältigend. Schon bald hatten sich zwölf amerikanische Pilger, die gern nach Kibeho pilgern wollten, für die Reise angemeldet und die Flüge nach Kigali gebucht.

Die Ironie der Situation brachte mich zum Lachen, als ich an meine Eltern dachte, die mir immer verboten hatten, mich einer von Pater Rwagemas Wallfahrten nach Kibeho anzuschließen. Und jetzt führte ich selbst eine Pilgergruppe nach Kibeho! Wieder einer dieser unergründlichen Wege, auf denen der Herr die Dinge voranbringt. Bestimmt haben meine Eltern in diesem Moment vom Himmel aus auf mich herabgelächelt.

Die Aufregung, die sich auf den müden Gesichtern dieser ersten amerikanischen Kibeho-Pilger abzeichnete, als wir auf dem Flughafen von Kigali landeten, hat sich mir für immer ins Gedächtnis gebrannt. Die allgemeine Erschöpfung war wie weggeblasen, als uns bewusst wurde, dass wir die erste Etappe unserer Wallfahrt hinter uns gebracht hatten.

Ich musste laut lachen, als einer der Pilger mich fragte, ob Segatashya jemals von diesem Flughafen aus irgendwohin geflogen sei. So winzig der Flughafen von Kigali auch ist, war es dennoch eine urkomische Vorstellung, dass der barfüßige Heidenjunge jemals an Bord eines Flugzeuges geklettert wäre. Doch als ich zu einer Antwort ansetzte, wurde mir bewusst, dass ich schlichtweg nicht wusste, ob Segatashya jemals in einem Flugzeug gesessen hatte. Genau genommen, so dämmerte es mir, wusste ich nicht gerade viel über ihn – auch wenn ich seine Stimme genauso gut kannte wie die meiner Brüder und viele seiner Botschaften auswendig gelernt hatte.

Alles, was ich zu diesem Zeitpunkt über Segatashyas Leben wusste, waren Splitter und Bruchstücke über seinen familiären Hintergrund. Es war die Tatsache, dass seine öffentlichen Erscheinungen am 2. Juli 1982 begonnen und genau ein Jahr später geendet hatten. Außerdem waren mir einige wenige Einzelheiten über seine Reisen vor Ort bekannt und dass er vor dem Völkermord eine Zeit lang an der *National University* gearbeitet hatte (wo ich ihm kurz begegnet war). Das waren sehr wenige Informationen, wenn man bedenkt, dass ich plante, ein Buch zu schreiben, in dem er einen breiten Raum einnehmen sollte.

Früher einmal hatte ich stapelweise Bänder mit Aufnahmen von dem, was Segatashya gesagt hatte, und haufenweise Notizbücher besessen, in denen ich viele seiner Gespräche mit Christus aufgeschrieben hatte – und ich hatte die Notizen von Pater Rwagema gehabt, der unzählige Interviews mit dem jungen Seher geführt hatte. Doch dieses ganze Material war während des Genozids verloren gegangen, als die Mörder meiner Familie unser Haus angezündet und es gemeinsam mit allem, was ich besessen hatte, niedergebrannt hatten. Und was noch erschwerend hinzukam: Mir fielen nur ganz wenige Menschen ein, die den Völkermord überlebt und den Seher persönlich gekannt hatten.

Als wir unser Gepäck abholten, sprach ich ein kurzes Gebet zur Jungfrau Maria und bat meine geliebte himmlische Mutter, mich irgendjemanden finden zu lassen, der Segatashya gut gekannt hatte, damit ich diese kostbare Information den Menschen weitergeben konnte. Wir verließen den Flugplatz, und es dauerte keine Stunde, bis die selige Jungfrau Maria mein Gebet erhörte.

Mit der Hilfe meiner Freundin, die mich bei der Planung der Wallfahrt unterstützt hatte, war ein Minibus gemietet worden, der unsere Gruppe am Flughafen abholte und uns zu unserer Unterkunft am Stadtrand von Kigali brachte. Ich hatte mir überlegt, dass die Pilger, die zum ersten Mal nach Afrika gereist waren, einige Tage der Ruhe und des Gebets brauchen könnten, um sich zu akklimatisieren und von dem Flug zu erholen, der sie aus den Vereinigten Staaten hierhergebracht hatte. Und ich war mir sicher, dass sie sich spätestens dann über eine Pause in unserem Reiseprogramm freuen würden, wenn sie erfuhren, dass die sechs- bis achtstündige Fahrt nach Kibeho hauptsächlich über Gebirgsstraßen voller Haarnadelkurven führte – und in einer fünfzig Kilometer langen Achterbahnfahrt über eine zweihundert Jahre alte, unbefestigte Schotterpiste gipfelte, die mit Schlaglöchern von wahrhaft biblischen Ausmaßen übersät war.

»Entspannt euch einfach und genießt die Landschaft, ehe wir nach Kibeho aufbrechen«, sagte ich über die winzige Lautsprecheranlage, als wir in den Hof des wunderschönen *Foyer de Charité* fuhren, eines katholischen Einkehrzentrums, in das wir für die Dauer unseres Aufenthalts in Kigali eingeladen worden waren. *Foyer de Charité* ist ein Orden, der in den 1930er-Jahren in Frankreich gegründet wurde und sich rasch ausgebreitet und in der ganzen Welt Fuß gefasst hat. Heute betreiben die Mitglieder in vielen Ländern Gästehäuser für Tausende von Reisenden und Pilgern, die einen ruhigen, friedlichen Zufluchtsort zur geistlichen Einkehr und Erneuerung suchen.

Das *Foyer* in Kigali bietet eine atemberaubende Aussicht auf die tausend Hügel, von denen die ruandische Landschaft übersät ist. Voller Stolz sah ich zu, wie die Pilger aus dem Bus stiegen und die Schönheit meiner Heimat in sich aufsogen.

»Jetzt verstehe ich, warum Jesus und Maria nach Ruanda kommen wollten«, stieß einer meiner amerikanischen Freunde hervor.

»Hier sieht es wirklich aus wie im Paradies – es ist der Himmel auf Erden.«

Nachdem wir unsere Zimmer bezogen hatten, begrüßte uns der Leiter des *Foyer*, der nicht nur unser Gastgeber, sondern, wie sich herausstellte, überdies ein Mann war, dessen Name mir überaus vertraut war und den ich schon immer persönlich hatte kennenlernen wollen. Er hieß Monsignore Félicien Mubiligi, obwohl er sich selbst demütig als schlichten Dorfpfarrer bezeichnete und die Pilger bat, ihn einfach Pfarrer Félicien zu nennen. Ich hatte keine Ahnung gehabt, dass Msgr. Félicien, ein durch und durch gütiger Mann und leidenschaftlicher Priester, das Einkehrzentrum leitete … aber nichts hätte mich mehr freuen können.

Msgr. Félicien war maßgeblich daran beteiligt gewesen, dass der Vatikan die ursprünglichen drei Seherinnen von Kibeho – die Schülerinnen Alphonsine, Anathalie und Marie-Claire – offiziell anerkannt hatte. Und ich glaube, dass es nicht zuletzt auch seinem Engagement zu verdanken sein wird (Msgr. Félicien ist inzwischen verstorben), wenn die Kirche eines Tages Segatashyas Botschaften und Erscheinungen offiziell anerkennt. Msgr. Félicien hat jede einzelne Erscheinung Segatashyas bis ins Letzte auf ihren religiösen Inhalt untersucht und geprüft.

Seine Beschäftigung mit Kibeho begann 1982, als der damalige Bischof von Butare, Jean-Baptiste Gahamanyi, zu der Überzeugung gelangt war, dass es sich bei den Erscheinungen, die Alphonsine, Anathalie und Marie-Claire von der Jungfrau Maria hatten, um echte Wunder handelte. Ohne eine offizielle Erklärung über die Erscheinungen abzugeben, machte sich Bischof Gahamanyi daran, ihre Echtheit (oder Falschheit) überprüfen zu lassen, und er rief Mediziner und Theologen aus den führenden ruandischen Fachkreisen zusammen, damit sie die Seherinnen und ihre während der Erscheinungen gemachten Aussagen untersuchten.

Bischof Gahamanyi suchte die Experten sorgfältig aus, die zu seinem Team der »Wunderdetektive« gehören sollten, und sandte sie nach Kibeho, damit sie den Erscheinungen auf den Grund gingen. Er war sich darüber im Klaren, dass die Erscheinungen noch Jahre dauern und die Ermittler ernsthaften Gefahren ausgesetzt sein konnten (denn wo immer das gute Werk des Herrn getan wird, ist auch Satan zur Stelle und versucht, Gottes Licht zu verdunkeln!). Deshalb brauchte er charakterstarke und engagierte Fachleute, die bereit waren, ihren Glauben auf den Prüfstand zu stellen und sich auf lange Jahre denkbar harter Arbeit und gründlicher Forschung einzulassen.

Als Bischof Gahamanyi schließlich den Eindruck hatte, dass er die bestgeschulten Köpfe des ganzen Landes gewonnen hatte, teilte er die Experten in zwei Arbeitsgruppen ein: in ein theologisches und ein medizinisch-psychiatrisches Team. Letzten Endes wurden beide Teams unter der einen Bezeichnung bekannt, die ich schon erwähnt habe: die Untersuchungskommission. Nachdem die Kommission begonnen hatte, sich mit den Seherinnen zu befassen, bestätigte Bischof Gahamanyi Kibeho als Wallfahrtsstätte von Ruanda. Außerdem erlaubte er, dass Spenden gesammelt werden konnten für den Bau eines großen Podiums, auf dem die Seher stehen konnten, während Jesus und Maria ihnen erschienen, und für eine moderne Lautsprecheranlage, damit die Botschaften der Seher im Radio übertragen und damit über die Hügel von Kibeho praktisch in jedem ruandischen Haushalt hörbar gemacht werden konnten.

Doch der Bischof ging noch weiter und scheute keine Mühen, um die Seher privat und öffentlich auf jede nur mögliche Weise zu unterstützen. Er freundete sich persönlich mit Segatashya an, lud den Hirtenjungen häufig zu sich nach Hause zum Essen ein und ließ ihn im Gästezimmer seines Hauses in Butare übernachten, wenn er vom Dorf seiner Eltern aus nach Kibeho unterwegs war, um die Botschaften Jesu Christi zu überbringen.

Vielleicht war es die Dringlichkeit von Segatashyas Botschaften über das Ende der Welt und seine Warnung, dass wir alle unsere Seele unverzüglich auf den Tag des Gerichts vorbereiten müssten, die Bischof Gahamanyi veranlassten, vom kirchlichen Protokoll abzuweichen. Noch ehe der Vatikan irgendeine offizielle Stellungnahme zu Kibeho veröffentlicht hatte, gab Bischof Gahamanyi bei einem Interview mit einem internationalen Nachrichtendienst folgende Einschätzung zu Protokoll: »Ich habe absolut keinen Zweifel daran, dass in Kibeho etwas Übernatürliches stattgefunden hat. Die Botschaft ist wahr; die Menschen müssen sich damit befassen.«

Die Kühnheit des Bischofs schockierte viele Amtsträger der katholischen Kirche, jedoch gewann er die Herzen vieler Pilger, deren Glaube durch die Botschaften, die in Kibeho übermittelt wurden, neu erwacht oder gestärkt worden war. Und durch seinen Mut erwarb er die lebenslange Loyalität vieler Mitglieder der Untersuchungskommission, zu denen auch Msgr. Félicien gehörte.

Msgr. Félicien wusste so gründlich über Kibeho Bescheid, dass ich mir keine Sorgen machen musste, wie ich meine amerikanischen Pilger an diesem ersten Abend in Kigali beschäftigen sollte – jeder von ihnen wollte mit dem Geistlichen über die Seher von Kibeho sprechen und alles über Segatashyas Gespräche mit Jesus erfahren.

Wir trafen Msgr. Félicien zum Abendessen im spartanisch eingerichteten Speisesaal des *Foyer de Charité*, wo wir während des ganzen Essens und noch bis in die frühen Morgenstunden über Segatashya sprachen. Selbst als einige der Pilger auf ihre Zimmer gegangen waren, um zu schlafen, setzte ich das Gespräch mit Msgr. Félicien noch weiter fort – ein Gespräch, das sich mit Unterbrechungen über die nächsten drei Tage hinziehen sollte, wobei ich die ganze Zeit über einen Notizblock bei mir und einen Kassettenrekorder in Reichweite hatte. Ich war sicher, dass die Jungfrau Maria mich zu Msgr. Félicien geführt hatte, und deshalb war ich fest entschlossen, mir von dem, was er sagte, kein einziges Wort entgehen zu lassen.

»Ich kann nicht offiziell erklären, dass Segatashya ein authentischer Seher war«, begann Msgr. Félicien, nachdem er das Tischgebet gesprochen und wir mit dem Essen begonnen hatten. »Das steht mir nicht zu und die offizielle Entscheidung liegt beim Bischof und beim Vatikan. Doch eines will ich Ihnen sagen, bevor ich weitererzähle: Von allen Sehern, die ich in meiner Zeit als Mitglied der Untersuchungskommission befragt und überprüft habe, war Segatashya derjenige, der mich wirklich davon überzeugt hat, dass Jesus und Maria in Kibeho erschienen sind. Und das ist Gottes Wahrheit!

Dieser schmächtige Junge, der, ehe er die Erscheinungen hatte, noch nie von Jesus gehört hatte, hat mich fest daran glauben lassen, dass Jesus und Maria wirklich in Ruanda erschienen sind – und in all den Jahren danach ist dieser Glaube kein einziges Mal erschüttert worden. Natürlich weiß ich, dass die Kirche seine Erscheinungen nicht – zumindest noch nicht – anerkannt hat, aber eines kann ich aufrichtig sagen: Nachdem ich seine Botschaften studiert und in aufeinanderfolgenden mündlichen Befragungen mehrere Jahre lang immer wieder mit ihm gesprochen habe, habe ich kein einziges Mal daran gezweifelt, dass alles, was er gesagt hat, wahr ist. Und ich kann Ihnen verraten, dass es den höchsten kirchlichen Autoritäten mit Segatashya genauso geht wie mir.

Zweifler gibt es immer – und das aus gutem Grund. In den frühen 1980er-Jahren, nachdem man von den ersten Erscheinungen in Kibeho gehört hatte, schien die Zahl der Seher in Ruanda plötzlich zu explodieren. Mehr als hundert Menschen behaupteten, Visionen zu haben, und die Untersuchungskommission hat viele von ihnen überprüft. Glücklicherweise konnten wir viele der falschen Seher recht einfach und sehr schnell entlarven. Es war offensichtlich, dass viele Leute auf den fahrenden

Zug aufgesprungen waren, um sich persönlich zu bereichern – oder weil sie Aufmerksamkeit erregen wollten, geisteskrank waren oder unter dem Einfluss dämonischer Kräfte standen. Wir siebten diese Fälle aus und konnten die offensichtlichen Täuschungsversuche bald zu den Akten legen.

Doch als wir uns dann mit der Kerngruppe von etwa einem Dutzend Sehern befassten, ging die Untersuchungskommission äußerst systematisch und gründlich vor. Wir prüften die Erscheinungen in der Reihenfolge, in der sie sich zugetragen hatten, das heißt, die Erscheinungen, die als erste stattgefunden hatten, wurden auch als erste untersucht. Wie Sie wissen, war die Jungfrau Maria zuerst den Schülerinnen Alphonsine, Anathalie und Marie-Claire erschienen. Also hatten diese Mädchen und ihre Erscheinungen der Jungfrau Maria für uns Priorität.

Segatashya hingegen hatte zwar einige Marienerscheinungen, empfing aber vor allem Botschaften von ihrem Sohn. Die Untersuchung der Erscheinungen von Jesus war in gewisser Weise ein eigener Vorgang – der leider im Großen und Ganzen auf Eis gelegt wurde, solange wir noch damit beschäftigt waren, sämtliche Erscheinungen der Jungfrau Maria zu überprüfen.

Als schließlich unsere Überprüfung der Marienerscheinungen weitgehend abgeschlossen war und wir mehrere Jahre später unseren ersten Bericht vorgelegt hatten, waren wir bereit, Segatashyas Erscheinungen von Jesus einer eingehenderen Prüfung zu unterziehen. Besser gesagt, *ich* für meinen Teil war bereit, mich dieser Aufgabe voll und ganz zu widmen … doch im Land brodelte es. Es war die Zeit, als der Bürgerkrieg ausbrach, der alles zum Erliegen brachte. Und dann kam 1994 der Genozid und damit im Grunde das Ende der Welt, so wie wir sie kannten, und auch das Ende der Arbeit der Untersuchungskommission. Viele ihrer Mitglieder wurden getötet, und der größte Teil der Dokumentationen und der Bandaufzeichnungen ging für immer verloren. Nimmt man den jetzigen Stand der Dinge, ist auch

Segatashyas Anerkennung als Seher diesem Gräuel zum Opfer gefallen.

Doch ich glaube nicht nur, dass er eines Tages als einer der größten Seher aller Zeiten gefeiert werden wird, sondern auch, dass Kibeho in nicht allzu ferner Zukunft der berühmteste und meistbesuchte Ort in Afrika sein wird – und das vor allem wegen des kleinen heidnischen Jungen, dem Jesus begegnet ist.«

Einer der Pilger fragte Msgr. Félicien, welche von Segatashyas Äußerungen oder Handlungen ihn so sicher gemacht habe, dass er ein echter Seher gewesen sei.

»Dieser Junge verfügte über ein Wissen, das er einfach von sich aus nicht haben konnte«, antwortete der Priester. »Gleich von Anfang an erzählte er Geschichten aus der Bibel in allen Einzelheiten, als hätte er sie gerade am Vortag gelesen. Doch ich kann Ihnen versichern, dass Segatashya nicht lesen konnte und dass ihm auch nie aus der Bibel vorgelesen worden war. Das steht außer Zweifel, denn ich habe jedes Mitglied seiner Familie, sämtliche Nachbarn und Freunde, die Bauern, für die er gearbeitet hat, und die Lohnarbeiter, mit denen er Bohnen gepflückt hat, interviewt. Ich habe mit absolut jedem gesprochen, der ihm vom Tag seiner Geburt an im Juli 1967 bis zu seiner ersten Erscheinung von Jesus am 2. Juli 1982 je begegnet ist. Und jeder, mit dem ich über Segatashya gesprochen habe, hat mir bestätigt, dass der Junge, ehe Jesus ihm erschienen war, nie auch nur ein einziges Mal die Bibel, Jesus, Gott oder die Jungfrau Maria erwähnt hatte.

Und doch war er schon beim allerersten Mal, als ich ihn für die Untersuchungskommission befragt habe, in der Lage, mit mir über kirchliche Dogmen zu diskutieren, die Heilige Schrift auszulegen und mir aus dem Gedächtnis mehr Gebete zu zitieren als viele Studenten im ersten Jahr im Priesterseminar.

Bei einer Befragung, die ich Mitte Juli 1982 durchführte, sagte er zum Beispiel, dass Jesus ihn die Worte des Vaterunsers, das er für mich aufsagte, und das Kreuzzeichen gelehrt hatte. Ich fragte ihn, ob Jesus ihn auch noch andere Gebete gelehrt hatte, und er antwortete: ›Nein, noch nicht. Aber er hat gesagt, er würde es morgen tun.‹

Jemand aus der Untersuchungskommission behielt ihn die ganze Nacht über im Auge und niemand sprach mit ihm. Am nächsten Tag fragte ich ihn, ob Jesus ihm neue Gebete beigebracht habe. Statt einer direkten Antwort kniete er nieder und betete: ›Mein Gott, aus ganzem Herzen bereue ich alle meine Sünden, nicht nur wegen der gerechten Strafen, die ich dafür verdient habe, sondern vor allem, weil ich dich beleidigt habe, das höchste Gut, das würdig ist, über alles geliebt zu werden. Darum nehme ich mir fest vor, mithilfe deiner Gnade nicht mehr zu sündigen und die Gelegenheiten zur Sünde zu meiden. Amen.‹

Das ist – für diejenigen unter Ihnen, die nicht katholisch sind – der Akt der Reue, eines der Gebete, mit dem wir Gott um Vergebung für unsere Sünden bitten. Am Tag zuvor hatte Segatashya dieses Gebet noch nicht gekannt, doch jetzt sagte er es Wort für Wort fehlerfrei auf! Ich habe nicht den geringsten Zweifel daran, dass Jesus an ebendiesem Tag auf die Erde herabgekommen war und Segatashya den Akt der Reue gelehrt hatte. Das allein war in meinen Augen bereits ein Wunder. In den Tagen danach brachte Jesus Segatashya das Rosenkranzgebet bei, das Apostolische Glaubensbekenntnis und viele andere Kirchenlieder, Gebete und einprägsame Sätze, die Lebensweisheiten enthielten.

Doch Segatashya kannte die Gebete oder die Schriftstellen, die Jesus ihn lehrte, nicht nur auswendig, sondern er hatte ein von Gott erhaltenes theologisches Verständnis dafür. Als ich ihn fragte, welche Sünden er begangen habe, die der Vergebung Gottes bedürften, antwortete Segatashya:

›Wer von uns hätte keine Sünde, die vergeben werden muss? Doch die Botschaft der Reue, die Jesus mich gelehrt hat, ist nicht nur für mich und meine Sünden bestimmt – jeder Mann und jede Frau muss diesen Akt der Reue beten, wenn sie ihre Sünden wahrhaft bereuen wollen. Das Ende der Zeiten steht bevor und wir alle müssen Vergebung anstreben für die Sünden, die wir in unserem Leben begangen haben … und wir müssen sie bereuen, ehe Jesus auf die Erde zurückkehrt. Wir alle müssen unsere Herzen von Hass und Sünden reinigen, indem wir aufrichtig den Akt der Reue beten. Jemandem unsere Sünden zu bekennen, ist ein guter Anfang, wenn wir unsere Seelen läutern wollen, um uns auf die Begegnung mit Christus vorzubereiten. Das ist eine der wichtigsten Botschaften, die Jesus mir aufgetragen hat, damit ich sie der Welt überbringe.‹«

»Natürlich war Segatashya kein Engel«, fuhr Msgr. Félicien fort. »Damit meine ich, dass er ein ganz normaler Junge war. Er hat sich die Dinge nicht immer absolut perfekt eingeprägt, und ganz bestimmt hat er nicht gleich beim ersten Mal jede Botschaft, die Jesus ihm auftrug, in ihrer vollständigen Bedeutung erfasst. Und der Junge war nicht unbedingt der einfachste Schüler … nicht einmal für den größten Lehrer der Menschheitsgeschichte!

Zum Beispiel hat Segatashya Jesus Christus bei vielen Erscheinungen alle möglichen Fragen gestellt zu dem, was der Herr ihm auftrug. Ich weiß das, weil ich oft direkt neben Segatashya auf dem Podium gestanden habe, wenn Jesus ihm erschienen ist. Sobald er die Gegenwart des Herrn spürte, fiel der Junge in Ekstase und sank auf die Knie. Und dann, nach einer oder zwei Minuten, begann er, Jesus Fragen zu stellen. Oft fing er damit an, sich darüber zu beklagen, dass die Leute nicht wie gewünscht auf die Botschaften hörten, die er ihnen überbrachte, und dann schlug er vor, dass Jesus die Aufgabe besser erledigen könnte, mit den Menschen zu kommunizieren. Ehrlich gesagt musste ich mich manchmal abwenden, weil das, was der Junge sagte, mich zum Lachen brachte ... es war wirklich herzerfrischend mitanzuhören, wie dieses arglose Kind die Art der Verkündung des Wortes Gottes infrage stellte.

Natürlich war Segatashya immer respektvoll – und trotzdem konnte er ganz schön vorlaut sein! Wenn er nicht so unschuldig gewesen wäre, hätte Jesus ihn vielleicht mit einem kleinen Blitz für seine Dreistigkeiten gemaßregelt. Ich wünschte, ich hätte meine Aufzeichnungen noch und könnte sie Ihnen vorspielen, aber leider ist das unmöglich. Sie sind alle während des Genozids vernichtet worden, genauso wie die meisten meiner Notizbücher. Aber ich kann Ihnen aus dem Gedächtnis ein paar Beispiele nennen.

Üblicherweise stand ich auf dem Podium und zeichnete Segatashyas Stimme während des Gesprächs mit Jesus auf. Nach der Erscheinung habe ich ihn dann befragt, um auch die andere Hälfte des Gesprächs, die des Herrn, zu erfahren. Wenn ich die beiden separaten Teile anschließend zusammensetzte, konnte ich den Dialog zwischen dem Seher und dem Sohn Gottes rekonstruieren, den ich sodann niederschrieb und diesen Bericht für die Untersuchungskommission abheftete.

Ich werde nie vergessen, wie Segatashya einmal mit Jesus eine theologische Debatte über den Ursprung und das Wesen der Sünde, über Reue und Vergebung geführt hat. Es fing damit an, dass der Junge andeutete, Gott sage das eine und tue das andere.«

Dann gab Msgr. Félicien den Wortlaut des Gesprächs zwischen dem Herrn und dem jungen Seher wieder:

»»Jesus, du sagst uns, dass wir unsere Feinde lieben sollen ... selbst dann, wenn unsere Feinde böse und sündig zu sein scheinen und uns wehtun. Aber hat nicht Gott gegen Satan gekämpft und ihn in die Hölle gestürzt? Du sagst uns, dass Satan unser größter Feind ist und dass wir gegen ihn, gegen seine Versuchungen kämpfen müssen. Kannst du bitte erklären, wie du uns einerseits sagen kannst, dass wir unsere Feinde lieben sollen, wo es doch andererseits offensichtlich zu sein scheint, dass du Satan hasst?

Mein Kind, ich hasse Satan nicht – im Gegenteil: Es ist Satan, der mich hasst. Wenn Satan bereuen und Gott aufrichtig für seine Sünden um Vergebung bitten würde, dann würde ihm vergeben werden und er dürfte in den Himmel zurückkehren. Aber damit das geschieht, muss Satan aufrichtig und von Herzen bereuen. Und jetzt beantworte mir eine Frage, mein Kind: Weißt du, wie viele Arten es gibt, seine Sünden zu bekennen?

Ja, Herr, wie du mich gelehrt hast, gibt es zwei Arten, wie wir unsere Sünden bekennen können. Die erste besteht darin, unsere Sünden offen zu bekennen und tiefen Kummer darüber zu empfinden, dass wir dich beleidigt haben. Wir müssen unser Fehlverhalten von ganzem Herzen bereuen, dich aufrichtig um Vergebung bitten und uns ernsthaft vornehmen, diese Sünden nie wieder zu begehen. Die zweite Art besteht darin, unsere Sünden zu bekennen, ohne dass es uns wirklich von Herzen leidtut, die Sünden begangen und dich beleidigt zu haben. Wenn wir unsere Sünden auf diese Weise bekennen, dann wissen wir, dass unsere Reue nur gespielt ist, damit wir in den Augen der andern besser dastehen … und in unserem Herzen wissen wir, dass wir bei der nächsten Gelegenheit wieder sündigen werden.

Sehr gut gesagt, Kind! Ich bin froh, dass du dich an unsere Lektion darüber erinnerst, was es heißt, seine Sünden wirklich von Herzen zu bereuen. Kannst du jetzt verstehen, was ich damit gemeint habe, dass Satan nur dann die Vergebung seiner Sünden erlangt, wenn er sie wirklich von Herzen bereut?

Ja, Herr, ich verstehe. Aber weil Satan der große Lügner ist, wird es schwierig für ihn werden, jemals von Herzen seine Sünden zu bekennen. Aber es gibt noch viel mehr, was ich darüber wissen muss, Herr. Es tut mir leid, dass ich so viele Fragen habe, aber ich brauche Antworten, und du drückst dich nicht immer klar aus; deshalb halte bitte nichts vor mir verborgen und sprich ganz offen. Wenn du mich zu den Leuten schickst, damit ich ihnen deine Botschaften überbringe, dann haben sie ebenfalls Fragen, und ich muss in der Lage sein, sie zu beantworten.

Hier nun meine Frage: Du sagst mir immer, dass ich den Leuten die Botschaft überbringen soll, dass sie bereuen müssen, weil die Welt in einem sehr schlechten Zustand ist … dass die Welt am Rande des Untergangs steht, weil die Menschheit so sündig geworden ist. Aber dann sagst du mir auch, dass Satan ein geliebter Engel Gottes war, der eifersüchtig geworden ist und Gott nicht mehr geachtet hat, und dass deshalb im Himmel Krieg ausgebrochen ist. Dann ist Satan aus dem Himmel vertrieben worden und führt seither die Menschheit auf Abwege.

Mir scheint also, Herr, als ob die ganzen Schwierigkeiten, die die Menschen heute haben, vor langer Zeit im Himmel angefangen haben. Wie kann Gott den Menschen vorwerfen, dass sie die Welt durch ihre Sünden an den Rand des Untergangs gestürzt haben, wenn es doch der Fehler des Himmels ist, dass Satan herabgekommen ist und nun auf der Erde umherstreift, als ob sie ihm gehören würde?

Mein Kind, die Probleme der Menschheit haben nicht im Himmel begonnen, und der Satan kann nicht das winzigste Fleckchen Erde sein Eigen nennen. Alles auf Erden gehört dem Himmel; nichts gehört Satan. Die Probleme, die Satan verursacht hat, haben in seinem eigenen Herzen begonnen. Er hat sich geweigert, Gott zuzuhören, und er hat sich entschieden, sich von Gottes himmlischer Familie loszureißen und sich abzusondern. Wie ich dir erklärt habe, würde ihm vergeben werden, wenn er von Herzen Gott um Verzeihung bitten könnte. Doch bis auf den heutigen Tag hat Satan nicht den Mut oder die Aufrichtigkeit gefunden, um zu sagen, dass es ihm leidtut, und Gottes Vergebung zu suchen. Satan wird nicht um Verzeihung bitten.

Denk an die Familien, die du in deiner Kindheit kennengelernt hast. In manchen Familien gibt es oft ein Kind, das sich, ganz gleich, wie inständig die Eltern es auch bitten, gut zu sein, weigert und sich der Liebe verschließt, die seine Eltern ihm zeigen. Genauso ist es mit Satan – er hat sich von Gottes frei geschenkter Liebe abgewandt wie ein bockiges Kind, das aus seinem liebevollen Zuhause wegläuft. Gott ist bei seinen gehorsamen und liebevollen Kindern im Himmel geblieben, und alle, die ihn lieben und ihm gehorchen, sind dort willkommen.

Doch all das hat sich im Himmel zwischen Satan und Gott zugetragen, ehe Gott den Planeten gemacht hat und vor der Erschaffung des Menschen. Als Gott den Menschen erschuf, hat Satan in seiner Eifersucht und Einsamkeit sich darangemacht, die Beziehung der Menschheit zu Gott zu zerstören. Seit der Erschaffung der Menschheit hat Satan immer versucht, die Menschheit mit Lügen und Versuchungen zu täuschen, weil er hoffte, dass der Mensch die Sünde des Teufels mehr lieben würde als die Güte Gottes.

Satan hasst es, einsam zu leiden, und um nicht allein zu sein, versucht er, so viele Seelen wie möglich vom Licht der Liebe Gottes weg und in Niedertracht und Bosheit zu führen. Satan möchte, dass die Menschen mit ihm leiden, dass sie verflucht sind, wie er verflucht ist – denn es gibt kein größeres Leiden, als ohne Gottes Liebe zu leben. Satan weiß, wie sehr Gott die Menschen liebt, und deshalb macht es ihm umso größeres Vergnügen, eine menschliche Seele zu verderben. Er will, dass Gott ebenso sehr leidet wie er.

Vergiss das nicht, mein Kind: Gottes Liebe und Licht sind der einzige Schutz vor dem Bösen und der ewigen Finsternis ... sag allen, die dir zuhören, dass sie ihr Herz auf den Tag des Letzten Gerichts vorbereiten sollen, denn der Jüngste Tag der Erde rückt heran. Satan ist der Urheber aller Lügen, und man darf ihm nicht trauen. Seit Adam und Eva hat er versucht, die Menschheit von Gottes Liebe zu trennen.

Da fällt mir noch etwas ein, Herr. Ich weiß, dass ein Schüler manchmal seinen Lehrer übertreffen kann, und auf dieselbe Weise kann jemand ein viel größerer Sünder werden als diejenigen, die die Erbsünde begangen haben. Aber ich habe noch eine Frage zu denjenigen, die die Erbsünde begangen haben.

Die ganzen Probleme haben doch mit Adam und Eva angefangen ... Warum hast du sie zuerst erschaffen? Wenn die beiden nicht von der verbotenen Frucht gegessen hätten, dann könnte der Rest von uns noch immer im Paradies leben.

Heute gibt es viel mehr Sünder auf der Welt als damals, aber wir alle stammen von Adam und Eva ab, also muss die ganze Menschheit das Sündigen von Adam und Eva gelernt haben, oder nicht? Du bist der Allmächtige, also musst du, als du sie erschaffen hast, gewusst haben, dass sie schwach waren und dass sie früher oder später sündigen würden – du kannst das nicht leugnen, Jesus! Warum hast du es dann getan? Warum hast du zwei Sünder erschaffen, die letztlich Leid und Elend über jeden Menschen gebracht haben, der nach ihnen geboren worden ist? Ehrlich gesagt, glaube ich, dass das ein Fehler war. Du hättest sie nicht erschaffen sollen!

Wenn du ein Kind bekommst, dann geschieht das aus Liebe. Du weißt nicht, ob das Kind gut oder böse sein wird, sondern du liebst das Kind von ganzem Herzen und hoffst das Beste. Du hoffst, dass das Kind, dem Gott das Leben geschenkt hat, auch weiterhin an Gott denken wird, dass ein Kind, das nach dem Abbild der Liebe geschaffen ist, auch selbst lieben wird.

Und wie genau sollen wir uns Gott vorstellen? Du hast gesagt, dass ich mir Gott wie einen Vater vorstellen soll, dass Gott, der Vater, mich sogar noch mehr liebt als meine Eltern, dass Gott mich schon im Mutterleib gekannt und dass er mich geliebt hat, noch ehe ich geboren wurde. Doch ich habe dich gerade erst getroffen, Jesus – ich bin erst in den letzten Wochen mit Gott bekannt gemacht worden. Meine Eltern dagegen kenne ich seit dem Tag meiner Geburt. Von klein auf habe ich gesehen, wie meine Eltern sich für mich abgemüht und ihr Bestes gegeben und alles getan haben, um mir Nahrung und Obdach zu geben. Erwartest du da wirklich von mir, dass ich Gott, den Vater, der viele schwierige Dinge von mir verlangt, mehr liebe als meinen Vater und meine Mutter, die mir immer alles gegeben haben, was ich brauchte?

Du willst also die Liebe deiner Eltern von der Liebe deines Gottes unterscheiden?

Ja, Herr. Ich glaube, ich habe einen sehr guten Grund, zwischen der Liebe meiner Eltern und der Liebe Gottes zu unterscheiden. Meine Eltern haben mir ihre Liebe immer gezeigt – sie haben mich immer beschützt und sich um mich gekümmert. Aber dass Gott mich liebt, habe ich als Kind nie gespürt. Ich habe ihn nie auf unserem Bohnenfeld arbeiten sehen, um für unsere Familie zu sorgen, ich habe nie gesehen, dass er Essen auf unseren Tisch gebracht oder Kleider gemacht hätte, die uns warm hielten.

Mein Kind, selbst wenn du mich nie gesehen hast, war ich doch immer da und habe über dich gewacht. Kennst du das Lied: Mein Beschützer, der mich liebt?

Mein Beschützer, der mich liebt, mein Beschützer,
den Gott mir gegeben hat, damit er über mich wacht,
mein Beschützer, der da ist in Zeiten der Not,
um Wache zu stehen und zu verhindern,
dass der Teufel mein Herz stiehlt.
Mein Beschützer, der mich liebt,
mein Beschützer, der mein Gottesgeschenk ist.

Ja, das verstehe ich jetzt. Danke, dass du meine Fragen beantwortet hast, und danke, dass du immer für mich da gewesen bist, Jesus. Danke, dass du mir meine Eltern gegeben hast, die mich lieben und auf mich achtgeben; sie sind das beste Geschenk, das ich je bekommen habe – sogar jetzt noch besser, da ich weiß, dass ihre Liebe dein Geschenk war!

Aber ich habe noch eine Frage, Herr. Ich höre, dass die Menschen viele Namen für Gott haben. Manche nennen Gott *Jehova*, andere nennen ihn *Allah* ... in Ruanda nennt man ihn *Imana*, aber in Zaire nennen sie Gott *Mungu*. Jetzt gerade spreche ich mit dir, Jesus, aber ich höre auch Dinge über deine Mutter, die Jungfrau Maria ... und dann sind da noch Judas und Satan. Das ist alles sehr verwirrend für mich. Wen soll ich am meisten lieben und respektieren?

Was immer du tust, mein Kind, liebe und respektiere weder Judas noch Satan.

Und von all den anderen Namen, wen soll ich da lieben?

Wenn du irgendeinen von all den anderen, die du erwähnt hast, wirklich aufrichtig und von Herzen liebst, dann ist es dir gelungen, meine Botschaften zu erfüllen und dein Herz für meine Wiederkehr zu läutern. Wenn du einen der Namen anrufst, die du erwähnt hast, wird dich das vom einen zum anderen bringen, und sie alle werden dich zu Liebe und Wahrheit führen. Und wann immer du in Not bist, kannst du irgendeinen dieser Namen anrufen, und sie werden bewirken, was du brauchst. Meine selige Mutter wird dich zu mir führen und zum Vater und zum Heiligen Geist, denn wir sind einer, nicht viele.

Ich verstehe. Aber nehmen wir einmal an, ich wäre wirklich in Not und bräuchte ganz schnell Hilfe: Wer von euch da oben im Himmel hat die größte Macht und könnte mir am schnellsten helfen?

Oh, mein Kind! Was sind das für Fragen, die du mir zu stellen wagst!

Ich möchte nicht respektlos sein, Herr. Aber das ist etwas, das ich wirklich wissen muss. Du hast mir all diese Botschaften über Reue und über das Ende der Welt übergeben, damit ich sie den Leuten überbringe, und dann halten mich alle für verrückt und wollen mich verprügeln. Sie schlagen an die Tür unserer Hütte und bedrohen die ganze Familie. Sie haben meine arme, wehrlose Mutter beschimpft. Und dann haben sogar meine Mutter und mein Vater angefangen, mich als dumm zu beschimpfen, weil ich diese ganze Unruhe in ihr Leben gebracht habe, und dies vor allem, wenn ich ihnen keine einfachen Antworten auf ihre Fragen geben kann. Sie nennen mich einen Lügner und sind gemein zu mir.

Jesus, ich möchte, dass du mir sagst, wer im Himmel der Oberste ist, damit ich schnell Hilfe bekommen kann, oder dass du mir Leibwächter herunterschickst, die die ganze Zeit auf mich aufpassen. Wahrscheinlich könnte ich auch auf mich selbst aufpassen, wenn du mir dieselbe Macht geben würdest, wie du sie hattest, als du auf der Erde gelebt und Wunder gewirkt hast. Dann müsste ich auch die ganze Wahrheit wissen und könnte die Fragen ohne deine Hilfe selbst beantworten. Also, warum gibst du mir nicht all deine Macht und dein Wissen, damit ich mich selbst richtig verteidigen kann?

Kind, wenn ich dir all meine Wahrheit und Macht gäbe, glaubst du wirklich, du würdest sie richtig gebrauchen?

Nun, wahrscheinlich nicht. Aber ich frage nur, weil, wenn ich weiterhin tue, was du mir aufträgst, und umhergehe und über das Ende der Welt predige, dann könnte es sein, dass mich jemand tötet, einfach nur, damit ich still bin. Und dann wären diese ganzen Botschaften, die du mir übergeben hast, nutzlos, denn am Ende würde ich sterben, genau wie du.

Bist du bereit, für die Menschheit zu sterben?

Ich kann nicht sagen, dass mir das leichtfallen würde ... ich meine, niemand stirbt gern umsonst.

Wer ist umsonst gestorben? Kind, ich sehe, dass du lächelst und glücklich bist, aber hast du da gerade gesagt, ich wäre umsonst gestorben?

Nein, Herr, vergib mir ... manchmal geht es mit mir durch, wenn ich mit dir zusammen bin! Ich weiß, dass du für unsere Sünden gestorben bist, um uns zu retten, weil du uns liebst. Danke für deine Liebe und für all die Antworten, die du mir gegeben hast, Herr. Ich werde mit Freude in meinem Herzen dein Loblied singen und deine Botschaften auf der ganzen Welt verbreiten.‹«

NACHDEM ICH MEHR ALS ZWEI TAGE LANG mit Msgr. Félicien über Segatashya gesprochen hatte, sagte er mir, dass sein Vorrat an Dingen, die er mir über den Seher erzählen könne, allmählich zur Neige gehe, und das traf sich gut, denn mein Vorrat an Zeit, ihm zuzuhören, ging ebenfalls zur Neige – zumindest bis zu meiner Wallfahrt nach Kibeho!

Die Pilger und ich hatten ein sehr straffes Programm und sollten noch am selben Nachmittag nach Kibeho aufbrechen, wo die folgenden fünf Tage prall mit Terminen gefüllt sein würden. Dann mussten wir zum festgesetzten Datum wieder in Kigali sein, von wo aus die Hälfte der Gruppe nach Nordruanda weiterreisen würde, um die weltberühmten Berggorillas zu sehen, während der Rest der Gruppe in die Vereinigten Staaten zurückfliegen wollte.

Als die Pilger Msgr. Félicien zum Abschied umarmten und in den Minibus nach Kibeho einstiegen, fragte ich ihn, ob er nicht vielleicht vor dem Genozid irgendetwas von seinen Bändern mit den Aufnahmen von Segatashya oder von den Dokumenten der Untersuchungskommission jemand Vertrauenswürdigem zur Aufbewahrung gegeben hätte. Er schüttelte traurig den Kopf.

»Nein, es tut mir sehr leid, meine Liebe. Ich fürchte, die meisten meiner Aufzeichnungen sind in dem Chaos von 1994 verloren gegangen. Mein Haus und meine Büroräume sind durchsucht, geplündert und niedergebrannt worden und alles ist entweder in Flammen aufgegangen oder gestohlen worden – so oder so ist es für mich verloren.

Aber ich habe dir alles über Segatashya erzählt, woran ich mich erinnere, Immaculée. Und aus dem, was du mir aus deiner Kindheit und über eure Begegnung an der Universität erzählt hast, schließe ich, dass du wahrscheinlich schon jetzt mehr über den Seher weißt als die meisten Leute.«

»Aber ich muss mehr wissen, Msgr. Félicien ... Ich muss so viel über ihn herausfinden, wie ich nur kann. Ich weiß nicht, was mit Segatashya geschehen ist, als ihn die Ärzte untersucht haben, ich weiß nichts über die Erscheinungen, die er nach Kibeho gehabt hat, oder was er erlebt hat, als er im Auftrag von Gott nach Burundi und in den Kongo (das frühere Zaire) ging. Und ich muss jemanden finden, der seine Botschaften aufgeschrieben hat, damit ich etwas davon weitergeben kann.«

»Es könnte sein, dass der amtierende Bischof der Diözese Kibeho Zugang zu einigen Dokumenten hat, aber falls dies der Fall sein sollte, wird er sie dir garantiert nicht zeigen. Seiner Ansicht nach sind solche Dokumente nur für den kirchlichen Gebrauch bestimmt«, antwortete Msgr. Félicien.

»Außer dem Bischof gibt es nur einen einzigen Menschen, von dem ich mir vorstellen könnte, dass er vielleicht die eine oder andere Aufzeichnung der Untersuchungskommission vor dem Wahnsinn von 1994 gerettet hat. Er heißt Dr. Muremyangango Bonaventure und war der Leiter des medizinischen Teams der

Untersuchungskommission. Zur damaligen Zeit war er der einzige Psychiater in Ruanda, und wir haben seine Zeit oft in Anspruch genommen, als die ganzen Seher auftauchten.

Doch ich habe ihn lange nicht gesehen, und ich habe keine Ahnung, ob er überhaupt mit dir über Kibeho sprechen wird. Er ist einer der intelligentesten Menschen, denen ich je begegnet bin – und wenn er wollte, könnte er dir alles über Segatashya erzählen, was es über ihn zu wissen gibt. Aber ich muss dich warnen, Immaculée, er ist ein extrem diskreter Mensch. Als wir die Seher überprüft haben, hätte er niemals mit irgendjemandem außerhalb der Untersuchungskommission über die Ereignisse von Kibeho gesprochen. Aber vielleicht redet er mit dir.«

Msgr. Félicien gab mir Dr. Bonaventures Heimatadresse: Er wohnte weniger als dreißig Minuten Fahrzeit vom *Foyer de Charité* entfernt. Die Pilger und ich hatten in unserem straffen Reiseplan nur etwa eine Stunde Spielraum – wenn wir uns nicht mit Zimmerstornierungen, dem Versäumen von Programmpunkten und dem Verpassen von Anschlussflügen konfrontieren wollten –, doch alle waren einverstanden, dass wir Dr. Bonaventures Haus einen ganz schnellen Besuch abstatten sollten, um herauszufinden, was der gute Doktor über Segatashya zu sagen hatte.

Ein glücklicher Segatashya vor der High School von Kibeho im Sommer 1982, kurz nach seinem fünfzehnten Geburtstag. Jesus sandte ihn nach Kibeho, weil er dort beginnen sollte, Jesu Botschaften über Reue, Buße und Erlösung bei den Menschen auf der Welt bekannt zu machen.

Segatashya im Jahr 1982 während des Gebets in der Schulkapelle in Kibeho. Er betete immer, bevor er das Podium bestieg, das für die öffentlichen Erscheinungen errichtet wurde, damit alle, die gekommen waren, Zeugen von Jesu Erscheinung sein konnten.

Segatashya kniet während einer Erscheinung auf dem Podium. Sobald der Herr ihm erschien, fiel der junge Seher in eine tiefe Ekstase. In diesem Zustand nahm er außer der Gegenwart Jesu und den Worten, die Jesus an ihn richtete, nichts anderes mehr wahr.

Die Fragen, die Segatashya während der Erscheinung an Jesus richtete, wurden über Lautsprecher und Rundfunk übertragen. So konnten Tausende Pilger in Kibeho und die Menschen am Radio jedes Wort mithören.

Segatashya bei einer Erscheinung Jesu Anfang des Jahres 1983. Was er sagte, wurde von den anwesenden Journalisten, Priestern und Mitgliedern der Untersuchungskommission aufgenommen. Pater Apollinaire Rwagema, der Pfarrer meiner Heimatgemeinde Mataba, ist ganz rechts zu sehen. Pater Rwagema machte es möglich, dass ich alle Bandaufnahmen der Seher von Kibeho anhören konnte – und diese Aufnahmen veränderten mein Leben.

Segatashya mit einem Rosenkranz um den Hals im Jahr 1983. Er betete den Rosenkranz sehr gern und die selige Jungfrau Maria bat ihn inständig, diesen an jedem Tag seines Lebens zu beten. Das Beten des Rosenkranzes bringt viel Segen.

Segatashya trank sofort nach einer Erscheinung im Jahr 1982 aus seiner Wanne, die mit Weihwasser gefüllt war und neben dem Podium stand.

Ein lächelnder Segatashya Mitte der Achtzigerjahre während eines der seltenen auf Video aufgezeichneten Interviews. Er erzählte von seiner Mission der Verkündigung in Burundi, Zaire (jetzt Demokratische Republik Kongo) und Ruanda.

Emmanuel Segatashya

1982 kamen die Pilger in Scharen zusammen, um vor der High School die himmlischen Botschaften zu hören, die die Seher an sie weitergaben. An den Tagen, an denen Jesus Segatashya erschien, stieg die Zahl der Pilger oft auf bis zu dreißigtausend Menschen an.

Die ersten drei Seherinnen an der Kibeho High School. Von links: Anathalie, Marie-Claire und Alphonsine. Bis jetzt hat der Vatikan nur diese drei ersten Seherinnen offiziell anerkannt.

Die Seherin Alphonsine Mumureke stürzte während einer Erscheinung der Jungfrau Maria im Jahr 1982 nach vorn auf das Podium. Während die anderen Seherinnen sich bei den Erscheinungen in Ekstase befanden, stürzten auch sie oder brachen zusammen, ohne sich zu verletzen.

Meine Begegnung mit Msgr. Félicien Mubiligi, die anlässlich meiner Recherche über die Seher von Kibeho stattfand. Er war ein wichtiges Mitglied der vom Vatikan eingerichteten Untersuchungskommission, die die Seher und ihre Botschaften überprüfte. Die Untersuchungen dauerten zwanzig Jahre lang. Msgr. Félicien Mubiligi bestätigte: »Zeuge von Segatashyas Zwiegesprächen mit Jesus während einer Erscheinung zu sein, bedeutete, ein Wunder der heutigen Zeit zu erleben.«

Mit einer Gruppe meiner »amerikanischen Pilger« im Haus von Dr. Muremyangango Bonaventure. Er war im Jahr 1982 der einzige Psychiater in Ruanda. Dr. Bonaventure wurde als Mitglied der vom Vatikan eingesetzten Untersuchungskommission berufen.

Dr. Bonaventure befragte Segatashya von 1982 bis 1994 Dutzende Male. Er übergab mir die in Schriftform festgehaltenen Befragungen von mehreren hundert Stunden. Diese Befragungen wurden durch ihn selbst durchgeführt und bilden das Herzstück dieses Buches. Die meisten Unterlagen der Untersuchungskommission über die Seher von Kibeho wurden während des Genozids im Jahr 1994 zerstört.

Bei der Durchsicht der medizinischen und psychiatrischen Gutachten, die Dr. Bonaventure im Auftrag der Untersuchungskommission verfasste. In dem Gutachten bestätigte der Arzt, dass Segatashya »geistig zurechnungsfähig, körperlich belastbar und von gutem Charakter« war. Er bezeichnete Segatashya als »echten Seher«.

Dr. Bonaventure inmitten einer Gruppe meiner amerikanischen Pilger bei einer Pilgerfahrt nach Kibeho.

Dr. Bonaventure demonstriert, wie er Segatashya während einer öffentlichen Erscheinung für kurze Zeit die Kehle zudrückte, um sicherzugehen, dass der junge Seher die Erscheinung nicht vortäuschte. Dr. Bonaventure ist absolut von der Echtheit der Erscheinungen und der Botschaften überzeugt, die Segatashya von Jesus erhielt.

Zusammen mit Dr. Bonaventure kurz vor seinem Tod Anfang des Jahres 2011. Er wurde mir ein echter Mentor und einer meiner liebsten Freunde.

Zusammen mit Pfarrer Félicien Mbala, einem afrikanischen Priester, den ich in Denver traf. Pfarrer Mbala hörte Segatashya vor Tausenden Menschen Mitte der Achtzigerjahre in Zaire predigen. Er war beeindruckt, mit welcher Vollmacht der des Lesens und Schreibens unkundige Hirtenjunge über Jesus und seine Botschaften der Buße, Reue, Rettung und über den Pfad zum Himmel sprach.

Beim Interview mit Segatashyas Schwester Christine während eines kurz vor der Veröffentlichung dieses Buches stattgefundenen Besuches in Ruanda. Christine ist eine seiner beiden überlebenden Schwestern.

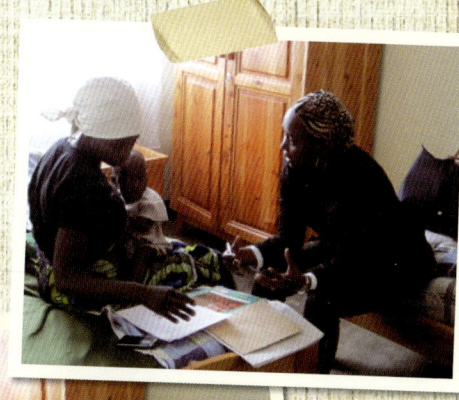

Christine, die kurz vor der Veröffentlichung dieses Buches ein Mädchen gebar, erzählt, dass Segatashya ein wunderbarer Bruder und der liebevollste Mensch war, der ihr je begegnet ist.

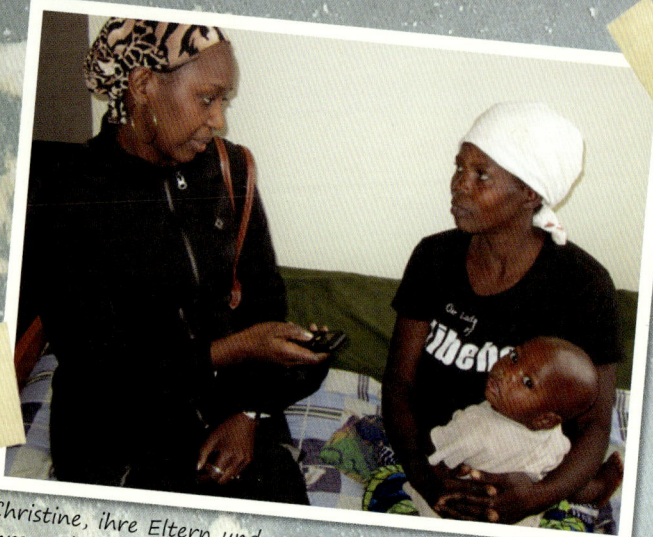

Christine, ihre Eltern und ihre anderen Geschwister, alle Heiden, waren so ergriffen von den von Segatashya überbrachten Botschaften, dass sie alle Christen wurden.

Hier halte ich Segatashyas sieben Monate alte Nichte Therese Agateretswe auf dem Arm.

Ein typischer ruandischer Hirtenjunge, den ich auf einer meiner jüngsten Reisen nach Kibeho traf. Er wohnt in der Nähe von Segatashyas Dorf und ist gerade vierzehn Jahre alt, somit im gleichen Alter wie Segatashya, als Jesus ihm zum ersten Mal erschien.

Kapitel 6

Der gute Arzt und das Ende der Zeiten

Zwanzig Minuten, nachdem wir Msgr. Félicien und das *Foyer de Charité* verlassen hatten, fuhren wir vor Dr. Bonaventures bescheidenem Haus in Kigali vor. Alle Pilger kletterten aus dem Minibus, und gemeinsam marschierten wir zu Dr. Bonaventures Tür. Ich klopfte an den Metallrahmen und einen Augenblick später blickte ein sehr überrascht und unsicher aussehender älterer Herr in ein neugieriges ruandisches Gesicht (nämlich meines) und zwölf etwas sonnenverbrannte weiße Gesichter. So etwas sieht ein pensionierter Arzt aus Kigali nicht alle Tage auf seiner Türschwelle, das können Sie mir glauben.

Hastig erklärte ich dem verblüfften Mann, wer ich war und warum ich eine Truppe amerikanischer Pilger auf sein Grundstück führte. Dr. Bonaventure lächelte wohlwollend und lud dann – wie jeder gute ruandische Gastgeber – die ganze Truppe in sein Haus ein, um uns Erfrischungen anzubieten. Ich protestierte und sagte ihm, dass wir einen sehr engen Zeitplan hätten und nicht bleiben könnten und dass ich ihm nur ein paar Fragen über Segatashya stellen wollte. Doch Dr. Bonaventure wandte sich um und ging ins Haus.

Rasch erklärte ich meinen amerikanischen Freunden, dass es in Ruanda beinahe ein Verbrechen ist, Gastfreundschaft abzulehnen, und so entschied ich, die ganze Gruppe mitzunehmen:

hinein in das Wohnzimmer des Doktors, das, wie wir erfreut feststellten, mit zahlreichen Bildern und Fotos der Jungfrau Maria und Jesu geschmückt war. Dr. Bonaventure, der sich langsamer bewegte als alle Menschen, denen ich je begegnet bin, brachte die nächste Stunde damit zu, dafür zu sorgen, dass jeder einen Platz hatte. Er stellte sich jedem einzelnen Pilger persönlich vor und achtete darauf, dass allen Erfrischungen angeboten wurden. Dann ließ er sich in seinem Lehnstuhl nieder und fragte: »Also, liebe Pilger, was wollt ihr über Segatashya wissen?«

»Herr Doktor, ich weiß, dass Sie ein Mitglied der Untersuchungskommission waren. Ich habe mich nur gefragt, ob Sie vielleicht einige Aufnahmen oder Dokumente über Segatashya haben, die ich mir ausleihen könnte«, fragte ich geduldig, während ich die wachsende Unruhe der Pilger spürte, die gern noch vor Einbruch der Dunkelheit in Kibeho ankommen wollten.

»Sie gehen ein bisschen stürmisch vor, mein liebes Kind«, antwortete Dr. Bonaventure mit freundlicher, aber Respekt einflößender Stimme. »Wir werden auf Ihre Frage zurückkommen, aber zuerst will ich Ihnen von dem Tag erzählen, an dem ich Segatashya kennengelernt habe. Es war bei einer Befragung durch die Untersuchungskommission, zu der man ihn einige Wochen nach dem Beginn der Erscheinungen eingeladen hatte. Körperlich hatte ich ihn schon untersucht und ich hatte auch eine erste psychologische Analyse durchgeführt und war zu dem Schluss gekommen, dass er physisch und mental vollkommen gesund war.

Ja, er war ein kluges, gesundes Kind ... wenn auch ein bisschen klein für sein Alter«, fuhr der Doktor fort, griff unter einen Beistelltisch neben seinem Stuhl und zog ein altes Notizbuch mit Spiralbindung heraus. Er begann die vergilbten Seiten durchzublättern, die voller Eselsohren waren, und murmelte dabei vor sich hin: »Wir wollen sehen ... Segatashya, Segatashya, Segatashya ... ah, da ist es ja! Segatashya, Befragung, 20. Juli 1982.« Dann las er uns Folgendes vor:

Frage: Segatashya, die Erscheinungen, die die Schülerinnen von Kibeho von der Jungfrau Maria haben, sind ein neues Phänomen. Jetzt aber ist uns berichtet worden, dass du ebenfalls Erscheinungen hast ... ist das wahr?

Segatashya: Ja, das ist wahr, ich habe Erscheinungen, aber ich habe keine Erscheinungen von der Jungfrau Maria. Mir erscheint Jesus Christus und meine Erscheinungen haben am 2. Juli, vor etwa zwei Wochen, angefangen.

Frage: Segatashya, du bist nur ein kleiner Junge, der nie zur Schule oder in die Kirche gegangen ist. Warum sagst du, dass du Jesus gesehen und mit ihm gesprochen hast? Ist es nicht wahrscheinlicher, dass du Geschichten von den Seherinnen in Kibeho gehört hast, denen die Jungfrau Maria erscheint, und dass du dir dann nur eingebildet hast, Jesus zu sehen?

Segatashya: Nein, Herr Doktor, ich habe es mir nicht eingebildet, dass mir Jesus erschienen ist. Ich habe ihn gesehen und er hat mit mir gesprochen. Ich sehe ihn so, wie ich Sie jetzt gerade sehe; es wäre schwierig, irgendjemandem zu sagen, dass ich Sie nicht gesehen hätte. Beim allerersten Mal habe ich ihn jedoch nicht gesehen, sondern nur gehört. Ich saß im Schatten eines Baumes und hörte seine Stimme. Zuerst wusste ich nicht, woher die Stimme kam, aber mir wurde klar, dass sie von oben kommen musste – aus dem Ort, der Himmel genannt wird. Er fragte mich, ob ich eine Botschaft für ihn überbringen würde, und mein Herz antwortete für mich – mein Herz sagte Ja! So ist es gewesen. Ich habe ihn gefragt, wer er sei, und er sagte mir, er sei Jesus.

Er sagte zu mir: *Wenn du ihnen sagst, dass du im Namen Jesu kommst, werden sie dir nicht glauben.* Doch ich konnte spüren, wie mächtig er war, und ich wusste, dass alles, was er sagte, die Wahrheit war. Deshalb sagte ich zu ihm: »Wenn du wirklich Jesus Christus bist, dann werden sie glauben, was ich sage ... wenn du mir die Kraft gibst, deine Worte an sie weiterzugeben und ihnen die Gnade und den Glauben schenkst, die Wahrheit anzuhören.«

Ich weiß, dass Sie mit Herrn Hubert gesprochen haben, zu dem Jesus mich geschickt hat, und deshalb weiß ich, dass Sie die Botschaft gehört haben, die ich überbracht habe ... die Botschaft an uns alle, unsere Herzen zu reinigen, damit wir vorbereitet sind, wenn der Herr auf die Erde zurückkehrt.

Frage: Ja, wir haben die Botschaft gehört, danke. Aber bitte beantworte uns diese Frage: Hast du Jesus gefragt, warum er dich, einen heidnischen Jungen – einen Jungen, der nie eine Kirche besucht, nie die Bibel gelesen, nie ein Gebet gesprochen hat und nicht einmal getauft ist –, als seinen Boten erwählt hat?

Segatashya: Ich habe ihn gefragt, Herr Doktor. Er hat gesagt, dass er mich als ein Zeichen für die Menschen ausgesucht hat, die nicht an ihn glauben – wie die Heiden und andere Nichtglaubende –, um ihnen zu zeigen, dass er sie nicht vergisst. Er sieht sie, er sorgt sich um sie, er liebt sie, und er hofft, dass sie ihn in ihre Herzen einladen. Dadurch, dass er einen heidnischen Jungen als seinen Boten ausgewählt hat, lässt er die Welt wissen, dass seine Liebe und sein Heil für alle da sind.

Und ich weiß, dass erwachsene Ruander nicht immer darauf achten, was Kinder zu sagen haben, aber Jesus hat mir erzählt, dass er in der Bibel sagt: *Aus dem Mund der Kinder und Säuglinge schaffst du dir Lob* ... Jesus hat mir den Auftrag erteilt, uns allen zu sagen, dass wir ihn lieben und loben sollen und dass wir unsere Herzen so rein wie die Herzen neugeborener Kinder machen sollen, damit wir in das Reich Gottes eingehen können.

»Das waren nur die ersten zehn Minuten aus der ersten Befragung, die die Untersuchungskommission mit Segatashya geführt hat«, erklärte Dr. Bonaventure. Dann nickte er zu einigen Familienfotos von seiner Frau und seinen Kindern hinüber und fügte hinzu: »Ich habe unzählige Stunden damit verbracht, mit dem jungen Mann zu reden; er ist für mich wie ein Familienmitglied, wie ein weiterer Sohn geworden.«

Dr. Bonaventure stand auf und bot an, Tee für die Pilger zu machen, die zwar immer noch ungeduldig waren und nach Kibeho aufbrechen wollten, die der Doktor jedoch andererseits genau wie mich mit dem, was er aus seinem Notizbuch vorgelesen hatte, völlig in seinen Bann geschlagen hatte.

Einer der Pilger fragte Dr. Bonaventure, welche physischen Veränderungen an den Sehern zu beobachten gewesen seien, wenn sie mit Jesus oder Maria sprachen. »Alle Seher verfielen während der Erscheinungen in einen komaähnlichen Zustand, und ihr Gehirn hat schlichtweg keine Informationen aus der physischen Welt aufgenommen«, antwortete er. »Und doch waren sie genauso hellwach wie Sie und ich. Jeder von ihnen war völlig von der Wirklichkeit, wie wir sie wahrnehmen, abgekoppelt ... und ich glaube, bei Segatashya war diese Wahrnehmungsabkopplung am stärksten ausgeprägt.

Ich habe alles ausprobiert, was mir eingefallen ist, um ihn aus seinem Zustand der Ekstase aufzurütteln. Um seine Hirnnerven zu testen, habe ich ihm mit einer Taschenlampe direkt in die Augen geleuchtet – keine Reaktion. Um seine Sinnesfunktionen zu überprüfen, habe ich mit einem Gummihammer auf all seine Reflexpunkte geklopft – wieder keine Reaktion. Ich habe ihn am ganzen Körper in die Haut gekniffen, habe seine Finger so verdreht, dass sie beinahe aus den Gelenken sprangen, ich habe

Nadeln in seine Arme und durch das Fleisch hindurchgestochen, bis sie auf der anderen Seite wieder herauskamen ... alle Tests erbrachten dasselbe Resultat – keine Reaktion. Schließlich habe ich überall an seinem Körper Elektroden befestigt, die Kabel mit einer großen tragbaren Batterie verbunden und ihm Stromstöße versetzt – nicht einmal das hat ihn gestört, es gab auch hier überhaupt keine physische Reaktion!

Es hört sich vielleicht grausam an, aber ich musste sichergehen, dass er uns nichts vormachte!«, erklärte der Doktor. »Wenn er nicht schauspielerte, dann würde ihn nichts negativ beeinträchtigen können; *wenn* er aber schauspielerte, dann wäre er bei jedem dieser Tests vor Schmerzen schreiend vom Podium gerannt. Das ist nie geschehen. Ganz gleich, was ich mit ihm gemacht habe, er hat nicht einmal mit der Wimper gezuckt.

Ich muss zugeben, dass ich mich manchmal vielleicht ein bisschen habe hinreißen lassen. Einmal habe ich den armen kleinen Kerl auf den Rücken gelegt und mich dann mit meinem ganzen Gewicht auf ihn gesetzt. Dann habe ich ihm mit den Händen die Kehle zugedrückt, um die Sauerstoffversorgung seines Gehirns für einen Moment zu unterbrechen und eine Ohnmacht auszulösen ... wissen Sie, da *konnte* er keine Apathie vortäuschen. Wenn er gedacht hätte, dass ich ihn erwürgen wollte, dann hätte sein sympathisches Nervensystem die ›Kampf-oder-Flucht-Reaktion‹ ausgelöst und er hätte versucht, gegen mich zu kämpfen. Aber er lag einfach da, auf dem Boden des Podiums, und hat sich während der ganzen Prozedur weiter lächelnd mit Jesus unterhalten. Schließlich stürzte einer der Priester quer übers Podium auf mich los und stieß mich zur Seite. ›Sind Sie verrückt geworden, Bonaventure!‹, brüllte er. ›Was tun Sie denn da, wollen Sie den Jungen umbringen?‹

Danach war ich vollständig davon überzeugt, dass Segatashya wirklich ein Seher war und echte Erscheinungen hatte. Ich untersuchte ihn nach wie vor unter objektiven medizinischen und psychiatrischen Gesichtspunkten, aber die Notizen, die ich mir machte, erfüllten von da an eine zusätzliche Funktion: Ich wollte einen historischen Bericht über die Ereignisse von Kibeho verfassen.«

Ich hätte dem Doktor noch stundenlang zuhören können, doch wir mussten nun wirklich dringend nach Kibeho aufbrechen. Also dankten die Pilger und ich ihm für die Zeit, die er sich genommen hatte, für seine Gastfreundschaft und für die fantastischen Einblicke in Segatashyas Geschichte. Als wir in einem Hin und Her aus Umarmungen und Händeschütteln sein Haus verließen, sahen wir, wie über den Hügeln von Kigali soeben die Sonne unterging.

»Es wird dunkel sein, bevor wir aus der Stadt herauskommen«, beschwerte sich unser Minibusfahrer.

»Seien Sie froh, dass es dunkel ist«, schmunzelte Dr. Bonaventure. »Wenn Sie die Schotterpiste auch noch sehen könnten, die von der Landstraße aus nach Kibeho führt, dann würden Sie wahrscheinlich aussteigen und die letzten dreißig bis vierzig Kilometer zu Fuß gehen!«

Als die Pilger im Bus saßen, wandte ich mich an Dr. Bonaventure, weil ich ihn noch einmal fragen wollte, ob er nicht noch irgendwelche weitere Unterlagen hätte, die er mir für mein Buch über Kibeho leihen könnte. Doch bevor ich auch nur den Mund öffnen konnte, nahm er mich beim Arm und führte mich zurück ins Haus – und dort sagte er etwas, das mich davon überzeugte, dass es wahrhaftig die Jungfrau Maria gewesen war, die mich zum Haus dieses wunderbaren Menschen geführt hatte.

»Ich habe auf Sie gewartet – ich habe eine Botschaft bekommen, dass Menschen von weit her zu mir kommen und mich besuchen würden«, sagte er, während wir in seinem Flur standen. »Einige Monate vor dem Genozid kam eine der Seherinnen von Kibeho – ich darf nicht sagen, wer es war – zu mir und sagte mir, dass die selige Jungfrau Maria ihr eine Botschaft für mich übergeben hatte, die sie mir ausrichten sollte. Die Botschaft lautete: ›Sag Dr. Muremyangango Bonaventure, dass er nicht sterben kann, ehe er seine Dokumente über die Seher jemandem gegeben hat, der sie ganz sicher der Welt mitteilen wird, denn die Botschaften von Kibeho sind für die ganze Welt bestimmt.‹«

Mit diesen Worten öffnete Dr. Bonaventure eine Schranktür und brachte ein Dutzend Kartons und Handkoffer voller Notizbücher und loser Blätter zum Vorschein. »Das sind all meine Untersuchungsberichte, Ergebnisse und Schlussfolgerungen über die Ereignisse von Kibeho«, sagte er zu mir. »Als der Genozid begann, bin ich mit dem gesamten Material nach Zaire geflohen, weil ich wusste, dass es für die künftigen Generationen aufbewahrt werden musste. Es gehört alles Ihnen, denn ich weiß, dass Sie es auf der ganzen Welt verbreiten werden. Sie können auf dem Rückweg von Ihrer Wallfahrt gern wieder vorbeikommen oder mich besuchen, wann immer Sie in Ruanda sind. Kopieren Sie alles, was ich habe, und machen Sie damit, was Sie wollen – es liegt an Ihnen, es weiterzugeben. Die jungen Seher haben mir immer und immer wieder gesagt, dass die Welt diese Botschaften hören muss.«

Dann gab er mir einen dicken blauen Plastikordner, auf dessen Rückseite mit leuchtend blauem Filzstift Segatashyas Name geschrieben stand, und sagte: »Damit können Sie beginnen, es ist nur einer von vielen.« Und dann fügte er mit breitem Lächeln scherzhaft hinzu: »Nur ein bisschen leichte Lektüre für die Fahrt nach Kibeho, meine Tochter.«

Tränen stiegen mir in die Augen, weil meine Gebete nicht vollkommener hätten erhört werden können. Ich sollte Dr. Bonaventure in den darauffolgenden Jahren noch mindestens zehnmal besuchen. Wenn wir uns trafen, nannte er mich immer »Tochter«, und ich sagte »Papa« zu ihm. Einmal kam er sogar mit einer meiner Pilgergruppen nach Kibeho. Zum letzten Mal habe ich ihn kurz vor seinem Tod im Frühjahr 2011 aufgesucht. Dank der Notizen, die er mir gegeben hat, konnte ich

Die Erscheinungen von Kibeho schreiben, und sie sind auch das Fundament des vorliegenden Buches über Segatashya.

Ich weiß, dass Dr. Bonaventure diese Erde mit gutem Gewissen verlassen konnte, weil er wusste, dass er der Jungfrau Maria eine persönliche Bitte erfüllt hatte. Und ich bin sicher, dass die Gottesmutter ihn mit ihrem herrlichen Lächeln im Himmel willkommen geheißen hat.

DIE SONNE VERSCHWAND HINTER DEN SANFTEN HÜGELN von Kigali, als unser Minibus von Dr. Bonaventures Haus wegfuhr und wir die letzte Etappe unserer Reise nach Kibeho antraten. Ich öffnete den dicken blauen Ordner, den mein neuer Freund mir gerade gegeben hatte, so behutsam, als wäre er eine der Schriftrollen vom Toten Meer.

Die ersten Worte, die ich las, waren eine Kapitelüberschrift: »Segatashya und das Ende der Zeiten«. Darunter befand sich die Niederschrift von zwei Bandmitschnitten. Der erste war die Aufzeichnung eines Gesprächs über die Wiederkunft Christi, das Segatashya während einer Erscheinung mit Jesus geführt hatte. Der zweite Mitschnitt war nach der Erscheinung aufgezeichnet worden. Darin erzählte Segatashya der Untersuchungskommission, was Jesus ihm über seine Wiederkunft gesagt hatte. Die Niederschriften waren zusammengefügt worden, sodass sich ein Dialog zwischen Segatashya und dem Herrn ergab.

Rasch blätterte ich den Ordner durch, ließ meine Augen begierig über die Seiten gleiten und wurde immer aufgeregter. Als ich kurz aufschaute, um einen Blick auf die letzten goldenen Strahlen der sinkenden Sonne zu erhaschen, sah ich, dass wir gerade am *Kigali Genocide Memorial Centre* vorbeifuhren, das viele der Pilger auf unserem Rückweg von Kibeho besuchen wollten. Das *Memorial Centre* liegt auf einem Hügel über einem Massengrab, in dem mehr als 250 000 Opfer des Völkermords von 1994 begraben sind.

Ich dachte an die drei Monate, in denen ich mich inmitten dieses blutigen Albtraums mit sieben anderen Frauen in einem winzigen Raum kauernd versteckt gehalten hatte. Und ich dachte an meine Eltern und an meine Brüder Damascene und Vianney, die alle von unseren früheren Freunden und Nachbarn abgeschlachtet worden waren. Ich dachte an die etwa eine Million Menschen, die mit Macheten niedergemetzelt worden waren, und an die unzähligen Leichen, die unbegraben in der Sonne verwesten, als der Teufel ungehindert durch Ruanda zog.

Und ich dachte daran, wie die Jungfrau Maria zwölf Jahre vor dem Völkermord den Seherinnen von Kibeho erschienen war und sie gewarnt hatte, dass ein blutiges Gemetzel das Land verwüsten würde, wenn die Herzen der Menschen nicht mit der Liebe Christi erfüllt würden.

Während des Genozids war ich sicher gewesen, dass der Tag des Armageddon angebrochen war und das Epizentrum der Apokalypse sich in Ruanda befand. Dieses Grauen war nicht das Ende der Zeiten, doch vielleicht war es ein Zeichen, dass das Ende nahe war.

Ich sah hinab auf Dr. Bonaventures Buch, das noch geöffnet auf meinem Schoß lag, und war schockiert, als mein Blick auf folgenden Ausschnitt aus einer Befragung fiel:

Frage: Segatashya, du hast uns gesagt, dass die Dinge in der Welt schlecht stehen und dass Jesus wünscht, dass die Menschen bereuen, einander aufrichtig lieben und unverzüglich zu dem Leben zurückkehren, das sie nach Gottes Willen führen sollten. Wir möchten gern wissen, ob Jesus dir irgendetwas Bestimmtes gesagt oder gezeigt hat, woran deutlich wird, wie schlimm sich die Dinge in der Zukunft entwickeln werden.

Segatashya: Vor einigen Wochen [während einer Erscheinung am 1. September 1982] hat Jesus mir Menschen gezeigt, die in einem Feuer verbrannten, und wilde Tiere, die einander zerrissen und verschlungen haben. Dann hat er mir Menschen gezeigt, die einander mit Macheten in Stücke gehauen haben. Jesus hat mir nicht genauer erklärt, was diese schrecklichen Bilder zu bedeuten hätten oder wann diese Dinge geschehen würden. Aber Sie alle können verstehen, was er mir zeigen wollte: Es handelt sich darum, wie die Menschen füreinander fühlen, dass sie einander mehr und mehr hassen und einander wehtun wollen. Jesus möchte, dass sich das alles ändert. Für die Welt gibt es nur einen Weg, sich zu ändern: durch seine Liebe und seine Vergebung.

Wie ähnlich sieht es uns Menschen, dachte ich, dass wir eine ganz präzise Warnung vor der Katastrophe erhielten, in die unsere Handlungen uns stürzen würden, und dass wir diese Warnung völlig ignorierten und trotz aller Gefahren einfach weiterlebten wie bisher. Dann fiel mir ein, dass viele der Seher und insbesondere Segatashya gesagt hatten, dass die Gottesmutter während ihrer Erscheinungen so traurig ausgesehen und vor lauter Kummer geweint hatte, weil sie die Katastrophe sehen konnte, auf die ihre Kinder auf der Erde mit ihrem sündigen, reuelosen Leben zusteuerten.

Die Lichter von Kigali schimmerten über der Stadt, als unser Minibus endlich auf die Straße nach Süden in Richtung Kibeho einbog. Einer der Pilger schlug vor, den Rosenkranz zu beten, und in der zunehmenden Dunkelheit lauschte ich dem immer so tröstlichen Geräusch der Perlen, als die Rosenkränze unmittelbar vor dem ersten Ave-Maria aus den Taschen hervorgeholt wurden.

Das rhythmische Fahrgeräusch, die tiefe Dunkelheit, durch die unser Bus dahinfuhr, und die sanfte Monotonie der freudenreichen Rosenkranzgeheimnisse wiegten mich in einen friedlichen Schlummer. Bevor ich einnickte, legte ich den blauen Ordner auf den freien Sitz neben mich. Als ich ihn zuklappte, fiel mein Blick noch einmal auf die Überschrift: »Segatashya und das Ende der Zeiten«. Doch weil meine Lider zu schwer wurden, um sie noch länger offen zu halten, las ich diesmal nur den allerersten Satz: *Am Jüngsten Tag werden die Engel des Herrn an den vier Enden des Himmels erscheinen.* Dann schlief ich ein.

KAUM WAREN MIR DIE AUGEN ZUGEFALLEN, sank ich in einen Traum, den ich als kleines Mädchen oft geträumt hatte. In diesem Traum war ich im Schlafzimmer meiner Eltern und las Geschichten aus einer bebilderten Kinderbibel, die ich zu meinem siebten oder achten Geburtstag geschenkt bekommen hatte. Es war mehr oder weniger ein Bilderbuch über die Wunder, die Jesus Christus im Neuen Testament vollbracht hat. Das Bild, das mich am meisten faszinierte, war das vom Wunder der Verklärung.

Auf diesem Bild schwebte Jesus gleich oberhalb des Verklärungsberges in der Luft. Breite Strahlen rotgoldenen Lichts gingen von ihm aus und umgaben ihn, während er mit zwei Propheten aus dem Alten Testament – Mose und Elija – sprach, die neben ihm ebenfalls in der Luft schwebten. Mehrere Apostel Christi standen weit unten auf dem Boden, blickten ungläubig zum Himmel empor und versuchten, ihre Augen gegen das strahlend helle Licht abzuschirmen, das vom Herrn ausging.

Die Vorstellung, dass Jesus zwischen Himmel und Erde schwebte und von den Propheten des Alten und Neuen Bundes gesehen werden konnte, regte meine Fantasie an. Doch was mich an dem Bild besonders faszinierte, war die Art, wie das Licht von Jesus ausging, und das grelle Rot und Purpur der Wolken, die über dem himmlischen Gast schwebten. Und in meinem Traum (denn solche Dinge geschehen anscheinend nur in Träumen) stellte ich, während ich im Bett lag und die Farben auf dem Bild bewunderte, mit einem Mal fest, dass der Himmel vor dem Schlafzimmerfenster plötzlich dunkel wurde.

Ich sah aus dem Fenster und rechnete halb damit, Mose und Elija vorbeischweben zu sehen, die unterwegs waren, um Jesus auf dem Gipfel eines Berges – meines Berges! – zu treffen. Wie eine Vision kam mir schlagartig der Gedanke, dass Jesus auf dem Gipfel meines Lieblingsberges auf die Propheten warten musste: jenseits des Kivusees und tief im Inneren des Kongo (des früheren Zaire) – auf ebendem Berg, in dessen Anblick versunken ich Stunde um Stunde darauf gewartet hatte, dass Vater von einer seiner Wallfahrten aus Kibeho zurückkehrte.

Ich schaute zum Himmel hinauf und sah, dass er mit schwindelerregendem Tempo seine Farbe veränderte und in Sekundenbruchteilen von einem gespenstisch-schattenhaften Grün wie vor einem Sturm zu einem feurigen Dunkelrosa, weinfleckigen Rot und dann schließlich zu einer chaotischen Mischung aus allen drei Farben wechselte. Der Horizont pulsierte vor Farben und Schattierungen, wie ich sie noch nie zuvor gesehen hatte, und am Himmel hauchten die verschiedensten Abstufungen von Licht und Dunkelheit dem tanzenden Tumult der wild wirbelnden Farben über meinem Kopf Atem und Leben ein. Es war ein verstörender Anblick, der mich eigentlich hätte zu Tode erschrecken müssen, aber er machte mich auf merkwürdige Weise froh und aus irgendeinem unerklärlichen Grund glücklich.

Ganz plötzlich ertönte über mir ein durchdringender Trompetenstoß, der unser Haus in seinen Grundmauern erschütterte. Der schmetternde Schall hallte in meinem ganzen Körper wider und wälzte sich vom Kopf aus in so heftigen Wellen die Wirbelsäule hinab, dass mir die Knochen klapperten, ich umgerissen wurde und rücklings auf dem Bett zu liegen kam.

Dann kam ein zweiter, noch lauterer Stoß, von dem mein Schädel bebte und meine Zähne aufeinanderschlugen. Der entsetzliche Lärm machte mich sogar noch glücklicher. Als der dritte Trompetenstoß direkt vor meinem Fenster explodierte, dachte ich, ich müsste in schallendes Gelächter ausbrechen – obwohl bei dem Getöse unsere Teller zu Boden fielen und zerbrachen und unsere Kühe und Ziegen in Panik gerieten und in eine Kakofonie aus muhenden und meckernden Angstschreien ausbrachen.

Ich rannte aus dem Zimmer, durchs Haus und durch die Hintertür nach draußen und rief aus Leibeskräften nach meiner Familie: »Mama, Papa, Aimable, Damascene, Vianney, kommt schnell – ihr werdet nicht glauben, was hier draußen los ist!«

Die Farbe des Himmels veränderte sich erneut und wechselte abrupt von einem blutigen zu einem sanften, samtigen Rotton, der mich an die Blütenblätter der Lieblingsrosen meiner Mutter erinnerte. Sturmwolken hatten sich in der Mitte des Himmels zusammengeballt und rotierten wie ein riesiger kleiner Luftwirbel im Uhrzeigersinn um sich selbst. Durch den Lärm der brüllenden Tiere hindurch hörte ich die vertrauten Stimmen unserer Nachbarn von gegenüber.

»Gepriesen sei Jesus, Dank sei dem Herrn ... wir werden erlöst! Das ist das Ende der Zeiten!«, schrie Pasteur Nsengimana von irgendwoher über mir.

Pasteur war Zimmermann und deckte gerade das Dach eines nahe gelegenen Hauses. Er schaute herab und lächelte mir zu, dann erhob er sich rasch von der Dachpappe, auf der er gekniet hatte, wischte sich den Schmutz von den Händen und nahm die Nägel aus dem Mund, die er sich zwischen die Lippen geklemmt hatte.

»Sieht aus, als ob Jesus heute zurückkäme ... Ich gehe mal lieber und hole meine Frau und die Kinder! Wir sehen uns im Himmel, Immaculée!«, rief mein Nachbar vergnügt, während er die hölzerne Leiter hinabstieg und auf sein Haus zueilte.

Pasteur und alle seine näheren und entfernteren Verwandten waren *Born Again Christians* (»Wiedergeborene Christen«, Anm. d. Verl.), eine radikale und relativ unbekannte Sekte (die ich zutiefst bewunderte), die während meiner Kindheit gerade in Ruanda Fuß fasste. Wiedergeboren zu werden war in Ruanda, anders als in anderen Gegenden, nicht einfach nur so dahingesagt. Was mir an dieser Gruppe auffiel und was ich an der Bewegung in meinem Dorf so sehr liebte, war, dass ihre Mitglieder wirklich in jeder Hinsicht wiedergeboren zu sein schienen. Selbst die verstocktesten Sünder unter ihnen veränderten sich von Grund auf, wenn sie Christus erst einmal in ihr Herz eingelassen hatten.

In Mataba gab es etwa hundert »Wiedergeborene«, und während einige Leute sie für völlig geistesgestört hielten, empfand ich es als Freude und Inspiration, in ihrer Nähe zu sein. Sie alle arbeiteten hart und sie waren froh bei der Arbeit und lächelten, ganz gleich, wie niedrig oder schwierig sie auch sein mochte. Ob sie gerade über die Straße gingen oder ein Feld pflügten – ständig sangen sie dem Herrn Lieder und Lobeshymnen. Sie hatten ihre eigene Kirche und ich erinnere mich noch, wie ich während ihrer Gottesdienste unter ihrem Kapellenfenster gesessen hatte, weil ihre Stimmen und die Lieder, die sie sangen, so schön waren. Sie lehnten die meisten irdischen Besitztümer und Bestrebungen und alle Arten von negativen Gefühlen und Taten ab. Sie logen zum Beispiel nie ... Man konnte die »Wiedergeborenen« einfach alles fragen, und sie waren moralisch und geistlich verpflichtet, die Wahrheit zu sagen.

Jeder wusste, dass man ihnen trauen konnte, und das war vermutlich auch der Grund dafür, dass sie offenbar immer Arbeit fanden und geschäftlich erfolgreich waren. Und die Gefühle, die sie ablehnten, waren von der Art, die das Gewissen eines Menschen verwirren und es dem Teufel erlauben, sich unbemerkt in ein unbewachtes Herz zu schleichen – Gefühle wie Hass, Eifersucht und Zorn.

Einmal, daran erinnere ich mich noch, habe ich voller Abscheu mitangesehen, wie eine Gruppe Halbstarker aus einem der benachbarten Dörfer an der Kirche vorbeikam, als der

Gottesdienst gerade vorbei war. Die Jungen gingen auf Jean-Philippe zu, einen »Wiedergeborenen« – den Schwager unseres Nachbarn Pasteur –, der gemeinsam mit seiner Frau und seinen fünf Töchtern vor den Stufen zur Kirche stand und mit dem Pastor und anderen Gemeindemitgliedern plauderte.

»Jetzt wollen wir doch mal sehen, ob diese Fanatiker wirklich tun, was sie immer behaupten, und die andere Wange hinhalten ... mal sehen, ob sie wirklich nicht wütend werden!«, grölte einer der Jungen, während sie Jean-Philippe und seine Familie wie ein Schwarm aufgeregter Wespen umringten. Der Anführer der Bande fing an, dem Mann ins Gesicht zu schreien, ihn mit den übelsten Schimpfnamen zu belegen, die ich je gehört hatte, und ihn mit allen Arten von Beschuldigungen zu überhäufen – Perversionen, die ich in meiner Unschuld noch gar nicht verstand, deren Bedeutung aber durch den Ton, in dem der Junge sie ausstieß, kaum klarer hätte sein können.

Jean-Philippe sah dem unflätigen Jugendlichen die ganze Zeit über in die Augen, während er in einer Reihe rascher Bewegungen die Bibel, die er in der Hand hielt, in seine Jackentasche gleiten ließ, seine Hände hob und die Handflächen dann sanft auf die Ohren seiner jüngsten Tochter legte, um sie vor diesem Bombardement von Obszönitäten zu beschützen.

»Es tut mir leid, dass du solchen Kummer hast«, sagte Jean-Philippe sanft und lächelte den Jungen mit ungeheuchelter Freundlichkeit an. »Ich sehe, dass du leidest, und du solltest wissen, dass Jesus dich liebt und diesen Zorn von dir nehmen wird, wenn du ihn in dein Herz einlädst. Wir können beim Mittagessen darüber sprechen, wenn du und deine Freunde uns heute Nachmittag besuchen wollt.«

Da wurde der Anführer dieser schlimmen Jungen erst recht zornig. Seine Augen traten aus den Höhlen und seine Zunge hing ihm aus dem Mund wie bei einem überreizten Hund. Dann machte er ein grunzendes Geräusch, schlug Jean-Philippe hart ins

Gesicht und machte Anstalten, mit den Händen seine Kehle zu packen. Doch im nächsten Augenblick löste sich die Spannung durch die zornige Stimme eines Vaters, der eines seiner Kinder anschrie. Das Kind war ich.

»Immaculée Ilibagiza! Du gehst jetzt sofort nach Hause!« Ich blickte von meinem – wie ich glaubte privaten – Beobachtungsposten auf einem Baumstumpf unter dem Kapellenfenster auf und sah meinen Vater. Er stand auf der Straße und hielt einen dicken Holzprügel in der Hand.

Ich kannte diesen Stock – mein Vater nannte ihn seine »Korrigierlektion« und hatte ihn in den seltenen Fällen, in denen meine Brüder frech zu meiner Mutter gewesen waren, und in den nicht ganz so seltenen Fällen, in denen sie sich danebenbenommen hatten, auf deren Kehrseiten zum Einsatz gebracht. Vater war nicht nur in unserer Familie für die Disziplin verantwortlich, sondern wurde oft auch von anderen Dorfbewohnern zu Hilfe gerufen, wenn deren Kinder außer Rand und Band waren, Betrunkene zur Räson gebracht werden mussten oder, wie in diesem Fall, dafür gesorgt werden musste, dass der Frieden wieder einkehrte, wenn niemand sonst dafür zuständig war.

An dem Blick in den Augen meines Vaters und an der Art, wie seine Hand den Holzprügel umklammert hielt, erkannte ich, dass es besser wäre, wenn ich ihm sofort gehorchte. Ich rannte so schnell nach Hause, wie mich meine Füße trugen. Ich weiß nicht, was Vater mit den Jungen gemacht hat, aber ich weiß, dass sie es auf Jahre hinaus nicht mehr gewagt hatten, sich in unserem Dorf blicken zu lassen.

Doch Jean-Philippe und andere Gemeindemitglieder der »Wiedergeborenen« habe ich danach noch viele Male gesehen. Sie waren ein lebendiges Beispiel dafür, wie wir nach dem Wunsch von Jesus und der Jungfrau Maria entsprechend der Aussage der Seher leben sollten: gottesfürchtig, mit reinen Seelen und liebenden Herzen, die immer bereit sind, zu vergeben.

Es ist kein Wunder, dass das Ende der Zeiten eines der Lieblingsthemen der Gemeinde der »Wiedergeborenen« war – jeder »Wiedergeborene«, dem ich jemals in Ruanda begegnet bin, hat jeden Tag seines Lebens so gelebt, als wäre es sein letzter. Sie waren immer darauf vorbereitet, ihrem Schöpfer gegenüberzutreten, wenn Jesus am Ende der Welt zurückkommen wird, um über alle Seelen zu richten und zu entscheiden, wer in den Himmel kommt und wer nicht.

Ich erinnere mich noch, dass mir, als Segatashya seine ersten öffentlichen Erscheinungen in Kibeho hatte und darüber sprach, dass wir uns auf das Ende der Zeiten und den Tag des Letzten Gerichts vorbereiten müssten – und darüber hat er meistens gesprochen, wie Ihnen vielleicht aufgefallen ist –, dass mir also damals der Gedanke kam, dass er einfach hätte sagen können: »Wenn ihr ein gutes Beispiel dafür sehen wollt, was Jesus von euch erwartet, dann geht zu den *Wiedergeborenen Christen* nach Mataba!«

Und so war es nicht weiter überraschend, dass Pasteur Nsengimana in meinem wiederkehrenden Kindheitstraum vom Ende der Welt auftauchte und dabei so froh und vergnügt aussah. Er wusste, dass er ins Paradies kommen würde.

Als mein Traum weiterging und ich sah, wie Pasteur aus meinem Gesichtsfeld verschwand, um seine Familie zu suchen, fragte ich mich, warum meine eigene nirgends zu finden war. Dann sah ich Jean-Philippe mit seiner Frau und seinen fünf Töchtern den Pfad zum Ufer des Kivusees hinunterlaufen.

Jean-Philippes Frau Bernadette, die sich die mehligen Hände an ihrer Schürze abwischte und offenbar gerade einen Laib Brot in den Ofen geschoben hatte, als die Apokalypse begann, drängte mich, mich ihnen anzuschließen. »Komm mit uns, Immaculée. Alle sind unten am See und warten auf Jesus. Beeil dich, er kommt!«

Ich sah zum Himmel hoch und der gewaltige Wirbel aus unheilschwangeren Wolken war zu einer ruhigen roten Leinwand geworden, auf die der unglaublichste Sonnenuntergang gemalt war, den man sich nur vorstellen konnte. Alles in der Welt glühte in der rotgoldenen Schönheit der untergehenden Sonne. Der Kivusee glitzerte in einem strahlenden Orange, die Berge des fernen Zaire loderten wie warmer, brennender Bernstein. Alles sah unendlich einladend aus.

Und dann glitt ich ohne jede Anstrengung den gefährlichen Hügel hinter unserem Haus hinab, der so schroff zu den Wassern des Kivusees hin abfiel. Ich hatte mich vor den tückischen Pfaden des Hügels immer gefürchtet, doch jetzt war der Abstieg nur ein aufregender Spaß. Einen Augenblick später stand ich mit meinen Eltern und meinen Brüdern am Rand des Wassers. Vater zeigte zum Himmel hoch und flüsterte: »Wir gehen nach Hause, Immaculée.«

Ich schaute nach oben und sah in den vier Himmelsrichtungen vier Engel erscheinen. Sie schwebten in den Weiten des Firmaments, als ob sie auf einen Befehl warteten, und kamen dann wie schöne, geflügelte Krieger, die Schwerter aus flammendem Gold vor sich hertrugen, langsam auf die Erde herab. Gleich darauf erschien Jesus inmitten der Engel – er war mehrere Hundert Meter groß und vom Licht von tausend Sonnen umhüllt. Gemessen an seiner Größe und Schönheit sahen die Berge in der Umgebung klein aus und als er seine Arme in einer Geste des Willkommens ausbreitete, schienen sie vom einen Ende des Kivusees bis zum anderen zu reichen.

Der Herr sagte ein einziges Wort: *Willkommen ...*

DER FAHRER DES MINIBUSSES VERLIESS DIE STRASSE für einen Tankstopp und ich wachte auf, als der Bus auf einen Parkplatz ruckelte. Ich hatte fast drei Stunden geschlafen und wir hatten erst die Hälfte der Strecke zurückgelegt. Es gibt nicht viele Tankstellen zwischen Kigali und Kibeho und deshalb stieg die ganze Gruppe eilig aus, um die Toiletten zu benutzen.

Ich saß eine Weile allein in dem kleinen Bus und blätterte noch einmal meinen kostbaren blauen Ordner durch, der so viele von Segatashyas Botschaften über das Ende der Zeiten enthielt. Ich dachte an den alten, vertrauten Traum, den ich gerade geträumt hatte, und daran, wie glücklich es mich gemacht hatte zu wissen, dass Jesus zurückgekommen war und meine Lieben und mich in seinen sicheren und sanften Armen in den Himmel geführt hatte. Doch ich dachte auch daran, wie traurig es ist, dass die Vorstellung vom Weltuntergang so vielen Menschen, denen ich in meinem Leben begegnet bin, eine solche Angst einjagt; oder der Begriff der Apokalypse oder sogar der für meine Ohren so friedlich und freundlich klingende Ausdruck vom »Ende der Zeiten«.

Vermutlich ist es verständlich, dass die Menschen sich vor der Gewalt, dem Leid und der Endgültigkeit fürchten, die man womöglich mit jedem dieser Ausdrücke assoziiert. Schließlich wird das Ende der Zeiten – der Jüngste Tag, an dem Christus zurückkehrt, um alle Seelen zu richten, und an dem die Erde vom Feuer verzehrt wird – in der Bibel als eine Zeit von großer Drangsal beschrieben. Die Apokalypse wird als eine Phase geschildert, in der Satan die Welt durch Falschheit und Irrglauben beherrschen wird, bis Gott die große Wahrheit offenbart, die den Menschen bis dahin verborgen war, und damit den Tag des Letzten Gerichts und das Ende der Welt herbeiführt. Und Armageddon wird in der Bibel als die Schlacht zwischen den Mächten von Gut und Böse dargestellt, die die letzten Tage unseres Planeten bestimmen wird.

Zugegeben – das mag alles in allem durchaus ein bisschen erschreckend wirken, wenn man nicht daran glaubt, dass man die ganze Ewigkeit im Himmel verbringen wird. Wenn jemand zu mir sagen würde: »Tut mir leid, das Leben ist hart, und alles, was du in den nächsten Jahren erwarten kannst, ist Folter und Qual, denn das Böse herrscht auf der Welt«, dann hätte ich vermutlich auch Angst. Aber wenn jemand mir sagen würde (wie Jesus es in der Bibel tut), dass ich, wenn ich achtzig Jahre auf der Erde verbringe und Leid und Mühsal ertrage, ohne meinen Glauben und meine Liebe zu Gott aufzugeben – dass ich mich dann darauf freuen kann, die gesamte Ewigkeit mit meinen Lieben im Paradies zu verbringen, wie sollte mich das nicht überglücklich machen? Solange mein Herz rein und liebevoll ist und ich so lebe, wie Gott es will, weiß ich, dass ich für alle Zeit mit meinen Lieben zusammen sein und mich an der Schönheit und Liebe des Herrn erfreuen werde!

Genau das ist der Grund, weshalb es in Segatashyas Botschaften so oft darum ging, dass wir uns auf das Ende der Zeiten vorbereiten müssen und warum er uns immer wieder daran erinnert hat, dass wir alle eines Tages sterben werden und dass wir uns dieser unabänderlichen Tatsache immer bewusst sein müssen. Jesus hatte ihm gesagt, dass den Männern und Frauen, die sich auf den Tag des Letzten Gerichts vorbereitet haben, das Paradies gehören wird. Wenn die Menschen aber *nicht* vorbereitet seien, wenn sie den Glauben aufgegeben und sich von Gott abgewandt hätten, um ihren sündigen Weg zu verfolgen, dann würde für sie alles verloren sein ... dann würden sie den Himmel nicht sehen und dazu verdammt sein, die Ewigkeit in der Hölle zu verbringen.

Deshalb wollte ich Segatashyas Botschaften über das Ende der Zeiten unbedingt verbreiten, damit sie bekannt werden. Und als ich auf dem Weg nach Kibeho den blauen Ordner durchblätterte, gelobte ich mir im Stillen, dass ich seine Botschaften über dieses Thema genau so zu Papier bringen würde, wie ich sie erhalten hatte, damit die Leute selbst entscheiden können, wie sie zu deuten sind.

Das folgende Kapitel ist eine Sammlung der Botschaften über das Ende der Zeiten, die Segatashya von Jesus bekommen hat. Lesen Sie sie gründlich.

Kapitel 7

Das Ende der Welt nach den Worten Jesu

Segatashya hat oft mit Jesus über das Ende der Zeiten gesprochen. Die meisten dieser Gespräche fanden während Segatashyas Erscheinungen in Kibeho zwischen dem 2. Juli 1982 und dem 2. Juli 1983 statt. Später hat er diese Gespräche bei den Befragungen durch die Mitglieder der bischöflichen Untersuchungskommission wiedergegeben, die auf Band aufgezeichnet wurden. Die nun folgenden Abschnitte sind ein Auszug aus diesen stundenlangen Befragungen:

In den letzten Tagen wird die Sonne sehr heiß brennen und unzählige Menschen werden durch die Hungersnot und die anderen Katastrophen, die auf diese Hungersnot folgen, sterben. Es wird in diesen Tagen viele Versuchungen durch den Teufel geben, denn auf der Erde wird größeres Leid herrschen, als die Welt es je gekannt hat.

Ihr werdet erkennen, dass meine Wiederkunft naht, wenn ihr seht, dass zwischen den verschiedenen Religionen der Welt Kriege ausbrechen. Wenn ihr Religionskriege erlebt, dann werdet ihr wissen, dass ich unterwegs bin. Haben die Religionskriege erst einmal begonnen, wird nichts dem Kämpfen ein Ende bereiten.

Gegen Ende wird es Kriege geben und Nation wird gegen Nation kämpfen und Religionen werden gegen Religionen kämpfen. Doch auch Familien werden gegeneinander kämpfen – Eltern werden gegen ihre Kinder kämpfen und Söhne und Töchter werden gegeneinander kämpfen. Viel Elend wird folgen, denn die Welt wird sich weiterhin weigern zu bereuen.

Herr, warum werden die Religionen gegeneinander kämpfen, wenn sie doch alle für dich arbeiten?

Weil es in allen Religionen zu viele gibt, die zwar behaupten, an Gottes Liebe zu glauben, aber nicht wirklich daran glauben. Der Krieg wird kommen, weil zu viele behaupten, dass sie lieben, aber keine Liebe zu Gott oder zu den Menschen in ihren Herzen haben.

Wie ist es möglich, dass Eltern und Kinder gegeneinander Krieg führen, wo doch die Eltern und ein Kind durch so starke Bande der Liebe miteinander verbunden sind?

Familien werden beginnen, gegeneinander zu kämpfen, wenn die Menschen müde geworden sind, in einer Welt zu leben, in der es so viel Leiden gibt. Die Menschen werden von der Welt und die Welt wird von den Menschen genug haben. Die Sünde des Menschen wird so groß geworden sein, dass ein Elend das andere hervorbringen wird. Mütter werden lieber unfruchtbar sein, als ein Kind in eine so von Leid erfüllte Welt hineingebären zu wollen. Erwachsene Männer werden des Lebens so müde sein, dass sie weinen und um den Tod betteln werden, um ihrer Unruhe und dem Aufruhr ein Ende zu bereiten.

Es wird in allen Regionen der Welt viele Erdbeben geben. An manchen Orten wird die Sonne so erbarmungslos brennen, dass die Erde austrocknen und Jahre der Missernte aufeinander folgen werden. Winde werden den ganzen Boden mit sich forttragen und nicht enden wollende Regenfälle werden große Überflutungen bringen. Der Hunger wird viele Nationen erfassen. Viele werden gegeneinander um Nahrung kämpfen, und die Menschen werden scharenweise verhungern.

Herr, da du weißt, dass die Welt so voller Sünde sein wird und dass so furchtbare Dinge geschehen werden: Warum hast du den Menschen so schwach und mit einem solchen Hang zur Sünde geschaffen? Du bist allwissend; deshalb musst du, als du Adam und Eva erschaffen hast, doch gewusst haben, dass alle Menschheitsgenerationen, die ihnen folgten, nicht stark genug sein würden, um den Versuchungen zu widerstehen.

Der Mensch ist mit Schwäche geschaffen worden, aber er muss nicht schwach bleiben. Ich bin auf die Erde gekommen und als Fleisch und Blut geboren worden, um der Menschheit ein lebendiges Beispiel dafür zu geben, wie es für die Menschen möglich ist, gut zu leben. Ich habe den Menschen den Pfad gezeigt, dem sie in ihrem Leben folgen sollen, und ich habe ihnen den Weg gezeigt, der in den Himmel führt. Ich bin als Mensch auf die Welt gekommen und ich habe allen Menschen gezeigt, wie man die Qualen der Welt erduldet und Gott liebt. Ich bin gekommen, um die Menschen zu retten, weil ich gesehen habe, wie schwer den Menschen der Versuch gefallen ist, ein reines und gottgefälliges Leben zu leben.

Ich bin vom Himmel herabgekommen, um die Sünden der Welt auszugleichen, und die Menschheit hat gesehen, was ich aufgrund dieser Sünden erlitten habe: Ich wurde nackt ausgezogen, geschlagen und gekreuzigt; und die Menschheit war Zeuge davon. Ich bin für das Heil der Menschen gestorben, und deshalb muss mich jeder Mensch, um dieses Heil zu erlangen, in sein Herz einladen, ehe der Jüngste Tag anbricht. Und der Jüngste Tag wird nicht kommen, weil die Menschen schlecht sind, sondern weil Gott, als er die Welt erschuf, wusste, dass sie eines Tages enden wird.

Die Welt wird mit oder ohne die Menschheit enden, doch all die Bedrängnis und das Elend, das die letzten Tage begleiten wird – all dieser Kummer wird wegen der Sünden der Menschheit über die Welt hereinbrechen.

Diejenigen, die meine Liebe annehmen und all ihre Sünden bereuen, werden Vergebung all ihrer Sünden erlangen, und ich werde sie lieben. Doch diejenigen, die sich weigern, ihre Sünden zu bereuen, werden diese Sünden als ein Zeichen auf ihrer Seele tragen, und ich werde ihnen meinen Zorn zeigen.

Deshalb werde ich, wenn ich am Tag des Letzten Gerichts zurückkomme, zuerst diejenigen richten, die sich geweigert haben, ihre Sünden zu bereuen. Und sie werden tief betrübt sein, aber ihre Betrübnis kommt zu spät – und ich werde Drangsale über sie ausgießen. Mein Zorn über sie wird heftig sein, und er wird von meinen sieben Erzengeln hinausgetragen werden, die ihn bis zu den vier Enden des Planeten bringen werden. Meine Erzengel werden alle Menschen, die sich geweigert haben, ihre Sünden zu bereuen, mit meinem Zorn heimsuchen, und es wird viel Leid und Drangsal geben.

Doch wegen der Drangsal, die die Sünder treffen wird, wird sich in jenen Tagen ein großer Zorn gegen meine Kinder richten, weil sie an mich geglaubt haben. Die Sünder werden diejenigen, die Gott treu geblieben sind, verfolgen, und sie werden meine Kinder aus ihren Gotteshäusern jagen und sie auf offener Straße schlagen. Doch ich bitte meine Kinder inständig, ganz gleich, wie sehr sie geschlagen werden oder leiden, mich nicht zu verleugnen … Ich werde in ihrer Bedrängnis immer bei ihnen sein.

Und durch diejenigen, die sich weigern zu bereuen, werden die Dinge in der Welt schlimmer werden. Die Herzen der Menschen werden so blind werden für die Wahrheit Gottes, dass ein Heer von Dämonen über die Erde ausschwärmen wird, und viele werden behaupten, sie seien ich, der Herr, Jesus. Sie werden versprechen, aller Not ein Ende zu bereiten und alles Leid zu vertreiben. Hütet euch vor diesen Dämonen, denn ihr einziger Wunsch ist es, die Menschen zur Niedertracht zu verleiten.

Wie sollen wir diese Dämonen erkennen und wie sollen wir solche schwierigen Kämpfe am Ende der Zeiten überleben?

Wenn ihr hört, dass jemand sagt, er sei ich oder handle in meinem Namen, dann aber Worte benutzt, die dem, was ich in der Bibel gesagt habe, widersprechen, dann werdet ihr wissen, dass Dämonen versuchen, euch vom Licht Gottes wegzuführen. Um diese Kräfte zu besiegen, müssen die Menschen beten, ihre Sünden bekennen und bereuen.

Sag allen Menschen auf der Welt, dass sie vom heutigen Tag an Buße tun müssen, denn es bleibt nicht mehr viel Zeit, bis Satan auf die Erde kommt, um die Menschheit in Versuchung zu führen und vom Pfad der Rechtschaffenheit wegzulocken.

Sag allen, dass sie die Bibel lesen und meine Worte suchen sollen, sag ihnen, dass sie jedes Wort glauben sollen, das ich je gesprochen habe, und dass sie diesen Worten gemäß leben sollen. Der letzte Tag hat eine zweifache Bedeutung. Die erste Bedeutung betrifft die einzelne Seele – für jeden Menschen ist der letzte Tag der Tag seines Todes. Der letzte Tag für die Menschheit wird der Jüngste Tag, der Tag meiner Wiederkunft, sein. Am Ende eines jeden Tages ist die Begegnung mit Gott für jeden Menschen einen Tag näher gerückt.

Wenn ich mich schon fürchte vor dem, was in den letzten Tagen kommen wird, werden sich dann nicht alle fürchten?

Hab keine Angst, sondern sei gläubig! Denn diejenigen, die Gott lieben und Gutes tun, werden mit mir in den Himmel kommen und nie wieder in Versuchung geführt werden. Doch beeile dich, denn es bleibt nicht mehr viel Zeit.

*Sag den Leuten, dass sie das Leid der letzten Zeit nicht fürchten müssen, wenn sie mich in ihren Herzen haben. Aber sie müssen Gott treu bleiben und sich vor den vielen Tricks und Täuschungen hüten, die Satan anwenden wird, um sie in Sünde und Dunkelheit zu führen. In jenen Tagen wird Satan kommen und sich rühmen, dass er der große Anführer der Menschen ist, dass er die Dürre beenden, die Überflutungen stoppen und Millionen heilen kann, die an Krankheit leiden. Er wird Wunder vollbringen und mit seinen großen Taten prahlen, und die Menschen auf der Welt werden ihm zuströmen und ihn Christus nennen ... doch er ist **nicht** Christus, er ist Satan, der sich getarnt hat. Er wird behaupten, dass er das Gleiche tut, was Christus in der Vergangenheit getan hat – die Kranken heilen und die Hungernden speisen –, aber er lügt. Er wird viele mit falschen Wundern blenden und er wird einige heilen, die krank sind, und für andere Nahrung besorgen, die hungern – aber seine Wunder sind Fallstricke, um die menschlichen Herzen und Seelen zu umgarnen.*

Am Ende der Zeiten wird Satan tun, was er kann, um die Menschen von meiner Wahrheit abzulenken und die Menschheit von dem Weg abzubringen, der in den Himmel führt. Manche Menschen werden in diesen Tagen für Satan arbeiten und versuchen, andere zu verwirren, indem sie ihnen sagen, dass all die Unterschiede zwischen Gott und Satan ohne Bedeutung, dass Gott und Satan Brüder und dass die Probleme, die sie im Himmel miteinander gehabt hätten, nur familiäre

Probleme gewesen seien, die nichts mit den Menschen zu tun hätten. Glaubt das nicht! Gott ist der Allmächtige und er hat keinen Bruder ... glaubt nur dem Wort Gottes, wie ihr es in der Bibel vorfindet.

Traut niemandem, der sich selbst Jesus nennt oder sagt, er sei Christus, der wiedergekommen ist. Wer immer das sagt, ist ein Lügner. Viele werden Gerüchte verbreiten, dass Christus gekommen sei, und sie werden auf jemanden zeigen, der angeblich mich darstellt ... betet ihn nicht an. Bleibt mir treu und ruft mich im Gebet an; ich werde euch finden, wo auch immer ihr seid.

Wenn ich unter den Menschen wandle, werde ich das nicht mit großem Fanfarenschall oder prahlend tun. Ich werde in aller Stille die Kranken heilen, den Blinden das Augenlicht wiedergeben und den Tauben die Ohren öffnen. Ich werde Nationen speisen, ohne nach Lobpreis zu trachten; ich werde unbemerkt durch die Welt gehen und diejenigen behüten, die mir treu geblieben sind. Betet zu mir und vertraut mir und ich werde euch finden, wo immer ihr auch seid – wenn ihr auf dem Gipfel eines Berges seid, werde ich euch entdecken; wenn ihr unter einer Brücke seid, werde ich euch finden. Bittet mich um Stärke und Mut, wenn die dunklen Zeiten kommen, und ich werde euch Kraft geben.

Es wird viele falsche Wunder geben, aber glaubt nicht daran, denn am Ende der Zeiten werden sie nicht von Gott kommen. Alle Wunder, die von mir stammen, werden Wunder des Herzens sein. Wenn ich komme, werde ich die Herzen der Männer und Frauen, die mir treu geblieben sind, mit Liebe erfüllen. Überall in der Welt werden die Menschen anfangen, von mir zu träumen, und sie werden vom Heiligen Geist erfüllt sein. Doch die Sünder werden nicht vom Heiligen Geist erfüllt sein. Sie werden die Dämonen ausfindig machen, die behaupten, Gott zu repräsentieren.

Satan wird mit großen Mengen Nahrungsmitteln zu den von Hungersnöten betroffenen Völkern kommen, aber er wird erwarten, dass sie ihn dafür anbeten. Die Nahrung, die ihr von ihm annehmen würdet, um euren leiblichen Hunger zu stillen, hätte keinen Nährwert und würde eure Seele vergiften – esst sie nicht, nehmt solche Nahrungsmittel nicht an. Eine solche Speise wird die Herzen der Menschen blind werden lassen für Gottes Wahrheit und Liebe und sie wird die Gier des Menschen anstacheln und Hass in die Herzen der Menschen säen – sie wird Nation gegen Nation und Nachbar gegen Nachbar hetzen.

Es ist besser, Hunger zu leiden, als einen falschen Gott anzubeten. Wenn dein Magen schmerzt, trachte nach keiner Nahrung von jemandem, der angebetet werden will – betet zu mir, und ich werde euch Kraft geben.

Herr, du sagst, dass es am Ende der Zeiten so viel Not und so viele Dämonen geben wird, die heimtückisch versuchen werden, die Menschheit auf den Weg der Sünde und Verdammnis zu locken – wie wirst du diejenigen schützen, die dich ihr Leben lang geliebt und treu für dich gearbeitet haben, aber in den letzten Zeiten dem Teufel in die Falle gegangen sind? Und was geschieht mit denjenigen, die immer gut waren, aber ganz am Ende von Satan geblendet werden? Es scheint nicht gerecht, dass demjenigen, der immer ein treuer Diener Gottes gewesen ist, die Ewigkeit im Paradies versagt wird, weil er ganz am Ende der Zeiten zu Fall gekommen ist.

Ich bin allmächtig und ich habe die Macht, in die Herzen der Menschen zu sehen. Ich werde am Tag des Letzten Gerichts in das Herz jedes Einzelnen blicken und sehen, ob er ein wahrer Gläubiger gewesen ist, der im Kampf zwischen Gott und

Satan am Ende der Zeiten gefallen ist ... Wenn sie bis zum Ende wahrhaftig gläubig waren, dann werde ich sie retten.

Was ist mit den Menschen, die ihr Leben lang unrecht getan und dich nicht in ihren Herzen aufgenommen haben, sich aber am Ende der Zeiten nicht am Kampf des Teufels gegen Gott beteiligen werden? Werden sie in den Himmel kommen?

Diese Menschen haben ihr Leben lang für Satan gearbeitet und nicht für den Herrn, und deshalb haben sie keinen Platz im Himmel. Für einen solchen Menschen wäre es dann zu spät; nur weil jemand am Ende der Zeiten nicht für Satan gearbeitet hat, heißt das nicht, dass sein Herz sich zu Gott bekehrt hat.

Was wird am allerletzten Tag geschehen?

Am allerletzten Tag wird der Planet erschüttert werden und die Freude der Gerechten wird überwältigend sein. Ein großer Regenbogen mit unzähligen Farben wird sich über den Himmel spannen und am Himmel wird sich eine weiße Wolke bilden. In diesem Augenblick wirst du mich aus der Wolke hervortreten sehen mit meinem Kreuz, das ich tragen werde. Ich werde all meine Engel über die Erde aussenden, um alle Menschen auf der Welt zu versammeln. Mein Kreuz wird Gute wie Böse erzittern lassen. Und dann werde ich mein Urteil über all die Seelen sprechen, die vor mir stehen, und entscheiden, wer treu für den Herrn gearbeitet hat und wer nicht, und ich werde allen den Platz zuweisen, den sie in der Ewigkeit verdient haben.

Alles Leid der letzten Zeiten wird vorüber sein, und alle Kämpfe und Probleme des Lebens auf der Erde werden für immer vergangen sein. Niemand wird mehr bereuen müssen – denn für die Gerechten, die ihr Leben lang bereut haben, ist nun die Zeit da, sich im Himmel zu erfreuen. Und für die Bösen wird es zu spät sein, um zu bereuen.

Die Seele stirbt nie und jede Seele gehört Gott. Am Jüngsten Tag werden die Seelen, die einen Platz im Reich Gottes verdient haben, die Erde verlassen, ohne irgendetwas mitzunehmen. Diejenigen, die Gott zurückgewiesen haben und als verstockte Sünder verurteilt werden, werden in die Hölle hinabsteigen, um den ewigen Tod zu erleiden. Diejenigen, die Gott geliebt und ihm gedient haben, werden in den Himmel emporsteigen, um ihr Leben auf ewig im Paradies zu verbringen.

Nachdem alle von Gott erwählten Seelen in den Himmel geführt worden sind, wird ein großes Feuer aus dem tiefen Inneren der Erde hervorbrechen, und die Welt wird in Flammen aufgehen, und alle, die Gott zurückgewiesen haben und sich geweigert haben zu glauben, werden in dem Feuer brennen.

Werden nach dem Ende der Zeiten noch Seelen auf ihrem Weg zum Himmel durch das Fegefeuer gehen müssen?

Wenn die Welt endet, wird das Fegefeuer nicht mehr existieren. Das Fegefeuer ist für diejenigen, die im Leben gut gewesen, aber mit einigen wenigen Sünden auf ihrer Seele gestorben sind und der Läuterung bedürfen, ehe sie in den Himmel eingehen können. Doch all das Leid, das diese guten Menschen am Ende der Zeiten erdulden werden, wird ausreichen, um ihre Seelen zu läutern, und sie werden direkt in den Himmel kommen. Deshalb wird das Fegefeuer nicht länger nötig sein. Nach dem Tag des Gerichts werden alle Seelen für alle Ewigkeit im Himmel oder in der Hölle sein.

Warum sagst du den Leuten nicht einfach, wann der Tag des Letzten Gerichts sein wird, damit sie sich jetzt bekehren und sicher sein können, dass sie in den Himmel kommen?

Zunächst kenne ich den Tag nicht. Nur Gott, der Vater, weiß, an welchem Tag genau die Welt untergehen wird.

Doch auch wenn ich wüsste, wann der Jüngste Tag sein wird, würde ich es den Menschen auf der Welt nicht sagen. Wenn die Menschen wüssten, wann die Welt untergeht, dann würden sie sich aus Angst bekehren und nicht aus Liebe zu Gott. Der Himmel ist nur für diejenigen bestimmt, deren Herzen von der Liebe Gottes erfüllt sind.

Doch es ist wichtig, dass man sich nicht ausschließlich mit dem Jüngsten Tag für die Menschheit beschäftigt. Das Wichtigste, über das sich die Menschen auf der Welt Gedanken machen sollten, ist ihr eigener letzter Tag auf der Erde, denn dieser kann zu jeder Zeit anbrechen, und man muss immer dafür sorgen, dass die eigene Seele auf die Begegnung mit dem Herrn vorbereitet ist. Denn wer in Sünde stirbt, wird in Sünde auferweckt werden ... und wer ohne Sünde stirbt, wird ohne Sünde auferweckt werden.

Kapitel 8

Mystische Reisen und Marias liebevolle Arme

Zwei Wochen, nachdem ich Dr. Bonaventures Haus mit Akten voller Botschaften von Segatashya verlassen hatte, flog ich etwa dreitausend Meter über Ruanda hinweg, blickte durch flauschige weiße Wolken hinunter auf Kibeho und fragte mich, was Jesus und Maria wohl empfunden haben mochten, als sie vom Himmel herabstiegen, um mit dem jungen Seher zu sprechen. Die Welt sah von hier oben so klein aus und die Menschen wirkten so winzig, dass ich einfach nicht umhinkonnte, mich zu fragen, warum Jesus und Maria zuerst an uns gedacht hatten.

Nachdem ich die Wallfahrt nach Kibeho mit meiner Gruppe amerikanischer Pilger beendet hatte (eine wunderbare Wallfahrt, von der ich in einem zukünftigen Buch ausführlicher erzählen werde), hatte ich Dr. Bonaventure noch einmal einen kurzen Besuch abgestattet und weitere Ordner und Notizbücher mitgenommen, die prall gefüllt waren mit Niederschriften der Befragungen von Segatashya.

Auf dem langen Flug zurück in die Staaten blätterte ich das erste Notizbuch in meinem Stapel durch, das Segatashyas eigene, detaillierte Beschreibungen seiner Reisen enthielt, die er im Auftrag des Herrn unternommen hatte, um Botschaften in Ruandas Nachbarländer Burundi und Zaire (die heutige Demokratische Republik Kongo) zu bringen. Ich beugte mich vor und sah durch das Flugzeugfenster hinab auf die riesige Fläche, die sich unter mir ausdehnte. Die Republik Kongo war ein wildes, instabiles und oft unglaublich gefährliches Land.

Ich dachte, wie einfach es für mich war, hoch über die Gefahren und Herausforderungen hinwegzufliegen, mit denen man es zu tun bekam, wenn man über Land durch die Republik Kongo oder durch Burundi reiste. Ich vermochte mir nicht vorzustellen, wie der mittellose und ungebildete Segatashya – selbst mit göttlicher Führung – eine solch gewaltige Leistung vollbracht haben konnte. Ich konnte es kaum erwarten, mehr darüber zu erfahren, und freute mich darauf, während des dreizehnstündigen Flugs nach New York alles darüber zu lesen.

Doch als ich die Seiten durchblätterte und nach der Geschichte von Segatashyas Burundi-Expedition suchte, stieß ich auf eine ganz andere Art von Reise, die er unternommen hatte. Es handelte sich um eine Reise, bei der die selige Jungfrau Maria ihn in die Tiefen der schlimmsten Leiden ihres Sohnes hatte hinabsteigen lassen.

Maria war Segatashya zum ersten Mal am 1. September 1982 erschienen, fast zwei Monate nach seiner ersten Erscheinung von Jesus. Als die Untersuchungskommission Segatashya aufforderte, Maria zu beschreiben, fehlten ihm die Worte. Doch in den darauffolgenden Jahren hat er all ihre Fragen über Maria stets gewissenhaft beantwortet.

Hier ein Auszug:

Frage: Danke, dass du wiedergekommen bist, um uns ein paar Anschlussfragen zu beantworten, Segatashya. Heute ist der 8. September, und beim letzten Mal, im August, hast du gesagt, dass Jesus dir mehr als ein Dutzend Mal erschienen ist, doch die Jungfrau Maria war dir zu diesem Zeitpunkt noch nicht erschienen.

Segatashya: Das ist richtig. Die ersten Male schien Jesus mir immer in der Nähe meines Elternhauses. Dann bat er mich, nach Kibeho zu gehen, damit er mich mehr Botschaften lehren konnte. Dann begann er, mir zu erscheinen, als ich auf dem Podium war, wo die Schülerinnen ihre Erscheinungen von der Jungfrau Maria hatten. Letzte Woche, als Jesus mir erschienen ist, hat er mir etwas sehr Besonderes gezeigt. Er kam mit Maria, seiner Mutter, und hat gesagt: *Das ist meine Mutter. Sie ist diejenige, die die Gnaden schenkt, von denen du gehört hast. Ich möchte, dass du sie respektierst, wie du mich respektierst, und ich möchte, dass du sie liebst, wie du dich selbst liebst.*

Frage: Kannst du uns bitte genau beschreiben, wie die Jungfrau Maria ausgesehen hat, als sie dir erschienen ist?

Segatashya: Wie soll ich absolute Schönheit beschreiben? Ich werde versuchen, Ihnen mit meinen armseligen Worten einen Eindruck davon zu vermitteln, wie diese wunderbare Dame ausgesehen hat. Sie ist mir in einem leuchtenden Nebel aus weißem Licht erschienen und sie schwebte vor mir in der Luft. Zuerst konnte ich nur das Licht sehen, dieses weiche, warme Licht, das sich anfühlte, als würde sie mich in ihren Armen halten und wiegen, wie meine Mutter es immer getan hat.

Langsam nahm Maria in dem Nebel Gestalt an. Ich kann nicht sagen, wie alt sie war, wirklich nicht. Sie strahlte die Jugend und Schönheit einer sehr jungen Frau aus, aber man spürte die Weisheit und Güte, die sich in ihren strahlenden braunen Augen bündelte ... Liebe, wie nur eine Mutter sie empfinden kann.

Ihre Haut war ohne Makel und von heller Farbe, aber sie war nicht weiß ... es ist sehr schwierig, die Schattierung und

Farbe ihrer Haut genau zu beschreiben, weil wie bei ihrem Sohn dieses wundervolle goldene Licht um sie herum und aus ihr herausstrahlte. Sie leuchtete wie ein vollkommener Sonnenuntergang auf einem ruhigen, ungetrübten See. Und sie sah sanft und freundlich aus – wie eine Taube.

Sie trug ein langes, makellos weißes Gewand, das aus einem einzigen Stück Stoff gemacht war; das Kleid hatte keine Nähte und fiel ihr bis auf die Füße. Um die Taille trug sie eine blaue Schärpe und ihr Kopf war von einem Schleier bedeckt, der bis auf ihre Schultern reichte und die Farbe einer Perle hatte.

Frage: Kannst du uns sagen, welche Botschaft Maria dir bei eurer ersten Begegnung gegeben hat?

Segatashya: Die Jungfrau Maria hatte keine spezielle Botschaft für mich. Sie hat nur eine Sache zu mir gesagt: *Mein Kind, hab immer Respekt vor mir, erzähl mir immer alles, was dich beunruhigt oder traurig macht. Ich bin deine Mutter, vom Anfang bis zum Ende.*

Das ist alles, was sie gesagt hat – sie hat mir keine Botschaften gegeben, damit ich sie der Welt überbringe. Ich weiß nicht einmal mehr, ob sie nach diesen ersten paar Worten überhaupt noch etwas gesagt hat. Aber ich weiß, dass sie mich die ganze Zeit über, die ich an jenem Tag mit ihr verbracht habe, hat wissen lassen, wie sehr sie mich liebt. Obwohl sie über mir schwebte, fühlte es sich für mich so an, als hielte Maria mich die ganze Zeit in ihren liebevollen Armen. Und solange sie mich hielt, hatte ich keine Sorgen und Probleme, keinen Kummer und keine Angst. Sie ist die liebevollste Mutter der Welt, und nirgends wäre ich lieber als in ihren Armen. Als sie mich verließ, um in den Himmel zurückzukehren, hätte ich am liebsten geweint.

Mehrere Monate später traf die Untersuchungskommission erneut mit Segatashya zusammen, um ihn über seine Marienerscheinungen zu befragen:

Frage: Guten Tag, Segatashya. Heute ist der 8. April 1983, und das letzte Mal, als wir uns hier mit dir unterhalten haben, war es in der zweiten Septemberwoche des letzten Jahres. Damals war dir die Jungfrau Maria nur einmal erschienen. Seither ist dir, soweit wir wissen, außer deinen Erscheinungen von Jesus die Jungfrau Maria weitere zehn Male erschienen. Kannst du uns bitte berichten, ob du während dieser Erscheinungen irgendwelche besonderen Botschaften von der Jungfrau Maria erhalten hast oder ob sie dir irgendwelche Geheimnisse mitgeteilt hat, von denen du uns erzählen kannst?

Segatashya: Nein, die Jungfrau Maria hat mir keine Geheimnisse mitgeteilt und sie hat mir keine Botschaften gegeben, damit ich sie überbringe. Maria kommt mich nur besuchen, um mir zu zeigen, wie sehr sie mich liebt, und um mich Dinge zu lehren, die ich wissen sollte – zum Beispiel jeden Tag den Rosenkranz zu beten –, und um mir zu zeigen, wie ich mich besser verhalten sollte. Wie ich schon gesagt habe, sie ist eine sehr liebevolle und gute Mutter für mich.

Eine Sache, die sie mir beigebracht hat, ist vielleicht interessant für Sie. Sie hat mich ein Lied gelehrt, das geht ungefähr so:

Jesus sagte seinen Jüngern,
sie sollten alles zurücklassen und ihm nachfolgen.
Sie hatten viele irdische Reichtümer und Sorgen,
doch sie ließen alles zurück, um ihm nachzufolgen,
Jesus, dem Erlöser der Menschen.

*Jesus erzählte ihnen von den vielen Wundern Gottes,
er erzählte ihnen von dem Segen,
den der Herr über die Menschen ausgießt.
Jesus sagte zu seinen Jüngern:
»Kommt, folgt mir nach in den Himmel,
freut euch und lasst euren Mut niemals sinken.«
Wir alle müssen ihm nun nachfolgen, ihm zu Gott nachfolgen,
Gott, der uns erschaffen und uns das Leben geschenkt hat,
Gott, der in uns lebt und uns in sein Licht führt.*

Frage: Danke für das Lied, Segatashya. Wir würden dich nun gern über etwas befragen, von dem wir gehört haben, dass Maria dich etwas gelehrt hat, als du Jesus nach dem Leid gefragt hast, das er hier auf Erden erduldet hat. Unseren Aufzeichnungen zufolge hattest du dieses Erlebnis am 15. November ... bitte erzähl uns, was an diesem Tag geschehen ist.

Segatashya: An diesem Tag habe ich Jesus nach dem Leid gefragt, das er erduldet hat, um die Sünden der Menschen abzuwaschen. Jesus hat mir von all den Martern erzählt, die er ertragen musste, denjenigen, die in der Bibel verzeichnet sind. Er erzählte mir von den Schlägen, davon, wie er gezwungen wurde, sein eigenes Kreuz zu tragen, von der Geißelung, von der Dornenkrone, die sie ihm mit Gewalt aufgesetzt hatten, und davon, wie sie seine Hände und Füße ans Holz genagelt und einen Speer in seine Seite gestoßen hatten. Doch Jesus sagte mir, außerdem hätte er fünfzehn weitere Martern erlitten, von denen die Leute nicht viel wüssten.

Natürlich wollte ich von jeder Qual erfahren, die der Herr für uns erduldet hat, weil er es zu unserem Heil auf sich genommen hat, und deshalb habe ich ihn gebeten, mir zu sagen, welche Qualen das gewesen seien. Rückblickend war das ein großer Fehler von mir. Aber damals schien es mir eine gute Idee zu sein.

Jesus fragte mich: *Willst du wirklich wissen, was ich während dieser fünfzehn Martern erlitten habe? Nun gut, mein Kind, warte einen Augenblick hier.* Dann ging er zurück in den Himmel und sandte seine Mutter zu mir.

Ich war wirklich aufgeregt und froh, weil ich glaubte, dass ich Geheimnisse erfahren würde, dass mir verborgene Dinge enthüllt würden. Ich dachte, ich sei im Begriff, eine mystische Reise mit Offenbarungen zu machen, und das war auch wirklich der Fall. Ich wusste nur nicht, dass es auch eine mystische Reise der Schmerzen sein würde.

Einen Augenblick später erschien Maria vor mir und begrüßte mich mit all ihrer Liebe. Dann sagte sie zu mir: *Bist du bereit, dir die Dinge offenbaren zu lassen, nach denen du gefragt hast?*

»Oh ja, Mutter!«, sagte ich fröhlich. »Es ist großartig, so viele Lektionen über den Glauben zu lernen und alles zu erfahren, was ich gerne ...«

Bevor ich Gelegenheit hatte, den Satz zu Ende zu sprechen, fiel ich schon zu Boden, und es fühlte sich an, als würde jemand mit Knüppeln und Eisenstangen auf meinen Körper einschlagen. Ich schrie vor Schmerz. Um mich herum war alles dunkel; ich reiste durch eine Landschaft puren Leidens. Ich versuchte aufzustehen, doch ein schweres, erdrückendes Gewicht schlug mich wieder zu Boden, als ob aus großer Höhe Felsbrocken auf mich geworfen würden.

»Mutter, warum? Warum tust du mir das an?!«, schrie ich in Angst und Todesqual. Doch es kam keine Antwort, nur weitere Schläge und Stöße, die meine Knochen splittern und meine Haut aufplatzen ließen.

»Bitte, Mutter, sprich mit mir! Vielleicht sollten wir es einfach gut sein lassen mit unserem Treffen heute. Ich glaube nicht, dass Jesus das gemeint hat, als er dich gebeten hat, mich eine Lektion zu lehren. Ich hab's verstanden. Ich habe genug gelernt!«

Maria schwieg, und der vernichtende Schmerz zermalmte weiter meinen Körper. Ich stand auf und versuchte wegzulaufen, ins Leere zu fliehen, doch jedes Mal, wenn ich mich mühsam aufgerappelt hatte, schmetterte mich ein weiterer Schlag wieder mit dem Gesicht nach unten zu Boden. Meine Augen schwollen zu. Es fühlte sich an, als wäre meine Wirbelsäule in zwei Hälften gebrochen und die Knochen in meinen Beinen zersplittert.

Nachdem ich sechsmal hintereinander brutal zu Boden geworfen worden war, beschloss ich, liegen zu bleiben. Ich dachte, wenn ich einfach ausgestreckt auf dem Boden liegen bliebe, würden meine unsichtbaren Peiniger es vielleicht irgendwann leid sein, auf mich einzuprügeln, oder meine Anwesenheit nicht mehr wahrnehmen. Doch ich sollte keinen Frieden finden. Sobald ich aufhörte, Widerstand zu leisten, und einfach nur still dalag, hob mich eine unsichtbare Kraft in die Luft – und schmetterte mich, sobald ich auf eigenen Füßen stand, wieder zu Boden.

Das Aufheben und Niederwerfen schien kein Ende zu nehmen, doch als mein Gesicht zum fünfzehnten Mal auf den Boden geschmettert wurde, ließ die Macht, die mich in ihrem Griff hatte – was auch immer es war –, endlich von mir ab.

Ich lag auf dem Rücken und hatte solche Schmerzen, dass ich kaum atmen konnte. Ich war sicher, dass mein Brustkorb zerquetscht und meine Lungen gerissen waren. Ich weiß nicht, wie lange ich da so reglos in der Dunkelheit gelegen habe, aber ich war absolut sicher, dass ich nie wieder in der Lage sein würde, meine Augen zu öffnen oder aus eigener Kraft zu gehen.

Nach einer Zeit, die mir wie eine Ewigkeit vorkam, begann es, um mich herum heller zu werden, und die Jungfrau Maria kam in ihrem vertrauten goldenen Lichtschein zu mir zurück. In ihrer Gegenwart ließen die Todesqualen, die meinen Körper und meinen Geist verzehrten, augenblicklich nach. *Mein armes Kind,* sagte sie tröstend. *Ich war die ganze Zeit über hier, um deine Qual von dir zu nehmen. Jetzt hast du etwas von dem Leid kennengelernt, das mein Sohn erduldet hat, um die Sünden der Welt auf sich zu nehmen.*

Mit diesen Worten kehrte Maria in den Himmel zurück und Jesus stand wieder neben mir.

Er fragte mich: *Wie war das Treffen mit meiner Mutter? Hat sie deine Fragen vollständig beantwortet? Hat sie dir alles erklärt, worüber du nachgedacht hast?*

Ehe ich dem Herrn antwortete, befühlte ich mit den Händen meine Arme, meine Beine und meinen Brustkorb und stellte erstaunt fest, dass all meine Knochen und lebenswichtigen Organe unversehrt zu sein schienen. Dann wandte ich mich ihm zu und sagte rasch: »Oh, Herr, wir hatten ein gutes Gespräch. Alles ist gut gelaufen, wirklich gut. Wir hatten eine sehr angenehme Unterhaltung, und dann hat sie mir ein neues Lied beigebracht. Wir haben die Zeit wirklich gut verbracht und waren beide sehr zufrieden.«

Jesus antwortete: *Wirklich? War alles in Ordnung? Hattest du gar keine Probleme mit dem, was sie dir gezeigt hat? Hat nichts von dem, was sie gesagt oder getan hat, dir irgendwie Unbehagen bereitet? Hast du nicht die geringste Beschwerde, von der ich ihr nachher berichten kann?*

»Nein, keine Beschwerden, Herr, ich könnte nicht zufriedener sein!«

Ich weiß, dass es falsch ist, Jesus anzulügen, aber ich dachte, wenn ich mich auch nur andeutungsweise über die Art und Weise beschwerte, wie Maria mich gelehrt hatte, sein

Leiden zu würdigen, dann würde er seine Mutter Maria sofort nochmals holen, damit sie mich die Lektion ein weiteres Mal lehrte – und ich war mir sicher, dass sie mich umbringen würde, wenn sie mich da noch einmal hindurchschickte!

Frage: Deine Geschichte von den Leiden, die du durch die Hände Marias erduldet hast, hat uns berührt, Segatashya. Wir haben gehört, dass du auch während eines längeren Fastens [bei dem er beständig von Krankenschwestern überwacht wurde] während der Fastenzeit in diesem Jahr, 1983, gelitten hast. Kannst du uns davon erzählen?

Segatashya: Oh ja. In der Fastenzeit musste ich viel leiden, aber das kam nicht von der Jungfrau Maria ... das hat der Herr zugelassen. Er sagte mir, dass er während seiner Zeit auf der Erde gefastet hatte und dass er wünschte, dass ich es ebenfalls auf mich nehmen sollte, und dann wies er mich an, dass ich vom 7. März an fünfzehn Tage lang nichts essen und nichts trinken sollte. Und dann sagte er mir noch, dass ich zweiundzwanzig Tage lang nicht in der Lage sein würde zu hören oder zu sprechen.

Nun ja, mir war sofort klar, dass ich unmöglich fünfzehn Tage lang nichts essen konnte, wenn ich bei meinen Eltern zu Hause wäre ... meine Mutter würde mich beim geringsten Magenknurren sofort zwingen, etwas zu essen. Also zog ich zu unserem Ortspfarrer, der mich eingeladen hatte, bei ihm zu wohnen, solange ich fastete.

Am 7. März schwor ich dem Essen und Trinken ab und wenige Stunden später konnte ich nicht mehr hören und sprechen. Am dritten Tag meines Fastens fing der Priester an, sich Sorgen um meine Gesundheit zu machen, und brachte mich in das Haus des Bischofs. Die ganze Zeit über nahm ich nur verschwommen war, was geschah. Ich fühlte, dass ich von der Welt losgelöst war und an einem Ort schwebte, der dem Herrn sehr nahe war.

Am 13. März, dem sechsten Tag meines Fastens – als meine Kehle so ausgedörrt war, dass ich beinahe meine Zunge verschluckt hätte –, erschien Jesus mir und sagte mir, dass ich eine Tasse Tee ohne Milch und Zucker trinken sollte. Ich war entsetzt über diesen Vorschlag und sagte ihm, dass ich meinen Tee nie ohne Zucker und Milch trinken würde. Doch der Herr bestand darauf und sagte zu mir, als er am Kreuz gestorben sei und großen Durst gelitten habe, hätte man ihm ein ähnlich bitteres Getränk gereicht. Er wollte, dass ich etwas von seinem Leiden kostete, das er erduldet hatte.

Ich mochte die Vorstellung nicht, so einen faden Tee zu trinken. Deshalb sagte ich zu ihm: »Meine Familie hat eine ganz besondere Art, Tee zu trinken, und es wäre mir wirklich lieber, wenn du mir einfach Wasser zu trinken geben würdest als Tee ohne Milch und Zucker … bitte verzeih mir, aber ich möchte deinen Tee einfach nicht.«

Jesus erwiderte: *Und wenn ich dir sage, dass dieser Tee mir selbst angeboten worden ist und du dich weigerst, ihn von mir anzunehmen?*

»Ja, man hat dir den Tee angeboten, aber du hast ihn nicht getrunken, stimmt's?«

Du wirst diesen Tee eben deshalb trinken müssen, weil man ihn mir gegeben hat und ich ihn dir jetzt gebe, damit du das Leiden kosten kannst, das ich erduldet habe.

»Warum, oh Herr, willst du mir diesen bitteren Tee geben? *Ich* war es doch nicht, der ihn dir gegeben hat, als du am Kreuz hingst. Es wäre ungerecht, wenn ich für etwas bezahlen müsste, was ich nicht getan habe.«

Was soll ich also deiner Meinung nach tun, mein Kind?

»Wie wäre es damit«, schlug ich vor: »Ich werde drei Tage zusätzlich fasten, wenn ich einen einzigen Löffel Zucker in den Tee tun darf.«

Ich bin einverstanden. Ich verlängere dein Fasten um drei Tage, und sie dürfen ein bisschen Zucker in den Tee tun.

Ich war sehr zufrieden mit dem Handel, den wir abgeschlossen hatten, aber Jesus war überhaupt nicht glücklich darüber. Außer den drei zusätzlichen Fastentagen erlegte er mir elf zusätzliche Leidenstage auf. Er sagte, ich sollte aus meinem schönen Bett herauskommen und auf dem nackten Zementboden im Haus des Bischofs schlafen. Und später sagte er mir, ich sollte zwei Tage lang draußen auf dem Boden schlafen und dabei eine Dornenkrone auf dem Kopf tragen.

Ich konnte nicht sehen, wo ich war, aber Jesus führte mich durch Türen hindurch und befahl mir, den Rosenkranz der Sieben Schmerzen zu beten, und setzte mir persönlich die Dornenkrone auf den Kopf. Die Dornen waren fast zwölf Zentimeter lang und bohrten sich so tief in meinen Schädel, dass es sich anfühlte, als ob mir das Gehirn aus dem Kopf herausquellen würde. Es tat unglaublich weh.

Mittlerweile fühlte ich mich so schrecklich und litt so sehr, dass ich fest damit rechnete zu sterben. Man kann also sagen, dass es eine teure Tasse Tee gewesen ist, auch wenn Jesus mich diese Dornenkrone dann letztlich doch nur einen Tag lang hat tragen lassen und es mir dann erlaubt hat, wieder ins Haus zu gehen und dort zu schlafen.

Achtzehn Tage, nachdem ich mit dem Fasten begonnen hatte, erlaubte der Herr mir, wieder zu essen und zu trinken. Drei Tage danach sagte er mir, dass nun alles Leid ein Ende habe, und plötzlich konnte ich wieder hören und sprechen.

Jesus dankte mir dafür, dass ich das von ihm zugelassene Leid erduldet hatte. Er sagte: *Du hast alles angenommen, was ich zugelassen habe, und hast dich nicht allzu sehr über die Mühsal beklagt. Du wirst dich bald von deinem Fasten erholen und dich wieder so gut fühlen wie vorher, als wäre nichts geschehen. Ich bin sehr zufrieden mit dir, Kind.*

Seine Worte schenkten mir einen großen Trost und machten mich sehr glücklich. Ich empfand eine neue Art der Freude, die ich nie zuvor erfahren hatte, eine Freude, die noch immer in mir ist.

Frage: Wir sind sehr froh, dass du deine Prüfung überstanden und wieder zugenommen hast, was du während deines Fastens an Gewicht verloren hattest, und dass du so guten Mutes bist, Segatashya. Wir wussten, dass du fast drei Wochen lang nur halb bei Bewusstsein warst, aber wir wussten nichts von deinen Erfahrungen mit Jesus. Danke, dass du sie mit uns geteilt hast. Uns liegt auch der Bericht der Ärzte vor, die dich während deines Fastens täglich überwacht haben. Angesichts der medizinischen Fakten, die uns vorliegen, müssen wir sagen, dass es ein Wunder ist, dass du noch am Leben bist. Wir freuen uns darauf, bald wieder mit dir zu sprechen.

Weniger als drei Monate nach seiner sehr handfesten Lektion über das Leiden Jesu hatte Segatashya seine letzten öffentlichen Erscheinungen in Kibeho.

Jesus hatte Segatashya schon lange vorher darüber informiert, dass seine öffentlichen Erscheinungen am 2. Juli 1983 enden würden: genau ein Jahr nach ihrer Begegnung im Schatten des Baumes. Der Herr hatte den jungen Seher außerdem darüber in Kenntnis gesetzt, dass seine Mission erst am Anfang stand: Er sollte in die Nachbarländer Burundi und Zaire reisen und auch dort seine Botschaft verkünden, dass alle Herzen sich unverzüglich bekehren und die Liebe Jesu annehmen sollten.

Obwohl er lange im Voraus wusste, dass er nicht in Kibeho bleiben konnte und dass mit seinen öffentlichen Erscheinungen auch die Erscheinungen der Jungfrau Maria enden würden, war Segatashya tieftraurig, als er sich von der Muttergottes verabschieden musste, um sich auf die nächste Etappe seines Lebens vorzubereiten, in der er als Seher in die anderen Länder reisen sollte.

Im März 1984 bat die Untersuchungskommission Segatashya, über seine letzten Tage in Kibeho und über das nachzudenken, was vor ihm lag:

Frage: Segatashya, die Zeit deiner öffentlichen Erscheinungen ist vorbei. Kannst du uns sagen, was du jetzt tun wirst und woher deine Pläne kommen, nach Burundi und Zaire zu reisen?

Segatashya: Am Nachmittag des 2. Juli 1983 ist Jesus mir erschienen und hat mir gesagt, es sei Zeit, nach Burundi und Zaire zu gehen und seine Botschaften dort zu verbreiten, dieselben Botschaften, die ich auch in Kibeho übermittelt habe. Und danach solle ich nach Ruanda zurückkehren und ebenfalls durch dieses Land reisen, um auch dort die Botschaften zu verkünden.

Frage: Wie lange wird dein Dienst dauern?

Segatashya: Die Jungfrau Maria hat mir gesagt, dass ich ein Jahr in Burundi und zweieinhalb Jahre in Zaire verbringen muss. Danach werde ich zwei Jahre lang in Ruanda predigen. Mir kam das zu lang vor und deshalb habe ich die Jungfrau Maria gefragt, ob sie mir bei gutem Benehmen ein paar Monate erlassen könnte. Sie hat mich nur angelächelt und gesagt: *Nein, Kind.*

Frage: Nach Burundi und Zaire zu reisen ist, zumal ohne Geld, eine große Unternehmung für einen Jungen wie dich. Wie bereitest du dich darauf vor?

Segatashya: Jesus hat mir gesagt, dass ich mir keine Sorgen um materielle Dinge machen, sondern mich einfach darauf konzentrieren sollte, seine Botschaft zu verkünden. Er hat mich angewiesen, dass ich mit allen Fragen, die sich ergeben würden, zu den Kirchenführern in den betreffenden Ländern gehen sollte und dass sie mir helfen würden. Und die Muttergottes hat mir versichert, dass sie die ganze Zeit über in meiner Nähe sein und auf mich aufpassen würde. Jesus hat mich beauftragt, dass ich irgendwann im Jahr 1985 nach Burundi aufbrechen sollte – das sind noch ein paar Monate. Deshalb nutze ich diese Zeit, um mich auf meine Mission vorzubereiten.

Bevor ich aufbreche, werde ich getauft werden, also lerne ich dafür, so gut ich kann – Jesus hat mir geholfen zu lernen, was ich wissen muss. Ich habe dem Herrn gesagt, dass ich getauft werden möchte, und er hat geantwortet, dass er mich mit einem Wort oder sogar nur mit einem Blick auch selbst taufen könnte. Aber dann hat er beschlossen, dass es das Beste wäre, stattdessen zu einem Priester zu gehen, damit die Leute nicht das Gefühl hätten, dass Jesus meint, ich wäre »besser« als die anderen. Meine Eltern wollen sich auch taufen lassen. Deshalb lernen wir manchmal zusammen.

Ich verbringe viel Zeit im Gebet. Wenn ich nicht bete oder für meine Firmung lerne, dann versuche ich, Vater und Mutter auf den Feldern und mit den Ziegen zu helfen. Ich hoffe, dass ich meinen Eltern möglichst viel Freude machen kann, ehe ich zu meiner Mission aufbreche. Ich helfe ihnen, so gut ich kann, aber Jesus hat mir gesagt, dass mein Auftrag, seine Botschaften zu verbreiten, an erster Stelle stehen muss. Das macht es schwer für meine Familie.

Mein Vater sagt mir manchmal, dass ich daran denken sollte, mir eine Frau zu nehmen und ihm Enkel zu schenken. Aber Jesus hat mir gesagt, dass ich wie er sein werde: Ich werde keine Frau nehmen, sondern mein Leben lang unverheiratet bleiben. Auf diese Weise kann ich mich ganz darauf konzentrieren, seinen Willen zu erfüllen und seine Botschaft zu überbringen. Jesus hat mir auch gesagt, dass ich nicht lange auf dieser Welt leben werde, dass er nur dreiunddreißig Jahre auf Erden gelebt hat und dass meine Zeit kürzer sein wird als seine.

Frage: Vermisst du Jesus und Maria, seit sie dir nicht mehr in Kibeho erscheinen?

Segatashya: Ja, ich vermisse sie sehr. Mein Leben ist nicht mehr dasselbe, seit sie mir nicht mehr erscheinen. Wenn ich mich früher von Ungläubigen verfolgt gefühlt habe oder von Menschen, die verletzende Dinge gesagt haben, um mich schlecht dastehen zu lassen, dann wusste ich immer, dass ich bald Jesus und die Jungfrau Maria von Angesicht zu Angesicht sehen und dass dann aller Schmerz vergessen sein würde. Ich würde mich wieder in ihrem strahlenden Licht befinden und mein Herz würde vor Freude singen. Und immer, wenn ich dachte, ich hätte etwas Unrechtes getan, konnte ich einfach Jesus davon erzählen, wenn ich ihn sah, und er vergab mir. Jetzt muss ich im Gebet mit Jesus sprechen und zum Beichten in die Kirche gehen. Das ist einfach nicht dasselbe, wie in das gütige Gesicht des Herrn oder in die liebevollen Augen seiner Mutter zu schauen und ihnen mein Herz auszuschütten.

Frage: Möchtest du zum Ende deiner Erscheinungen irgendetwas berichten?

Segatashya: Ja, da ist etwas, das ich beichten sollte. Ich weiß, dass es ist nicht richtig war, aber ich glaube, ich war Maria gegenüber an dem Tag, an dem ich sie zum letzten Mal gesehen habe, vielleicht nicht ganz ehrlich. Jesus hatte mir gesagt, dass ich 1985 zu meiner Mission nach Burundi aufbrechen sollte, aber er hatte vergessen, den Monat zu nennen. Also habe ich der Muttergottes beim letzten Mal, als ich mit ihr sprach, davon erzählt, und sie hat mir gesagt, dass ich Anfang August aufbrechen sollte. In diesem Augenblick wollte mir das Herz brechen, weil ich wusste, dass ich sie nicht wiedersehen würde, und deshalb habe ich versucht, sie zu überreden, damit sie wiederkommt und mir noch einmal erscheint.

Ich sagte zu Maria, dass ich vielleicht vergessen würde, in welchem Monat und an welchem Tag ich gehen sollte, und dann fragte ich sie, ob sie nicht bitte nochmals kommen und mich daran erinnern könnte. Sie lächelte, schüttelte den Kopf und sagte, sie würde mir nicht erscheinen, aber sie würde mir die Information ins Ohr flüstern. Ich war froh, dass ich wenigstens ihre Stimme hören würde, aber ich wollte so unbedingt ihr Gesicht noch einmal sehen. Es war falsch von mir, dass ich sie überlisten wollte. Aber ich liebe sie so sehr, und es ist schwer, sich vorzustellen, dass ich sie nicht mehr sehen werde, bis ich sterbe. Es ist sehr schwer für mich, wenn ich daran denke, dass ich ihre liebevollen Arme nicht mehr um mich spüren werde, ehe ich im Himmel bin.

Frage: Hatte die Gottesmutter irgendwelche Abschiedsworte oder -botschaften für dich?

Segatashya: Sie hat mir, bevor sie wegging, ein unglaubliches Geschenk gemacht. Sie sah, dass ich sehr niedergeschlagen war von der Aussicht, dass sie mich verlassen würde, und sie sagte mir, dass ich von nun an wie jeder andere Mensch, der kein Seher ist, leben und mich damit begnügen müsse, im Gebet mit ihr zu sprechen. Doch das machte mich nur noch trauriger und ich fragte sie, ob sie mir nicht eine Kleinigkeit zur Erinnerung schenken könnte.

Daraufhin sagte mir Maria, ich solle den Rosenkranz mit ihr beten, und während wir beteten, sagte sie: *Ich möchte, dass du weiterbetest und nicht aufschreist bei dem, was ich dir zeigen werde.*

Und dann bat sie mich, nach oben zu schauen.

Hoch über mir konnte ich die Tore des Himmels offen stehen sehen, und ich sah den schönsten Ort, den man sich nur vorstellen kann. Es tut mir leid, dass ich ihn nicht beschreiben kann, weil er unbeschreiblich ist. Alles, was ich weiß, ist, dass ich mich mit meinem ganzen Sein danach gesehnt habe, dort zu sein, und dass alles, was ich je auf der Erde gehabt oder gewusst habe, jede Bedeutung für mich verloren hat. Die Jungfrau Maria sagte, dass mir nichts in dieser Welt je wieder Freude bereiten würde, weil ich einen Blick auf den Himmel hatte werfen dürfen.

Sie hatte recht – solange ich lebe, will ich dieses Bild des Himmels vor meinem geistigen Auge behalten und ich werde mich immer danach sehnen, dort zu sein.

Kapitel 9

Abschied von zu Hause, der Pate und die Mission in Burundi

Ein Seher hat kein leichtes Leben. Immer wieder in der Geschichte wurden diejenigen, denen Jesus oder Maria erschienen ist, öffentlich verfolgt, verlacht und ausgegrenzt. In ihrem Privatleben hatten sie in der Mehrheit der Fälle an gesundheitlichen Beeinträchtigungen und Depressionen und unter der Trennung von ihrer Familie und von geliebten Menschen zu leiden. Von Franz von Assisi über Bernadette von Lourdes und die Kinder von Fatima bis hin zu den Schülerinnen von Kibeho haben sie alle Furchtbares durchgemacht, um Gott zu dienen.

Segatashya bildete keine Ausnahme. Er durchlitt mehrere qualvolle mystische Reisen und eine lange Zeit des Fastens, in der er beinahe gestorben wäre. Außerdem wurde er von vielen seiner Freunde und Nachbarn häufig geschlagen, ausgelacht und verspottet.

Das vielleicht Schlimmste, was er erleiden musste, war jedoch die Trennung von seiner Familie, die wegzog, um der Verfolgung und Belästigung zu entgehen, die es mit sich brachte, einen Sohn zu haben, dem Jesus erschien.

Segatashyas Zuhause wurde von Horden neugieriger Pilger, Skeptiker und Kritiker überrannt. Die Menschenmassen zertrampelten die Felder und die Ernte der Familie. Ohne Ernte verhungerten ihre Ziegen und ihre Kuh. Andenkenjäger raubten das Haus regelrecht aus.

1984 schließlich war Segatashyas Vater es leid und kündigte an, dass die Familie wegziehen und in einem anderen Dorf, mehr als hundertsechzig Kilometer entfernt, einen Neuanfang wagen würde. Der junge Seher war untröstlich; er wuchs in einer so eng verbundenen Familie auf, dass er nicht wusste, wie er ohne seine Eltern und Geschwister leben sollte. Eines aber *wusste* er: Er konnte nicht mit ihnen wegziehen. Kibeho war der Ort, an dem Jesus ihm erschienen war, und er wollte sich niemals weit davon entfernen.

»Bitte, zieh mit der Familie nicht von hier fort, Vater«, flehte Segatashya. »Der Herr ist uns hier begegnet und die Seher gehören nach Kibeho. Jesus liebt diesen Ort wirklich.«

»Deine Erscheinungen haben unsere Armut noch verschlimmert ... Wie kannst du es wagen, uns zu bitten, dass wir nicht versuchen sollen, ein besseres Leben zu bekommen«, entgegnete sein Vater.

»Aber da, wo du hingehen willst, kennt ihr niemanden. Ihr habt kein Geld und ihr habt kein Land. Ihr werdet alle verhungern! Außerdem hat uns der Herr in diesem Haus besucht. Das ist ein heiliger Ort. Vertrau auf Jesus und er wird für alles sorgen.«

»Jesus hat bis jetzt auch nicht für uns gesorgt – und wenn wir verhungern, dann haben wir das dir zu verdanken, Segatashya!«

Der Junge war so außer sich und machte sich solche Sorgen um die Zukunft seiner Familie und weil er allein zurückbleiben würde, dass er Bischof Gahamanyi aufsuchte.

Segatashya hatte sich mit dem Bischof angefreundet und nun schüttete er ihm sein Herz aus. Er sagte ihm, dass er Angst um seine kleinen Schwestern und Brüder habe und dass er sich auch Sorgen um seine eigene Zukunft mache, wenn er keine Familie mehr habe, zu der er heimkehren könne.

»Mach dir um nichts davon Sorgen, mein Junge«, erwiderte der Bischof tröstend. »Der Herr sorgt immer für alles.«

Dann kaufte der Bischof zwei Morgen Land für die Familie in einem benachbarten Dorf, wo Segatashyas Schwester Christine bis heute lebt. Außerdem versprach er Segatashya, einen Wagen und einen Fahrer bereitzustellen, der den jungen Seher so oft wie möglich zu seiner Familie fahren könne. Und schließlich bot der Bischof Segatashya an, dass er, wann immer er dies wolle, in seinem Privathaus wohnen und es während der Vorbereitung auf seine Mission in Burundi als Heimatstützpunkt nutzen könne.

Der Junge war überwältigt von Dankbarkeit und nahm den Bischof beim Wort. Und er verdoppelte seine Anstrengungen, damit er zum festgesetzten Zeitpunkt bereit sein würde, nach Burundi aufzubrechen. Doch um die Vorbereitungen für seine Reise nach Burundi zum Abschluss zu bringen, brauchte er Hilfe, und diese Hilfe kam von einem Mann namens Victor Munyarugerero.

VICTOR WAR IN DEN 1980ER-JAHREN ALS GESCHÄFTSMANN in Kigali tätig gewesen und gerade dabei, sich mit seiner Frau und seinem kürzlich geborenen Kind ein Leben aufzubauen. Der erste Mensch, der ihm von den Seherinnen von Kibeho erzählt hatte, war seine Tante Marie – die Direktorin der *Kibeho High School*. Marie kam zu Besuch nach Kigali und erzählte Victor von den seltsamen Vorkommnissen an ihrer Schule. Zu diesem Zeitpunkt war die Gottesmutter erst zwei der ursprünglichen drei Seherinnen erschienen: Alphonsine und Anathalie.

Victor war kein Skeptiker und von Anfang an bereit, der Geschichte der Mädchen Glauben zu schenken. Um seine Neugierde zu befriedigen, reiste er nach Kibeho, um die Seherinnen selbst zu sehen. Es war noch in der Anfangszeit der Erscheinungen und das Podium war noch nicht gebaut worden. Doch weil er mit der Schulleiterin verwandt war, lotste man ihn an der Menge vorbei und in den kleinen Schlafsaal der Schule hinein:

den Schauplatz der ersten Marienerscheinungen. So wurde er Augenzeuge einer von Alphonsines wunderbaren Begegnungen mit der Gottesmutter Maria und glaubte von da an fest an die Echtheit der Erscheinungen.

Bei dieser Erscheinung sagte die Jungfrau Maria zu Alphonsine, dass es vertretbar sei, dass die Seherinnen die Erscheinungen ab sofort außerhalb des Mädcheninternats hätten, damit alle Pilger diese aus erster Hand miterleben könnten.

»Ich wusste, dass ich Zeuge eines Wunders geworden war«, erzählte Victor mir, als ich ihn im Rahmen meiner Recherchen über Segatashyas Leben traf. »Ich war Alphonsine während der Erscheinung so nahe, dass ich sehen konnte, wie ihr die Tränen über die Wangen liefen. Sie weinte, als die selige Jungfrau Maria die Menschen warnte, dass Hass und Sünde die Welt an den Rand des Verderbens bringen würden und dass unsere Herzen sich wandeln müssten, wenn wir die Zerstörung aufhalten wollten. Einmal habe ich gesehen, wie ihr die Tränen von den Wangen gewischt wurden, aber nicht von Alphonsines eigenen Händen, denn die waren zum Gebet gefaltet. Es war die unsichtbare Hand der Jungfrau Maria, die diese Tränen weggewischt hat – ich habe es gesehen, und ich weiß, dass es wirklich so war.

Als ich dann von Kibeho zurück nach Hause fuhr, habe ich mich gefragt, wie schlimm es wohl um die Welt stehen muss, wenn die Jungfrau Maria auf die Erde kommen und uns warnen muss, dass wir zugrunde gehen werden, wenn wir uns nicht ändern. Die Botschaften, die uns dazu aufrufen, Buße zu tun, den Rosenkranz zu beten und einander zu lieben, gingen mir auf der langen Rückfahrt nach Kigali nicht aus dem Sinn. Und als ich dann wieder zu Hause ankam, war ich ein anderer Mensch. Ich war davon überzeugt, dass die Botschaften von Kibeho den Menschen bekannt gemacht werden mussten. Deshalb fing ich an, all meinen Freunden und meiner Familie zu erzählen, was sich da ereignete. Die Leute hielten mich für verrückt, aber das war mir gleich.

Kibeho wurde für mich zu einer Leidenschaft; ich konnte das, was ich in meinem Inneren fühlte, nicht für mich behalten. Ich kaufte eine Videokamera – das war damals etwas ganz Neues und kostete ein Vermögen – und wurde einer der ersten Menschen, die die Erscheinungen auf Video aufgezeichnet haben. Manchmal schloss ich Lautsprecher an die Kamera an und übertrug den Ton nach draußen, sodass die ganze Umgebung mithören konnte.

Innerhalb weniger Monate war Kibeho mein zweites Zuhause geworden, und ich fuhr hin, so oft ich konnte, ganz gleich, ob Erscheinungen stattfanden oder nicht. Ich fuhr einen ganzen Tag lang, nur um dort beten zu können, wo Maria erschienen war. An diesem bemerkenswerten Ort fühlte ich mich dem Himmel näher.

Und dann war ich eines Tages in der Kirche in Kibeho und betete den Rosenkranz, als ich ein paar Bänke vor mir diesen mageren Jungen beten sah. Seine Kleider waren so alt und abgerissen und er war so dünn, dass ich ihn für einen Bettler hielt. Aber dann hörte ich, wie hinter mir jemand den Namen ›Segatashya‹ flüsterte, und wusste augenblicklich, wer dieser Junge war. Ich hatte gehört, dass der jüngste Seher von Kibeho ein ungebildeter Heidenjunge war, der aussah, als wäre er etwa acht Jahre alt, und dass ihm Christus erschien. Das war das Kind, das alle den ›Jungen, dem Jesus begegnet ist‹, nannten.«

Victor lächelte bei der Erinnerung. »Es stellte sich heraus, dass Segatashya in der Kirche betete und anschließend aufs Podium gehen und dort eine Erscheinung haben würde. Also folgte ich ihm. Als die Jungfrau Maria Alphonsine erschienen war, hatte mich dies schon bewegt, aber von Segatashyas Begegnung mit Jesus war ich absolut hingerissen.

Der Junge schien vor Angst zu zittern, als er auf das Podium kletterte, aber nachdem er zwei oder drei Ave-Maria gebetet hatte, fiel er auf die Knie und fing an, sich mit dem Herrn zu unterhalten. Es war eine unglaubliche Verwandlung. Ich war so beeindruckt von der Selbstsicherheit und Weisheit, die dieser junge Bursche an den Tag legte, und von der Tiefe seiner Botschaften, dass ich mehr über ihn erfahren wollte. Ich fand heraus, wo er lebte, und reiste in das Dorf seiner Familie.

Ich war nicht der Einzige – die Hütte der Familie war von Hunderten Menschen umlagert. Segatashya hatte damals gerade eine Erscheinung im elterlichen Garten, und die Menschen stießen einander bei dem Versuch, in seine Nähe zu kommen, buchstäblich zu Boden.

Das Bild dieses Bauernjungen, der im schlammigen Gemüsebeet seiner Mutter kniet, mit Jesus Christus spricht und seine Botschaften weitergibt, hat sich mir auf immer ins Herz gebrannt. Noch an Ort und Stelle gelobte ich Jesus und der Muttergottes, dass ich Segatashya helfen würde, wenn ich ihm irgendwie zu Diensten sein könnte.

Meine Dienste wurden einige Monate später in Anspruch genommen. Es klopfte bei mir zu Hause an der Tür, ich ging hin und sah Segatashya vor der Tür stehen. Bei ihm war Pfarrer Sebera, der der Gemeinde von Kibeho vorstand, den ich noch nicht kennengelernt hatte, von dem ich aber wusste, dass er ein begeisterter Unterstützer der Seher war. Einen Moment lang standen wir drei nur da und starrten einander an. Dann sagte Segatashya: ›Jesus hat mich zu Ihnen geschickt – er wünscht, dass Sie mein Pate werden.‹

Ich muss ausgesehen haben, als würde ich gleich in Ohnmacht fallen, denn Pfarrer Sebera streckte seinen Arm aus, um mich zu stützen. Einen Augenblick später umarmte ich Segatashya und drückte ihn fest an mich. Gott erinnerte mich an mein Versprechen – und ich war fest entschlossen, es zu halten.

Später erklärten mir meine beiden Gäste, nachdem ich sie ins Haus eingeladen und ihnen etwas zu essen und ein Glas Milch gebracht hatte, wie es dazu gekommen war, dass sie an meine Tür geklopft hatten. Offenbar war Segatashyas ursprünglich vorgesehener Pate, der der Arzt des ruandischen Präsidenten war, in Regierungsangelegenheiten für längere Zeit abberufen worden. Segatashya brauchte jedoch einen Paten für seine bevorstehende Taufe. Außerdem sollte ihm dieser helfen, sich auf seine Mission in Burundi vorzubereiten. Bei einer Erscheinung hatte Jesus Segatashya mein Gesicht gezeigt, und nachdem er es mehreren Leuten beschrieben hatte, hatten er und Pfarrer Sebera mich in Kibeho ausfindig gemacht ... der Rest ist Geschichte.

Wir wurden enge Freunde und ich war bei seiner Taufe in der Kirche von Kibeho als sein Pate dabei. Dreitausend Menschen kamen und versuchten, einen Blick auf den Gottesdienst zu erhaschen. Nach seiner Taufe half ich ihm dabei, sich auf die Reise nach Burundi vorzubereiten.«

BEI EINER BEFRAGUNG der Untersuchungskommission erzählte Segatashya in allen Einzelheiten von seiner allerersten Reise, die ihn aus Ruanda hinausführte. Die Reise war Teil seines Sendungsauftrags, die Botschaften Jesu Christi auf der ganzen Welt zu verbreiten. Hier eine Niederschrift:

Frage: Segatashya, bei einer unserer früheren Befragungen hast du berichtet, sowohl Jesus als auch die Jungfrau Maria hätten dir gesagt, dass du deine Mission in Burundi 1985 beginnen solltest, aber offenbar hat sich alles um mehr als ein Jahr verzögert. Willst du dich zurückversetzen in das Jahr 1985 und uns von den Schwierigkeiten erzählen, auf die du gestoßen bist?

Segatashya: Wie Sie wissen, komme ich aus einem kleinen Dorf und kenne mich mit Politik und mit Regierungsangelegenheiten nicht aus. Ich wusste nicht, dass es in Burundi im Jahr 1985 so schlimm stand. Mein Pate, Victor, erzählte mir, dass der Präsident von Burundi die Kirche verfolgte und dass viele Priester und Pastoren wegen der sich ausbreitenden religiösen Verfolgung getötet oder ins Gefängnis geworfen wurden. Es war kein guter Zeitpunkt, um nach Burundi zu gehen und dort Jesus zu verkünden ... aber ich wusste, dass die Verfolgung der Gläubigen einer der Gründe war, weshalb der Herr wollte, dass ich meine Mission in Burundi begann.

Jedenfalls kümmerte sich Victor um mein Visum, das sofort bewilligt wurde. Doch am 31. Januar, als ich nach Burundi aufbrechen wollte, schickte der burundische Botschafter seinen Privatsekretär mit einer Nachricht zu Victor nach Hause. Der Botschafter wollte, dass wir noch bei der Botschaft vorbeikämen, damit er uns eine gute Reise wünschen könnte.

Victor fuhr den ganzen Weg nach Kibeho, um mich abzuholen. Von dort aus fuhren wir sofort zurück nach Kigali, um den Botschafter zu besuchen. Der Mann hätte uns nicht freundlicher behandeln können, als wir da in seinem Büro saßen. Er schüttelte mir die Hand, klopfte mir auf die Schulter und sagte mir, dass es mir in Burundi gefallen werde – und dann wollte er mein Visum und meinen Pass sehen, um sicherzugehen, dass alles in Ordnung sei. Er hatte gerade vor einer Minute den Raum verlassen, als er auch schon wiederkam und sagte: »Ihr Visum ist ungültig. Ich wünsche Ihnen beiden noch einen schönen Tag und eine gute Rückfahrt nach Kibeho.«

Victor und ich fingen an, inständig unsere Argumente vorzubringen, um nach Burundi reisen zu dürfen. Wir sagten, dass wir die ganzen Formulare ausgefüllt und die Gebühren bezahlt hätten und dass unsere Reise bereits genehmigt worden sei.

»Außerdem«, wies Victor darauf hin, »ist Segatashya ein Seher aus Kibeho. Jesus selbst hat ihm gesagt, dass er nach Burundi reisen soll. Er muss dringende Botschaften über die Rettung eines jeden einzelnen Menschen weitergeben.«

Dann erklärte ich dem Botschafter, worin die Botschaften des Herrn im Wesentlichen bestanden. Ich erzählte ihm, Jesus habe gesagt, dass das Ende der Zeiten bevorstehe und wir keine Zeit zu verlieren hätten.

»Mir war nicht klar, wer Sie sind«, sagte der Botschafter und zeigte uns weiter sein freundliches Lächeln. »Das ändert natürlich alles – natürlich können Sie nach Burundi einreisen, um zu predigen. Sie sollten unverzüglich aufbrechen; ich werde persönlich bei den Grenzposten anrufen und anordnen, dass sie Sie durchwinken. Burundi wird Ihnen gefallen ... ich wünsche Ihnen eine wunderbare Reise und viel Glück bei der Verbreitung der Botschaften Christi.«

Als Victor und ich das Büro verließen, dachten wir, Gott hätte das Herz des Botschafters berührt. Doch während wir zu seinem Wagen zurückgingen, warf Victor einen Blick auf die Visa und wies auf die Zeichen, die in roter Tinte quer über die Seite gestempelt waren.

»Was ist das?«, fragte ich ihn.

»Das sind Buchstaben, da steht *ungültig*«, sagte Victor mit einer jämmerlichen Miene. »Ich glaube, wir sind hereingelegt worden.«

Während der nächsten Tage riefen wir zunächst die Beschäftigten der Botschaft an und dann riefen wir den Bischof und alle möglichen anderen Leute an, die mir vielleicht hätten helfen können, nach Burundi einzureisen und dort zu predigen. Als wir wieder zur Botschaft zurückgingen, wurde uns gesagt, man werde sich um die Angelegenheit kümmern und sich baldmöglichst mit uns in Verbindung setzen. Darauf warte ich noch heute!

Doch damals dachte ich, es würde nur eine oder zwei Wochen dauern, und deshalb ging ich nach Butare und fand eine Arbeit als Kistenträger beim Elektrizitätswerk.

Beinahe ein Jahr lang habe ich darauf gewartet, dass ich eine Nachricht von der Botschaft erhalten würde. Dann erschien mir Jesus in den Tagen vor Weihnachten 1985 in meinem Zimmer. Er fragte mich: *Liebst du mich so, wie ich dich liebe?* Ich erwiderte: »Ja, Herr, von ganzem Herzen.« Dann fragte er: *Willst du sogar für mich sterben?* Ich antwortete: »Ja, Herr, ich bin bereit, jederzeit für dich zu sterben.«

Am Weihnachtstag erschien Jesus mir erneut und sagte, ich sollte mich für die Abreise nach Burundi bereithalten, und dann beschrieb er mir die Reiseroute. Er gab mir die Anweisung, dass ich in zwei Tagen um fünf Uhr in der Frühe aufbrechen und mich südwärts halten sollte, bis ich an einen Fluss käme, den Akanyaru; diesem sollte ich folgen, um die Einwanderungskontrollpunkte und die Grenzpatrouillen zu vermeiden. Der Herr sagte mir auch, ich sollte darauf achten, meine erste Nacht in Burundi in der Stadt Kayanza zu verbringen.

Dann fuhr Jesus fort: *Wenn du in Burundi bist, suche Bischof Michel Ntuyahaga in der Hauptstadt Bujumbura auf. Wenn du ihm begegnest, wünsche ich, dass du ihm gegenüber alle Botschaften wiederholst, die ich dir für Burundi übergeben habe.*

Ich versprach dem Herrn, dass ich tun würde, was er mir aufgetragen hatte. Zu dieser Zeit war ich bei meinem Freund Camille Mbonyubwabo zu Gast, einem wohlhabenden Geschäftsmann, den ich durch den Bischof kennengelernt hatte. Camille und seine Frau liebten Gott und kamen häufig nach Kibeho, um zu beten und bei den Erscheinungen dabei zu sein.

Ich erzählte Camille, dass Jesus mir erschienen war und mir Anweisungen gegeben hatte, wann und wo ich die Grenze nach Burundi überqueren sollte. Camille bot mir an, mich in die Nähe des Ortes zu fahren, den der Herr mir genannt hatte. Und er gab mir Geld genug, um bis zu Bischof Ntuyahagas Haus zu kommen.

Camille und seine Frau fuhren mich an eine Stelle, von wo aus die burundische Grenze gut zu Fuß zu erreichen war. Ich dankte ihnen dafür, dass sie mich hergebracht hatten, und für das Geld. Dann ging ich durch den Wald, bis ich auf den Akanyaru stieß, dem ich folgte, bis ich in eine Stadt namens Jeni kam, die in Burundi liegt. Als Erstes suchte ich eine Kirche auf, ging hinein und betete für die Menschen in Burundi und die Menschen in Ruanda. Ich bat den Herrn, über mich zu wachen und mich zu beschützen, damit ich seine Botschaften überbringen konnte.

Nachdem ich die Kirche wieder verlassen hatte, fuhr ich per Anhalter mit einer Gruppe Soldaten, was mich ein bisschen nervös machte, denn ich hatte keine Dokumente, die es mir erlaubten, im Land zu sein. Ich hatte viele beängstigende Gerüchte über Soldaten gehört, die Prediger und andere, die von der Liebe Gottes sprachen, zusammenschlugen.

Die Soldaten setzten mich in Kayanza ab, der Stadt, wo ich, wie Jesus mir gesagt hatte, meine erste Nacht in Burundi verbringen sollte. Doch ich fand kein Zimmer, in dem ich übernachten konnte, und kam zu dem Schluss, dass ich anderswo hingehen musste, auch wenn das bedeutete, dass ich von Gottes Reiseroute abwich.

Doch bevor ich weiterwanderte, wollte ich zu Mittag essen. Nicht weit von der Stelle entfernt, wo die Soldaten mich abgesetzt hatten, lag am Straßenrand eine kleine Gaststätte. Dort ging ich hinein. Ich setzte mich an einen Tisch, wo ein Mann Mitte zwanzig saß und gerade dabei war, etwas zu essen. Er sah nett aus und sagte mir, er heiße Emmanuel, was »Gott mit uns« bedeutet; das war auch der Name, den Jesus mir als meinen christlichen Taufnamen genannt hatte. Ich nahm es als Zeichen dafür, dass Gott in dieser Gaststätte bei mir war und dass Emmanuel mir vielleicht helfen würde, zum Haus des Bischofs zu kommen.

Ich erzählte ihm, dass ich auf dem Weg nach Bujumbura war, aber noch nicht wusste, wo ich die Nacht verbringen sollte. Er schlug mir ein Hotel vor, das ein Stück weiter unten an derselben Straße lag. Doch ich wusste, dass ich in einem Hotel wahrscheinlich nach meinen Reisedokumenten gefragt werden würde, die ich nicht vorlegen konnte, denn ich war illegal im Land.

Rasch versuchte ich das Thema zu wechseln, damit er nicht merkte, wie nervös ich war, und deshalb misstrauisch wurde. »Na ja, ich habe sowieso nicht genug Geld für ein Hotel«, sagte ich. »Schönes Wetter heute, meinst du nicht auch?«

Emmanuel antwortete: »Weißt du, ich habe ...«, doch er sprach den Satz nicht zu Ende. Mir war klar, dass er mich einschätzte und zu entscheiden versuchte, ob er es riskieren konnte, mich mit zu sich nach Hause zu nehmen.

Ich bin nicht sehr groß und ich weiß, dass ich wie ein kleiner Junge aussehe, und deshalb glaube ich nicht, dass ich ihn eingeschüchtert habe. Aber ich hatte noch immer keinen Platz für die Nacht und deshalb beschloss ich, etwas von dem Geld, das Camille mir gegeben hatte, in eine oder zwei Flaschen zu investieren, die ihn vielleicht günstig stimmen würden.

»Ich sehe, dass du gern Primus trinkst«, sagte ich und wies auf einige leere Bierflaschen auf dem Tisch. »Wenn du magst, würde ich dir gern ein paar Runden spendieren.«

Emmanuel hatte einen gesunden Durst, und die Flaschen, die ich ihm bringen ließ, waren rasch geleert. Inzwischen redete er ziemlich viel und wir waren gute Freunde geworden. »Weißt du«, sagte er grinsend. »Ich habe jede Menge Platz. Vielleicht wäre es einfacher für dich, wenn du die Nacht bei mir zu Hause verbringen würdest.«

»Das wäre großartig«, sagte ich und bestellte ihm noch ein Bier.

Nachdem Emmanuel ausgetrunken hatte, standen wir auf und wollten gehen. Doch gleich vor der Tür mussten wir uns vor einem Jeep voller Soldaten in Sicherheit bringen, der gerade vor der Gaststätte vorgefahren war. Sie schlugen wahllos mit Metallstöcken und Knüppeln auf die Leute ein. Vor der Gaststätte war eine Bushaltestelle und die Soldaten waren auf der Suche nach Arbeitern ohne Papiere und anderen Menschen wie mir, die illegal im Land waren! Mindestens zwanzig oder dreißig Menschen gingen unter den unerbittlichen Schlägen der Soldaten zu Boden. Männer, Frauen und sogar Kinder lagen blutig geschlagen am Straßenrand. Viele weinten.

»Du darfst nicht in Panik geraten und du darfst nicht rennen«, stieß Emmanuel zwischen den Zähnen hervor. »Sie suchen nicht nach uns ... Bleib einfach ruhig und dir wird nichts passieren.« Zu meinem Glück trug ich die besten Sachen, die ich besaß: einen Anzug, den Camille mir zur Taufe geschenkt hatte. Einmal in meinem Leben sah ich nicht aus wie ein armer Bauernjunge, der verzweifelt nach Arbeit sucht.

An diesem Abend blieb ich bei Emmanuel und wir wurden gute Freunde. Am Morgen brachte er mich zur Bushaltestelle, wo ich in einen Minibus nach Bujumbura einstieg. Der Bus war gedrängt voll und ich musste mich auf einen Platz am Fenster neben einen Offizier in voller Uniform quetschen. Ich bin sicher, dass ich meinen schönen Anzug durchgeschwitzt habe, aber ich versuchte, mich ruhig und besonnen zu verhalten, wie Emmanuel es mir während des Handgemenges vor der Gaststätte geraten hatte.

Der Offizier fing an, sich mit mir zu unterhalten, und ich erzählte ihm sofort, dass ich aus Ruanda käme, weil ich wusste, dass er es, wenn er meinen Akzent hörte, sowieso schnell genug herausfinden würde. Obwohl Ruanda und Burundi ähnliche Sitten und eine ähnliche Kultur haben und auch die Sprachen beider Länder fast identisch sind, gibt es doch sowohl in der Sprache als auch in den Verhaltensweisen einige deutliche und leicht erkennbare Unterschiede. Wenn der Offizier den Eindruck gewinnen würde, dass ich mich ihm gegenüber so verhielte, als ob ich aus Burundi käme, würde er mit Sicherheit meine Papiere sehen wollen und ich würde das Haus des Bischofs nie erreichen, um die Botschaften des Herrn zu überbringen.

Doch obwohl ich ehrlich zugab, Ruander zu sein, brachte mich die nächste Frage des Offiziers gleich wieder in Bedrängnis, denn er wollte wissen, ob ich geschäftlich oder zum Vergnügen in Burundi sei. Mir war klar, dass ich ihm nicht sagen konnte, dass ich dem Bischof eine Botschaft von Jesus überbringen musste, also erzählte ich ihm die halbe Wahrheit: dass ich hier sei, um Bischof Ntuyahaga zu besuchen, der ein enger Freund der Familie sei.

»Oh, was für ein Zufall!«, rief er aus. »Der Bischof und ich sind Nachbarn! Wir haben denselben Weg – wir können zusammen dorthin gehen.«

Der Offizier, der sehr freundlich war, stieg gemeinsam mit mir aus dem Bus und begleitete mich bis zur Vordertür des bischöflichen Hauses. An diesem Punkt bekam ich Panik und dachte, dass ich nun wohl direkt vor den Augen des Bischofs verhaftet werden würde! *Hilf mir, Jesus!*, betete ich stumm. Und ich bin überzeugt, dass Jesus mir tatsächlich geholfen hat, indem er mir eine Idee eingab.

Es war nämlich der Neujahrstag, und deshalb wandte ich mich an den Soldaten und sagte zu ihm: »Bei uns in der Familie ist es Tradition, neuen Freunden zum Neuen Jahr etwas zu trinken zu spendieren. Aber der Bischof erwartet mich – hier sind zwanzig Pfund (circa zwanzig Euro, Anm.

d. Verl.): Warum gehen Sie nicht einfach ohne mich und trinken auf mein Wohl?« Die Augen des Offiziers leuchteten auf und er steckte den Geldschein in seine Brusttasche. »Danke, mein Freund, einen Drink kann ich jetzt wirklich gebrauchen. Eine gute Zeit bei dem Bischof wünsche ich dir!«

Als er gegangen war, drehte ich mich wieder um und legte den Finger auf den Klingelknopf vor der Haustür des Bischofs, hielt jedoch im letzten Moment inne. Da ich sehr oft bei Bischof Gahamanyi zu Hause in Butare gewesen war, wusste ich, wie viele unangemeldete Gemeindemitglieder und Bittsteller jeden Tag bei ihm an der Türschwelle erschienen. Auch dieser Bischof hatte ganz sicher Personal, das sich darum kümmerte, unerwünschte Besucher abzuwimmeln.

Also beschloss ich, es mit einer anderen Taktik zu versuchen: Ich würde so tun, als ob ich selbst beim Bischof angestellt wäre. Ich sah nach, ob mein Hemd ordentlich in der Hose steckte, strich meine Anzugjacke glatt und schritt durch eine Hintertür, die in die Küche führte. Der Koch sprach mich an und fragte mich, was ich wollte.

»Ich bin hier, um den Bischof in einer dringenden kirchlichen Angelegenheit zu sprechen. Bischof Gahamanyi von Butare schickt mich mit wichtigen Nachrichten.«

»Tut mir leid, der Bischof hält gerade Mittagsschlaf und darf nicht gestört werden.«

»Mittagsschlaf oder nicht, ich muss sofort mit ihm sprechen.«

Der Koch sah mich an, als hätte ich den Verstand verloren. »Bist du sicher, dass ich ihn aufwecken soll? Er wird sehr ungern gestört, wenn er schläft.«

»Ja, ich bin sicher ... Diese Angelegenheit kann nicht warten!«

Der Koch führte mich in ein Wohnzimmer und kam wenige Minuten später mit dem Bischof zurück, der mich herzlich umarmte, ohne mich auch nur nach meinem Namen zu fragen. Jetzt, wo ich ihm von Angesicht zu Angesicht gegenüberstand und im Begriff war, das erste Kapitel meiner Mission zu erfüllen, wusste ich nicht so recht, wo ich anfangen sollte. Also platze ich heraus:

»Herr Bischof, ich bin Segatashya, und ich bin mit Wissen des Bischofs von Butare hier. Sie haben vielleicht von den Sehern von Kibeho gehört – ich bin einer dieser Seher. Jesus hat mir die Mission anvertraut, die Botschaften von Kibeho in Burundi zu verbreiten. Jesus hat mir aufgetragen, dass ich Ihnen meine Botschaften persönlich überbringen soll, und deswegen bin ich hier.«

Daraufhin wiederholte ich die wichtigsten Botschaften, die Jesus mir in Kibeho übergeben hatte. Der Bischof stand nur da und hörte zu, ohne ein Wort zu sagen. Aber er schwitzte stark und schien sehr erregt.

Er sagte, dass in den letzten Monaten viele Menschen in Burundi verhaftet worden seien, weil sie offen über ihren Glauben an Gott gesprochen hätten. Er erklärte, dass die Regierung eine Reihe von Kirchen geschlossen hätte und dass er mir auf keinen Fall erlauben könnte, dem Volk von Burundi diese Botschaften zu überbringen. Dann sagte er mir, dass ich in seinem Haus nicht willkommen sei, und befahl mir, es sofort zu verlassen.

»Aber Herr Bischof, ich kann nirgendwo sonst bleiben«, protestierte ich. »Ich muss heute Nacht hier schlafen.«

»Das ist nicht mein Problem. Du bleibst nicht in diesem Haus – jetzt geh«, sagte der Bischof zornig und schob mich zur Vordertür hinaus.

Während ich mich von seinem Haus entfernte, rief er hinter mir her: »Ich werde sofort die Behörden anrufen und sie über dich informieren. Ich werde dafür sorgen, dass du ins Gefängnis kommst.«

»Es wäre eine Freude für mich, ins Gefängnis geworfen zu werden«, schrie ich zurück. »Dort würde ich wenigstens jemanden finden, der meine Botschaften hören will.«

Dann kniete ich mich nicht weit vom Haus des Bischofs entfernt auf dem Grasboden nieder und begann zu beten.

Wenige Minuten später kamen ein paar Priester, die der Bischof geschickt hatte, und begannen, mir Fragen zu stellen. Sie erkundigten sich nach den Namen aller Ruander, die ich in Burundi kennen würde. Ich weigerte mich, ihnen außer den Botschaften, die Jesus mir übergeben hatte, irgendetwas zu sagen. Schließlich drängten sie mich in einen Wagen und setzten mich vor der ruandischen Botschaft ab.

Es war schon spät und die Botschaft war geschlossen. Es endete damit, dass ich die Nacht in einem verlassenen Auto verbrachte, und am nächsten Morgen zur Botschaft ging. Die Beamten befragten mich mehrere Stunden lang, wie ich mit ungültigen Dokumenten ins Land gekommen sei und was ich in Burundi vorhätte.

Ich beantwortete ihre Fragen, so gut ich konnte, und sie sagten mir, dass ich das Gesetz gebrochen hätte und mit einer langen Gefängnisstrafe rechnen müsste. Ich entschuldigte mich bei ihnen dafür, erklärte ihnen jedoch, dass Jesus mir den Auftrag gegeben habe, in Burundi eine Mission zu übernehmen. Ich versprach, dass ich mir in Zukunft alle Mühe geben würde, keine weiteren Gesetze zu übertreten.

Schließlich wurde ich in einen Bus gesetzt und ein Botschaftsangestellter begleitete mich den ganzen Weg zurück nach Ruanda. Er brachte mich zu Bischof Gahamanyis Haus und berichtete dort alles, was vorgefallen war. Der Bischof sah sehr aufgebracht und betroffen aus, als er erfuhr, wie ich in Burundi behandelt worden war. Er sagte: »Mein armer Segatashya ... du gehst besser nicht wieder nach Burundi.«

Frage: Segatashya, das war eine wirklich erstaunliche Geschichte. Sehr wenige Ruander verlassen überhaupt je ihr Heimatland. Doch hier sitzt du, ein Hirtenjunge, bereit, es mit dem Militär, mit Regierungsbeamten und den höchsten kirchlichen Würdenträgern aufzunehmen, um der Welt die Botschaften des Herrn zu überbringen. Wenn du uns die Wahrheit erzählt hast, dann bist du ein richtiger Held für mich. Bitte sag uns: Ist Jesus dir nach deiner Rückkehr aus Burundi wieder erschienen?

Segatashya: Ja, er ist mir am 5. Januar erschienen. Er hat gesagt: *Versuche nicht wieder, nach Burundi zu gehen. Das Wichtigste ist, dass du mir gehorcht und getan hast, was ich dir aufgetragen habe. Ich könnte dich jetzt belohnen, weil du Großes geleistet und so viel Mut bewiesen hast, aber die Wahrheit ist, dass dir hier auf Erden nicht mehr so viel Zeit bleibt ... und wenn diese Zeit vorüber ist, dann werde ich dir größeren Lohn zuteilwerden lassen. Hab Mut und erfülle weiterhin meinen Willen, denn deine Arbeit hat gerade erst begonnen. Morgen musst du dich für deine nächste Mission vorbereiten.*

Kapitel 10

Die Mission im Kongo

Segatashya war noch ein Jugendlicher, als Jesus ihn aussandte, um mitten im Kongo das Wort Gottes zu predigen. Und obwohl die Kongolesen als herzliche und freundliche Menschen bekannt sind, waren viele Gebiete im damaligen Zaire außer Kontrolle geraten. Dort herrschte Gesetzlosigkeit und Verbrecher konnten nach Belieben terrorisieren, vergewaltigen, rauben und morden. Für einen jungen, unerfahrenen Reisenden war dies eine der gefährlichsten Regionen der Erde.

Dennoch wagte sich Segatashya, der unschuldige Bauernjunge, der in einer Grashütte aufgewachsen war, allein nach Zaire. Er hatte nichts bei sich außer den Kleidern, die er auf dem Leib trug, einer Papiertüte mit seinem Mittagessen und einigen Dollars in der Tasche. Zaire war ein fremdes und unwirtliches Land, wo Segatashya keine Menschenseele kannte. Er sprach die verschiedenen Sprachen nicht, die dort gesprochen werden, und wusste nicht, wo er schlafen, was er essen oder an wen er sich wenden sollte, wenn er in Schwierigkeiten geriet.

Alles, was er wusste, war, dass Jesus ihm gesagt hatte, er solle in den Kongo gehen und dort damit beginnen, seine Botschaften in der Welt zu verbreiten. Mehr musste Segatashya nicht wissen.

Ehe ich zur Universität ging, ließen mich meine Eltern allein nirgendwo hingehen, und das hatte nicht nur damit zu tun, dass ich ein Mädchen war. Gerade in früheren Zeiten entfernten sich die meisten Ruander nie allzu weit von dem Dorf, in dem sie geboren worden waren, und noch heute ist die große Mehrheit der Ruander ihr ganzes Leben lang nicht aus ihrem Heimatland herausgekommen.

Dieser schmächtige, ungebildete und vollkommen arglose Hirtenjunge, der auf eigene Faust nach Zaire wanderte, ist für mich immer ein Inbegriff von Mut gewesen.

Freunde und Verwandte flehten Segatashya an, nicht in den Kongo zu gehen und warnten ihn, dass er sehr wahrscheinlich geschlagen, ausgeraubt und vielleicht sogar getötet werden würde. Doch Segatashya zögerte keine Sekunde, als Jesus ihm auftrug, ein Busticket für die Hinfahrt zu kaufen und zum nächsten Grenzübergang zu fahren. Das war Gottes Wille und Segatashya hatte sein Leben der Aufgabe verschrieben, Gottes Willen zu erfüllen. Jesus wünschte, dass er nach Zaire ginge, und keine Macht der Erde konnte Segatashya davon abhalten.

Seine Reise erforderte ein Maß an persönlichem Mut, wie ihn nur wenige von uns aufbringen würden, und einen tiefen spirituellen Glauben, um den wir nur beten können.

1988 HIELT DIE UNTERSUCHUNGSKOMMISSION eine Sondersitzung ab, um Segatashyas Bericht über seine zweijährige Exkursion in das Herz des Kongo und in die Herzen Tausender gläubiger Kongolesen zu hören. Was folgt, ist eine Zusammenfassung von drei verschiedenen Berichten aus dieser Sitzung:

> **Frage:** Segatashya, wir haben viele unglaubliche Geschichten über deine Erlebnisse in der Kongo-Region gehört. Würdest du uns jetzt, da du wieder zu Hause bist, so gut du kannst und von Anfang bis zum Ende von deiner Mission erzählen?

Segatashya: Am 18. Januar 1986 erschien mir Jesus in meinem Zimmer in Butare und sagte mir, dass es Zeit sei, nach Zaire aufzubrechen, und er sagte mir sogar, auf welchem Weg ich dorthin gelangen würde. Ich war nervös, weil Zaire so groß ist und weil die Leute dort über zweihundert verschiedene Sprachen und Dialekte sprechen. Ich wusste nicht, wo ich bleiben, wem ich predigen und wie ich mich überhaupt mitteilen sollte. Doch Jesus sagte zu mir: *Du bist mein Bote. Mach dir keine Sorgen; ich werde nicht von deiner Seite weichen und es wird dir gut ergehen.*

Jesus sagte mir, ich sollte mit dem öffentlichen Bus ans südliche Ende des Kivusees fahren und in der Grenzstadt Bukavu nach Zaire einreisen. Ich wurde gewarnt, dass Bukavu ein sehr gefährlicher Ort mit vielen Räubern und Kriminellen sei. Mein Freund Camille, der mir etwas Geld für die Reise mitgegeben hatte, gab mir den Rat, nicht allein nach Bukavu zu fahren, weil ein allein reisender Junge ausgeraubt werden würde.

Zum Glück traf ich an der Grenze einen Mann, der mich in Kibeho mit Jesus hatte sprechen sehen. Er brachte mich zum Ortsbischof, der mir seinen Segen gab, in der Region zu predigen. Doch als ich auf den Stufen einiger Kirchen zu predigen begann, nahm der Bischof seine Erlaubnis wieder zurück.

Aus irgendeinem Grund wollten die katholischen Autoritäten nicht, dass ich die Botschaften an ihre Gemeindemitglieder weitergab. Deshalb predigte ich einfach auf der Straße. Die Nachricht von meiner Anwesenheit sprach sich rasch herum. Immer war irgendjemand da, der das, was ich sagte, übersetzen konnte, und die Botschaften des Herrn haben die Menschen wirklich erreicht. Es dauerte nicht lange, und überall, wo ich sprach, versammelte sich eine Menschenmenge.

Schon bald luden mich protestantische und pfingstkirchliche Pastoren ein, in ihren Kirchen zu sprechen. Angehörige der verschiedensten Religionen kamen in diese Kirchen, um mich zu hören, und auch die Katholiken, aus deren Kirchen ich verbannt worden war, kamen zu Hunderten.

Dann lud mich, zwei Monate nachdem ich nach Zaire gekommen war, der Bischof von Goma – einer Stadt im Norden des Landes – zum Tee ein. Er gab mir seinen Segen, in seiner Diözese zu sprechen, solange ich nicht in Kirchen predigte und solange aus meinen Botschaften keine politischen Kundgebungen wurden. Offenbar gibt es in Zaire viele Rebellenkämpfe und große Menschenansammlungen bereiteten der Regierung Unbehagen.

Dass ich nicht in den Kirchen sprechen durfte, machte meine Mission viel schwieriger, aber jede Woche kamen mehr Menschen in die Schulen, Stadthallen und auf die Dorfplätze, wo ich sprach, um die Botschaft Jesu zu hören. Erst waren es Dutzende ... dann waren es bald viele Hunderte. Ich erweiterte meinen Wirkungskreis von Woche zu Woche – ich sprach vor Soldaten in militärischen Ausbildungslagern, zu den vergessenen Menschen, die in den Behindertenzentren lebten, und zu den Insassen eines großen Gefängnisses, die sehr an den Heils- und Erlösungsbotschaften interessiert waren.

Frage: Segatashya, wie du schon gesagt hast, werden in Zaire fast zweihundertfünfzig verschiedene Sprachen und Dialekte gesprochen. In welcher Sprache hast du deine Botschaften überbracht?

Segatashya: Zuerst habe ich die einzige Sprache gesprochen, die ich kannte – Kinyarwanda. Meistens war jemand da, der meine Worte auf Suaheli übersetzte, die Sprache, die sie in

Goma sprechen, oder jemand aus den kleineren Orten übersetzte die Botschaften in örtliche Dialekte. Doch ich war nicht immer sicher, dass meine Worte genau so übersetzt wurden, wie ich sie sagte, genau so, wie der Herr sie zu mir gesprochen hatte. Also fing ich an, zu Jesus zu beten, dass er mir helfen möge, dafür zu sorgen, dass seine Botschaften exakt weitergegeben würden ... Schließlich können diese Botschaften darüber entscheiden, ob eine Seele auf ewig in den Himmel oder in die Feuer der Hölle kommt. Die Worte sind wichtig.

Nicht lange nachdem ich Jesus gebeten hatte, mir mit dem Problem bezüglich der Sprachen zu helfen, merkte ich eines Tages, dass ich bestimmte Wörter auf Suaheli verstand. Innerhalb einer Woche verstand ich fast alles, was ich hörte. Nach zwei Wochen unterbrach ich einen meiner Übersetzer mitten im Satz und korrigierte ihn auf Suaheli: »Das habe ich nicht gesagt – wenn du die Worte des Herrn sprichst, dann sprich sie bitte richtig und klug. Du spielst mit dem ewigen Leben der Menschen.«

Ich glaube, das waren die ersten Worte, die ich öffentlich auf Suaheli gesagt habe. Danach begann ich in der ganzen Umgebung von Goma, Botschaften auf Suaheli zu überbringen, und ich gab auch Interviews und beantwortete Fragen auf Suaheli. Das klingt unglaublich, ich weiß, und ich konnte es selbst nicht fassen, dass ich eine fremde Sprache so schnell fließend sprechen gelernt hatte, aber es geschah wirklich. Und ich weiß, dass es wirklich geschah, denn einer der Priester, die oft mit mir unterwegs waren, Pater Pierre vom Orden der Weißen Väter aus Kanada, hatte schon bald nach meiner Ankunft in Goma begonnen, meine Predigten auf Band aufzuzeichnen.

Eines Tages kam Pater Pierre mit mehreren Aufnahmen zu mir und spielte sie mir vor. »Hör mal, Segatashya ... das war vor einem Monat«, sagte er und ließ ein Band laufen, auf dem ich über das Ende der Zeiten sprach und darüber, wie unbedingt notwendig es ist, Gott mit reuigem Herzen um die Vergebung der Sünden zu bitten. Jedes Wort war auf Kinyarwanda. Dann legte er eine zweite Kassette ein und drückte wieder auf die Wiedergabetaste. Es war dieselbe Botschaft, aber diesmal sprach ich halb Kinyarwanda und halb Suaheli. Als er bei einer dritten Aufnahme auf die Taste *Play* drückte, war jedes Wort, das ich sprach, auf Suaheli.

Vielleicht bin ich einfach gut in Suaheli, dachte ich. Doch sehr bald danach wurde mir klar, dass Jesus den Heiligen Geist gesandt hatte, um mich mit der »Sprachengabe« zu segnen – jedes Mal wenn ich in eine Region kam, in der eine andere Sprache gesprochen wurde, lernte ich diese Sprache anscheinend innerhalb weniger Tage fließend sprechen. So war es auch mit einer Sprache, die Lingala heißt und von Millionen Menschen im Norden und Westen von Zaire gesprochen wird. Ich lernte sie in nur einer halben Woche, während ich junge Rekruten auf einem Militärstützpunkt besuchte.

Eine andere Sprache, die ich auch ziemlich schnell gelernt habe, war Ciluba, eine schwierige Sprache, die völlig anders ist als jede andere Sprache, die ich beherrsche. Der Dialekt, den ich zu lernen versuchte, wird in einer Region gesprochen, in der die Leute mit ihrer Sprache sehr eigen und Fremden gegenüber sehr misstrauisch sind. Es war nicht damit zu rechnen, dass irgendjemand Ciluba mit mir sprechen würde. Doch viele Menschen, denen ich meine Botschaft übermitteln wollte, sprachen nur Ciluba. Ich war frustriert, weil ich keine Chance hatte, es zu lernen.

Endlich fiel ich auf die Knie und rief: »Jesus, Tausende Menschen in dieser Gegend wollen deine Worte hören – lass nicht zu, dass ich stumm bleibe, wenn so viele Seelen nach deiner Wahrheit dürsten. Gib diesen Menschen die Gnade, sich mir zu öffnen und mich ihre Muttersprache zu lehren.«

Bald darauf fassten die Menschen Vertrauen und begannen, sich auf Ciluba mit mir zu unterhalten. Innerhalb von zwei Monaten verstand ich es perfekt und sprach es auch ziemlich gut.

Frage: Segatashya, du hast diese Sprachen gelernt, und wir haben dich diese Sprachen sprechen hören. Kannst du uns sagen, ob du auch in der Lage warst, in diesen Sprachen zu beten?

Segatashya: Ja, ich konnte in all diesen und auch in anderen Sprachen beten. Es war wunderbar, neue Wege kennenzulernen, mit Jesus und Maria zu sprechen. Und je mehr Sprachen ich sprechen lernte, desto mehr Leute kamen, um die Botschaften zu hören, die ich nach dem Willen Jesu im ganzen Land verbreiten sollte.

Frage: Also hast du mit vielen verschiedenen Menschen aus verschiedenen Gegenden und mit Angehörigen verschiedener Religionen gesprochen?

Segatashya: Ich habe mit allen Kindern Gottes gesprochen. Einmal hat mich ein Protestant gefragt: »Unsere Religion sagt uns, dass wir nicht den Umweg über die Jungfrau Maria machen müssen – dass sie eine Frau ist wie jede andere auch. Aber der Katholizismus sagt, wenn du den Rosenkranz nicht betest, kommst du nicht in den Himmel, weil Maria für euch so wichtig ist. Was sagt Jesus dazu?«

Ich antwortete: »Niemand hat gesagt, dass man nicht in den Himmel kommt, wenn man den Rosenkranz nicht betet. Was Jesus mir über die verschiedenen Religionen gesagt hat, ist, dass von denen, die mehr wissen, auch mehr erwartet wird; du wirst nach dem beurteilt werden, was du weißt. Ich werde nicht von euch verlangen, dass ihr eure Religion im Stich lasst und katholisch werdet, sondern ich werde euch auffordern, weiter aufrichtig an das zu glauben, was eure Religion euch lehrt. Wenn eure Religion euch lehrt, in der Art zu lieben, wie Gott es wünscht, dann sollt ihr den Geboten folgen, die man euch gibt, und dann wird euch nichts daran hindern, in den Himmel zu kommen. Ihr müsst euch an die Versprechen halten, die ihr in dieser Religion gegeben habt.«

Frage: Wir haben voller Trauer erfahren, dass nach Beginn deiner Mission deine Mutter und einige deiner Geschwister verstorben sind. Ist die Jungfrau Maria dir in dieser Situation ein Trost gewesen?

Segatashya: Die Jungfrau Maria war mir ein großer Trost. Sie ist unsere liebevolle Mutter im Himmel, und sie weiß, wie scharf der Schmerz eines Verlustes das Herz eines Kindes durchbohren kann. Wenn ich den Rosenkranz bete, opfere ich der Muttergottes meinen Schmerz über die Tragödie meiner Familie auf.

Es geschah etwa sechs Monate, nachdem ich zu meiner Mission aufgebrochen war. Der Tod meiner Mutter war die größte Herausforderung, vor die ich je gestellt worden bin, und der Kummer war umso größer, weil meine beiden Brüder kurz vor meiner Mutter gestorben waren. Als sie starb, war ich an einem abgelegenen Ort im Kongo. Mein Freund Nicolas, der zu dieser Zeit mit mir unterwegs war, hörte eines Abends im Radio von ihrem Tod. Es ist ihm furchtbar schwergefallen, mir diese entsetzliche Nachricht zu überbringen.

Nicolas hatte ein bisschen Geld und konnte ein Flugzeug organisieren, das uns zurück nach Ruanda brachte. Ich musste meinen Vater sehen, denn der Verlust zweier Söhne und seiner Frau war einfach mehr, als er ertragen konnte. Als ich endlich bei ihm war, sah er aus, als hätte er sich vor lauter Kummer aufgegeben. Ich hatte ein ungutes Gefühl; ich hatte Angst, dass er sich vielleicht umbringen würde. Aber ich konnte nicht bei ihm bleiben – ich musste meine Mission fortsetzen und konnte nicht einmal eine Nacht bei ihm bleiben, um zu trauern. Jesus hatte mir gesagt, dass nichts in der Welt mich daran hindern sollte, seinen Willen zu erfüllen, dass alle Dinge auf dieser Erde vergehen würden und nur sein Wort ewig sei. Es ist meine Pflicht ihm gegenüber, sein Wort so weit zu verbreiten, wie ich kann, ehe meine Zeit auf dieser Erde zu Ende geht.

Frage: Was geschah bei deiner Rückkehr nach Zaire?

Segatashya: Nachdem ich meinen Vater gesehen hatte, bin ich sofort zurückgeflogen. Jesus hatte gesagt, dass ich zwei Jahre im Kongo sein würde, und in dieser Zeit wollte ich die Botschaft des Herrn unbedingt in so vielen Gegenden verbreiten, wie ich nur konnte. Doch es ist ein sehr großes Land und man braucht lange, um von einem Ort zum nächsten zu kommen. Ich weiß noch, wie ich in einer Stadt viele Tage lang auf die offizielle Predigtgenehmigung des Ortsbischofs gewartet habe. Während ich also einfach nur wartete, bis es so weit war, erschien mir Jesus und sagte: *Was für dich gut ist, ist nicht gut für mich. Beeile dich zu tun, was meinem Willen entspricht – nicht was deinem Willen entspricht. Nimm dein Leid weiterhin an, ohne dich zu beklagen, denn ich bin bei dir.*

So oder so war es jedenfalls manchmal sehr schwierig, vom Fleck zu kommen. Einmal steckte ich über eine Woche lang mitten im Nirgendwo in einem Hotel fest und wartete darauf, dass ich einen Platz in einem Zug nach Lubumbashi bekam, einer großen Stadt im Süden von Zaire an der Grenze zu Sambia.

Während ich wartete, traf ich einen Ruander namens Vincent, der ebenfalls wartete. Er war Bergbauingenieur und sehr klug, aber er hatte seinen Job verloren und konnte es sich nicht leisten, mit dem Zug zu fahren. Er half mir herauszufinden, warum ich so lange brauchte, um ein Ticket zu bekommen. Wenn ich zum Bahnhof ging, um mich zu beschweren, dann waren die Schalterbeamten unhöflich und gemein zu mir oder beachteten mich gar nicht. Vincent sagte mir, dass ich zwar fünf oder sechs Sprachen sprechen könne, dass ich aber die Sprache der staatlichen Korruption noch nicht gelernt hätte.

»Das ist eine Weltsprache; sie wird überall dort gesprochen, wo es Menschen und Geld gibt«, erklärte er mir und bat mich um ein bisschen Bargeld. Wir gingen zum Bahnhof und Vincent legte die Scheine in meinen Pass. Dann gab er den Pass dem Schalterbeamten. Zwei Minuten später hatte ich mein Zugticket nach Lubumbashi. »Siehst du, Geld ist auch eine Sprache«, bemerkte Vincent lachend. »Jetzt beherrschst du die hohe Kunst der Bestechung.«

Weil er so freundlich gewesen war, sorgte ich dafür, dass nun auch Vincent eine Fahrkarte bekam, und dann konnte ich, nachdem ich so viele Tage in einem abgelegenen Hotel vergeudet hatte, endlich in einen Zug steigen, der mich in eine große Stadt bringen würde, um vor Scharen von Menschen zu predigen, die der Rettung bedurften.

Ich weiß zwar nicht genau, wie es vor sich gegangen war, aber ich hatte bei dem Schalterbeamten für zwei Plätze in der ersten Klasse bezahlt und zwei Fahrkarten für die dritte Klasse bekommen. Also saßen Vincent und ich im hinteren Teil des Zuges, wo die Fenster eingeschlagen waren und die

Türen an beiden Enden des Waggons immer wieder aufschwangen. Der Zug fuhr sehr langsam, und als wir durch eine lang gestreckte Kurve fuhren, setzte sich draußen eine Gruppe von Männern in Trab und lief an den Schienen entlang direkt neben unserem Waggon her. Sie sahen sehr zornig aus. Ihre Augen waren blutunterlaufen, und einige von ihnen hatten sich Tücher vors Gesicht gebunden.

»Banditen! Gott sei uns gnädig!«, schrie ein Mann, als die Männer draußen immer näher kamen. Es war offensichtlich, dass sie es auf unseren Wagen abgesehen hatten, weil man durch die kaputten Fenster und Türen leicht hineinkam. Einer der Männer fand Halt an einer Fensterbank und zog sich in den Zug hinein. Er landete auf einer Frau und ihrer kleinen Tochter, die sich auf ihren Sitzen zusammengekauert hatten.

Die Frau und das kleine Mädchen schrien, und der Mann schlug beiden ins Gesicht, ehe er sich aus dem Fenster beugte und einen seiner Freunde hereinzog. Schon bald stürmten die Männer den Gang hinauf und hinunter, beschimpften die Passagiere und verlangten von jedem Geld. Wer nicht zahlte, wurde brutal verprügelt. Die Banditen heulten wie Hunde, als sie drei Männer den Mittelgang hinunterzerrten, sie dann hochhoben und aus dem Fenster warfen. Man konnte sehen, wie ihre Schädel an den Felsen zerbarsten.

Dann fesselten die Männer mehrere männliche Passagiere mit ihren eigenen Gürteln. Und als diese Männer gefesselt und hilflos dasaßen, vergewaltigten die Banditen direkt vor ihren Augen ihre Frauen und Töchter. Es war grauenvoll, dies mit ansehen zu müssen, aber es gab einfach keinen Ausweg und keine Möglichkeit, ihnen zu Hilfe zu kommen. Mehrere mit Macheten bewaffnete Männer standen Wache, während die anderen ihr teuflisches Werk vollbrachten. Ich stand auf, um den Frauen zu helfen, und die ganze Reihe Männer richtete ihre Macheten auf mich.

Vincent packte mich an den Schultern und sagte: »Du kennst doch all diese Gebete ... jetzt ist Zeit dafür! Bete, bete zu Jesus, dass er uns rettet! Bitte Jesus, dass er dir jetzt erscheint und diesen Männern befiehlt aufzuhören!«

Einer der Männer sah das große Holzkruzifix, das ich um den Hals hängen hatte. »Du bist ein Priester, stimmt's, kleiner Mann? Das heißt, du hast Geld ... gib mir dein Geld, Priester«, verlangte er und streckte mir seine blutige Hand entgegen.

»Gib ihm dein Geld«, drängte Vincent.

Ich zog die Scheine aus meiner Tasche und der Mann riss sie mir aus der Hand. Nachdem sich der Bandit das Geld in die Hose gesteckt hatte, stieß er Vincent und mich zum vorderen Ende des Waggons. Wir warteten nicht ab, was er dort mit uns machen wollte, sondern sprangen mit einem Satz in den nächsten Waggon. Etwa gleichzeitig tauchten endlich ein paar Männer auf, die im Zug arbeiteten, doch sie kamen zu spät. Die Banditen flohen durch die Fenster und ließen die zerschlagenen Körper und traumatisierten Seelen ihrer Opfer zurück.

Die Zugangestellten sagten uns, dass Vergewaltigung und Mord überall in Zaire zunähmen, und waren vor allem wegen der bevorstehenden Schulferien sehr um die Sicherheit besorgt. »Wer wird unsere Kinder beschützen?«, fragte einer der Schaffner und sah fassungslos auf die jammernden, schlimm zugerichteten Opfer im nächsten Waggon.

»Was ist das für eine Welt, in der Menschen solche Dinge tun können?«, stöhnte Vincent. »An einem solchen Ort kann ich nicht bleiben.«

Ich aber wusste, dass ich genau an so einem Ort bleiben musste. Das Böse und die Liebe zur Sünde, die wir gerade miterlebt hatten, waren der eigentliche Grund dafür, dass Jesus und Maria nach Kibeho gekommen waren: um uns vor dem zu warnen, was die Zukunft bringen wird, wenn die Menschen die Liebe Gottes nicht annehmen.

Wir verließen den Zug frühzeitig, weil wir Angst hatten, dass die Banditen vielleicht zurückkommen würden. Wir waren in einer Stadt namens Kamina und auf dem Bahnsteig standen ein Dutzend Soldaten. Alle dachten, sie seien gekommen, um die Passagiere zu beschützen, doch zu unserem ungläubigen Entsetzen fingen sie an, die Leute auszurauben, sobald sie aus dem Zug gestiegen waren! Die Soldaten kamen auf uns zu und sagten uns, wir sollten unsere Taschen leeren. Plötzlich fiel mir ein, dass mir eine Frau, die ich vor ein oder zwei Wochen beim Predigen getroffen hatte, einen Brief mitgegeben hatte, den ich benutzen sollte, wenn ich in Schwierigkeiten käme. Sie hatte mir gesagt, dass meine Botschaften sie bewegt hätten und dass sie dafür sorgen wollte, dass ich meine Mission fortsetzen konnte.

»Ein netter Junge wie du wird in missliche Situationen kommen, wenn er allein in diesem Land herumreist«, sagte sie. »Ich heiße Petronilla und mein Mann ist ein sehr bekannter Major beim Militär. Wenn du je ernstlich in Schwierigkeiten gerätst, dann benutze diesen Brief, in dem steht, dass du ein guter Freund meines Mannes bist. Vor meinem Mann haben alle Angst. Somit werden sie dir kein Haar krümmen.«

Die Soldaten hatten Vincent bei den Armen gepackt und fingen an, seine Sachen zu durchwühlen, als ich den Brief aus der Tasche zog und ihn dem Größten in der Gruppe überreichte. »Der ist für Sie«, sagte ich.

Der Soldat warf einen Blick auf den Brief und befahl den anderen sofort, uns loszulassen. Ich bekam meinen Brief zurück und Vincent und ich durften unbeschadet weitergehen. Ich blickte auf den Brief in meiner Hand und fragte meinen Freund, was die Buchstaben auf der Rückseite zu bedeuten hatten.

»Das ist die Adresse für ein Haus in dieser Stadt, wo Petronillas Schwester wohnt. Und dann steht da noch: ›Du bist hier immer willkommen‹«, sagte Vincent und fügte hinzu: »Wenn der Heilige Geist dich das nächste Mal eine neue Sprache lehrt, könntest du ihn vielleicht fragen, ob er dir auch das Lesen beibringt.«

Wir fanden den Weg zum Haus von Petronillas Schwester. Sie war eine sehr nette Dame, die uns ein Abendessen servierte und uns ein Zimmer gab, wo wir übernachten durften. Am nächsten Morgen brach ich auf, um meine Mission fortzusetzen. Ich nahm den Zug nach Lubumbashi, wo ich über das Ende der Zeiten predigen wollte. Ich schlug Vincent vor, mich zu begleiten, aber er sagte, er werde die Bilder von dem, was er im Zug erlebt hatte, einfach nicht los.

»Ein Dämon muss in diesem Land sein Unwesen treiben, wenn Familien, die in einem voll besetzten Zug unterwegs sind, am helllichten Tag solche Dinge geschehen«, sagte er. Er kaufte eine Fahrkarte nach Sambia und kam nie mehr zurück.

Je länger ich überall im Land predigte, desto größer wurden die Menschenmassen, die zusammenströmten, um die Botschaften zu hören. Ich wurde im Radio interviewt und hatte zum ersten Mal die Gelegenheit, die Botschaften des Herrn dem ganzen Land mitzuteilen. Anscheinend hatte jeder Novize, jede Nonne und jeder Priester in jeder Diözese in ganz Zaire die Radiosendung gehört. Plötzlich wurde ich in alle möglichen Kirchen eingeladen, um dort zu sprechen. Der Bischof von Lubumbashi war von den Botschaften so bewegt, dass er persönlich mit Priestern in der ganzen Diözese telefonierte und ihnen sagte, sie sollten die Verbreitung der Botschaften unterstützen. Die Priester fingen an, miteinander zu wetteifern, wer mich zuerst verpflichtete, und so wurde ich von siebenunddreißig Pfarreien eingeladen. Auch die Zeitungen schrieben über meine Radiosendung und viele

Zeugen, die dabei gewesen waren, wenn ich sprach, und die die Botschaften gehört hatten, ermutigten mich.

Die Zuhörer wurden so zahlreich, dass ich vor bis zu fünftausend Menschen gleichzeitig sprach – und sie alle waren so ruhig und aufmerksam, dass man eine Stecknadel hätte zu Boden fallen hören können.

Meine Ansprachen wurden so populär und die Menschenmassen so groß, dass der Priester der Kathedrale *Our Lady of the Congo* mir einen Wagen samt Fahrer und vier Wachleuten zur Verfügung stellte, die die ganze Zeit über bei mir waren. Und auch die Plätze, an denen ich sprach, wurden größer. Ich begann, in den großen Hörsälen der Universitäten zu sprechen, die viele Zuhörer fassten, und schon wurden Vereinbarungen für Stadionauftritte getroffen.

Etwa um diese Zeit erschien mir Jesus und gab mir eine neue Botschaft mit, die ich überbringen sollte. In der Botschaft ging es um Polygamie.

Jesus sagte mir, ich solle die Menschen daran erinnern, dass Polygamie gegen den Willen Gottes sei. Das war eine schwierige Botschaft. Polygamie – dass ein Mann zwei oder mehr Frauen hat – ist in Zaire eine verbreitete und allgemein anerkannte Praxis. Männer haben oft bis zu zehn oder sogar noch mehr Frauen. Die Kultur akzeptiert und unterstützt Polygamie und ich war überrascht, dass ich auch vielen Kirchgängern begegnete, die die Polygamie praktizierten – Menschen, die ansonsten ein gutes Herz hatten und viel Gutes taten, aber in polygamen Beziehungen lebten. Jesus sagte mir, dass diese Menschen den jüngeren Leuten, die der Kirche angehörten und sich am Vorbild der Älteren orientierten, ein sehr schlechtes und gefährliches Beispiel gäben. Er sagte, dass es in Sachen Polygamie keine Ausnahme gäbe und dass Menschen, die in der Kirche zu ihm beteten, es besser wissen müssten, als eine so offensichtliche Sünde zu begehen.

Kurz nachdem ich in Lubumbashi angekommen war, erschien mir Jesus erneut und sagte: *Erinnere die Menschen, die zwei Frauen haben, daran, dass sie meine Gebote zerstören und dass sie Diebe sind.* Und für diejenigen, die zur Kirche gehören und dennoch Polygamie praktizieren, fügte er noch eine weitere Botschaft hinzu: *Wie könnt ihr für mich arbeiten, wenn ihr nicht bereit seid, alles zu tun, was ich euch auftrage?*

Das wurde während meines Wirkens im Kongo zu einem echten Streitthema. Oft waren die großen Menschenmengen, die kamen, um die Botschaften zu hören, unglaublich begeistert und froh, die Worte Jesu zu hören. Wenn ich von seinen Heilsbotschaften und von der Erlösung durch Sündenbekenntnis, Buße und Liebe sprach – als Vorbereitung auf das Ende der Zeiten –, riefen die Menschen zu Hunderten: »Amen! Halleluja! Lob sei dem Herrn!«

Doch wenn ich die Botschaft des Herrn über das Übel der Polygamie überbrachte, dann buhten mich die Leute aus und schrien, ich solle wieder nach Ruanda gehen, wo ich hergekommen sei. Der Herr wünschte, dass ich überall, wohin ich kam, über Polygamie sprach, und das tat ich auch, und so fielen sie nach jeder Versammlung über mich her.

»Polygamie wird in der Bibel praktiziert«, riefen sie dann. »Was ist mit den Patriarchen im Alten Testament? Abraham hatte drei Frauen, König David hatte sechs und König Salomo hatte *siebenhundert* Frauen! Warum durften sie das und wir nicht? Warum dürfen wir nicht einmal zwei Frauen haben?«

Dann antwortete ich ihnen so, wie Jesus es mir gesagt hatte: »Wir leben nicht in den Tagen des Alten Testaments; wir leben in den Tagen des Neuen Testaments. Jesus ist auf die Erde gekommen, um uns den neuen Weg zu zeigen, und mit den Worten des Neuen Testaments hat er uns gesagt, wie wir diesem Weg folgen sollen.«

Wenn sie mich fragten: »Warum denkt Jesus, dass Leute, die zwei Frauen haben, wie Mörder und Diebe sind? Das ist nicht nett, uns so etwas zu sagen!«, dann antwortete ich jedes Mal: »Jesus hat mir gesagt, dass die zweite Frau eine Mörderin ist, weil sie den Frieden und die Freude über ihren Ehemann im Herzen der ersten Frau tötet. Die erste Ehe ist heilig; sie ist durch das Sakrament der Ehe gesegnet, das in der ersten (und einzig gültigen) Ehe gefeiert wird.

Und Jesus hat gesagt, dass die zweite Frau eine Diebin ist, weil sie die Liebe stiehlt, die der Mann nur der ersten Frau schenken sollte. Die eheliche Liebe des Mannes gehört der ersten Frau, und jeder, der ihr diese Liebe stiehlt, ist ein Dieb.

Jesus sagt, dass der Mann in der Beziehung ein Dieb und ein Mörder ist wie jeder Mörder und Dieb – ein Mörder, weil er Gottes Gebot und den Frieden der beiden Frauen zerstört, und ein Dieb, weil er nimmt, was ihm nicht gegeben wurde. Er wird auch als ein Dieb verurteilt werden, wenn er nicht bereut und seiner Sünde entsagt.

Also sind Männer und Frauen, die eine polygame Beziehung beginnen, wie Mörder, weil sie die Reinheit der Liebe töten, die Gott einem Mann und einer Frau zuteilwerden lässt, wenn sie sich im heiligen Sakrament der Ehe als Mann und Frau miteinander verbinden.«

Diese Aussagen machten alle im Publikum zornig, die die Polygamie befürworteten. Und überraschenderweise waren es die Frauen, die diese Botschaft am meisten empörte! An einem Abend stellten mich vierzig oder fünfzig aufgebrachte Frauen zur Rede, nachdem ich in einem Pfarrsaal in Lubumbashi gesprochen hatte.

»Wie kannst du solche Dinge sagen«, schrie eine von ihnen. »In meinem Dorf sind die meisten Männer während des Krieges getötet worden und jetzt herrscht großer Männermangel. Was erwartest du von uns Frauen? Was sollen wir tun, wenn es für uns Zeit ist zu heiraten und Kinder zu bekommen? Was ist falsch daran, wenn mehrere Frauen sich einen Mann teilen? Es ist doch besser, sich einen Mann zu teilen, als gar keinen zu haben! Oder will Gott, dass wir alle Nonnen werden?«

Eine andere sagte, dass sie seit zwölf Jahren in einer polygamen Beziehung lebe und dass es einfach unmöglich sei, der Botschaft Christi zu folgen und diese Beziehung zu lösen. »Ich bin die dritte Frau, aber ich bin schon lange mit meinem Mann verheiratet«, sagte sie zu mir. »Wir haben drei Kinder miteinander. Was soll ich denn tun? Soll ich meinen Mann verlassen? Wohin soll ich dann gehen? Wie soll ich meine Kinder ernähren? Soll ich eine Bettlerin und eine Prostituierte werden, damit meine Kinder nicht verhungern? Es gibt viele Frauen wie mich ... wir können nicht alle Gott unser Leben schenken!«

Alles, was ich ihnen sagen konnte, war, dass es nicht immer leicht ist, Gottes Willen zu erfüllen, aber dass wir ihn erfüllen müssen. Unser Leben auf der Erde ist schwierig, aber es ist vergänglich. Wir werden im Himmel dafür belohnt werden, dass wir auf Erden so gelebt haben, wie Gott es will.

Auch viele der jüngeren Männer und Frauen im Pfarrsaal in Lubumbashi waren erzürnt über meine Botschaft. Nachdem ich gesprochen hatte, kamen sie zu mir und wollten wissen, was denn an außerehelichem Sex falsch sei.

»Es ist für keinen Mann normal, längere Zeit keine Frau zu haben«, erklärte ein junger Mann. »Und warum sollten junge Frauen nicht mit einem Mann zusammen sein, wenn der Mann ihnen helfen kann, die Miete oder das Ausbildungsgeld zu bezahlen? Darf denn eine junge Frau nicht ein bisschen von der Beziehung zu einem Mann profitieren? Was ist falsch daran, einen Mann glücklich zu machen, wenn der Mann im Gegenzug auch die Frau glücklich macht?«

Ich antwortete mit der Botschaft über vorehelichen Geschlechtsverkehr, die Jesus und Maria in Kibeho verkündet hatten: »Männer und Frauen müssen sich selbst respektieren und ihren Leib behandeln wie einen Tempel des Herrn; sie dürfen nicht zulassen, dass ihre Körper wie eine Spielwiese des Fleisches behandelt werden. Für flüchtige Momente der Lust setzen sie ihre Seele aufs Spiel. Jugendliche und junge Erwachsene denken nur daran, Spaß zu haben; sie denken nicht an die Folgen ihres Handelns oder an ihre unsterblichen Seelen. Hierüber sollten eure Priester mit euch sprechen.«

Ich sagte den jungen Leuten, dass sie zu Gott beten sollten, damit er in ihre Kirche Männer und Frauen mit starkem Glauben und gutem Charakter sende. Das – und nicht die Polygamisten, die in beständigem Ehebruch leben – sind die Rollenvorbilder, die junge Menschen brauchen. Die Jugend sollte diese Wahrheit erkennen: Ehebruch ist eine schwere, schwere Sünde – ein Verstoß gegen das siebte Gebot. Am besten ist es, bis zur Ehe keusch und in der Ehe treu zu bleiben, denn die Ehe ist eine Verbindung zwischen einem Mann und einer Frau.

Die Botschaften über Polygamie und Ehebruch, die ich überbrachte, kosteten mich beinahe das Leben.

An Heiligabend 1986 sprach ich zum ersten Mal in Lubumbashi über Polygamie. Ich besuchte die Mitternachtsmesse – zusammen mit einer Gruppe charismatischer Christen, die später in der Nacht mir zu Ehren noch einen Empfang und ein Gebetstreffen veranstalteten.

Während des Empfangs reichte mir jemand ein Glas Coca-Cola. Ehe ich das Glas an die Lippen setzte, hielt ich kurz inne, um ein Dankgebet zu sprechen. Während der ein oder zwei Minuten, die ich brauchte, um das Gebet zu sprechen, fühlte ich, wie das Glas in meiner Hand warm wurde und eine unsichtbare Kraft mein Handgelenk festhielt und mich daran hinderte, das Glas zum Mund zu führen. Dann sah ich, wie die Cola mir außen am Hosenbein hinuntertropfte. Der Boden des Glases war herausgefallen und lag nun wie ein Vergrößerungsglas auf den Fliesen. Aus dem Glas ohne Boden, das ich noch immer in der Hand hielt, stiegen Rauchschwaden auf.

»Gift!«, keuchte jemand. Ich hörte, wie das Wort *Gift* als schockiertes Flüstern in Wellen durch die Gebetsgruppe lief.

Der Priester, der das Treffen mitorganisiert hatte, Pfarrer Mutombo, war außer sich. Er war Teil eines Teams, das mich beschützen sollte, wenn die Menschenmassen zu groß wurden, nachdem ich wegen der Polygamie-Botschaften Drohungen erhalten hatte.

Einige Naturwissenschaftler der örtlichen Universität, die an dem Empfang teilnahmen, untersuchten das Glas. Sie sahen sich an und schüttelten den Kopf. »Das hätte dich umgebracht«, sagte einer von ihnen. »Es ist eine Säure.«

Im Raum herrschte Schweigen. Es war eine sehr unangenehme Situation. Schließlich kam einer der Charismatiker zu mir herüber und nahm in jede Hand eines der beiden Glasteile. Dann ging er mit hocherhobenen Händen im Raum umher und rief: »*Halleluja, Amen! Halleluja, Amen! Halleluja, Amen!* Ein Wunder hat Segatashya das Leben gerettet!« (Später gestand eine Frau der Polizei, dass sie Säure in das Getränk getan hatte, um zu sehen, ob Jesus mich retten würde, was, wie sie glaubte, bewies, dass ich wirklich von Gott nach Zaire gesandt worden war.)

Nachdem der Mann mit den beiden Glasbruchstücken einmal die Runde durch den Raum gemacht hatte, wurden weitere Erfrischungen gereicht. Pfarrer Mutombo stürzte auf mich zu und tauschte unsere Teller. »Nur für alle Fälle«, sagte er. »Und nach heute Abend wird es keine Empfänge oder Dinnerpartys mehr geben. Wenn du deine Predigt beendet hast, werde ich dich auf kürzestem Weg zurück in dein Zimmer bringen. Wir gehen besser kein unnötiges Risiko ein.«

Ich fand die ganze Situation ein wenig niederdrückend und war danach jedes Mal nervös, wenn ich ein Glas, eine Tasse oder eine Gabel an die Lippen setzte.

Am nächsten Tag erschien mir Jesus und sagte: *Wo Tod war, ist nun Leben. Sei stark und geduldig, denn die Herzen vieler Menschen sind wie Steine und die Ohren vieler hören nicht. Sei wachsam und halte dich immer an deinen Gebeten fest. Bete immer weiter und sei auf der Hut. Sie werden versuchen, dir zu schaden – sie werden dich von links und von rechts angreifen. Wenn du dich nicht durch Gebete schützt, wird es ihnen leichtfallen, dich zu verletzen.*

Danach erschien Jesus mir sechs Monate lang nicht mehr. Ich setzte meine Mission fort, reiste durch Zaire und predigte sein Wort. Die Menschenmassen wurden von Mal zu Mal größer. Bei einer Versammlung unter freiem Himmel waren es einmal fünfzehn- oder zwanzigtausend Menschen.

Doch obwohl so viele Menschen zu den Versammlungen kamen, würde ich nicht sagen, dass *ich* in der Region beliebt war. Es waren die Botschaften Jesu, die die Menschen so sehr liebten und für die sie meilenweit reisten. Ich bin sehr froh darüber, dass so viele seine Worte gehört haben – ich bin sicher, dass unzählige Herzen bekehrt worden sind, nachdem sie die Botschaften gehört hatten.

Ich habe auch weiter gegen die Polygamie gepredigt, wie Jesus es mir aufgetragen hatte. Diese Botschaft ist nie gut aufgenommen worden, weil die Wahrheit manchmal schwer zu verkraften ist, aber Jesus hat mir versichert, dass viele sie gehört haben … und dass viele sich geändert haben. Deshalb waren mir, wohin ich auch ging, in der Regel mindestens zwei Leibwächter zugewiesen, die für meine Sicherheit sorgen sollten.

Ich muss zugeben, dass mir die Tage schwieriger vorkamen, wenn Jesus mir nicht regelmäßig erschien, und dass ich in meinem persönlichen Leben oft gelitten habe. Ich war vielen Versuchungen ausgesetzt, denen ich nur durch beständiges Beten widerstehen konnte. Ich fühlte, dass der Feind ständig versuchte, mich anzugreifen; dass der Teufel es hasste, dass die Botschaften des Herrn die Menschen erreichten und dass Zehntausende Herzen im ganzen Kongo von Gottes Liebe erfüllt wurden.

Der Teufel kam auf vielerlei Weise zu mir. Wie ich Ihnen schon gesagt habe, hatte mich der Tod meiner Mutter und meiner Brüder sehr hart getroffen, besonders weil das alles gleichzeitig geschehen war. Ich bin sicher, dass der Teufel diesen Kummer zu seinem Vorteil genutzt hat.

Ich wurde auch durch andere schlimme Ereignisse auf die Probe gestellt. Karfreitagnacht im letzten Jahr schlief ich in einem Einzelzimmer im Gästehaus einer Pfarrei, als plötzlich ein heftiger Sturm und Regen losbrach, obwohl der Abend ganz ruhig gewesen war. Jemand von der Gemeinde kam, um mich zu wecken, und brachte mich ins Hauptgebäude, das besser geschützt war. Der Sturm dauerte nur wenige Minuten. Außer meinem Zimmer war nichts im gesamten Gästehaus beschädigt, aber mein Zimmer war vollständig zerstört. Die Dachbalken waren aus den Mauern gerissen worden und auf mein Bett gefallen, und darüber lagen die Mauern, die nun keinen Halt mehr hatten und ebenfalls auf das Bett gestürzt waren. Die Arbeiter mussten stundenlang graben, bis sie meine Habseligkeiten unter den Trümmern geborgen hatten. Wenn die Person, die an meine Tür geklopft hatte, nur einen Moment später gekommen wäre, wäre ich bestimmt getötet worden.

Ein anderes Mal war ich im Gästehaus einer anderen Gemeinde untergebracht und zündete eine kleine Andachtskerze an, ehe ich mich ins Bett legte, um ein bisschen zu schlafen. Ich stellte die Kerze auf eine Metallkommode, auf der sonst nichts stand oder lag. Bevor ich einschlief, betete ich und dankte Jesus dafür, dass ich ihm dienen durfte und dass er über mich wachte. Dann schlief ich ein und träumte schon nach kurzer Zeit, dass Leute in den Raum gekommen waren und mich an der Schulter rüttelten. Sie riefen: »Segatashya, Segatashya, wach auf! Mach das Feuer aus, ehe das Haus niederbrennt.«

Ich schlug die Augen auf, um zu sehen, wer mit mir sprach. Da war niemand, doch das ganze Zimmer war voller Rauch. Die Kommode aus blankem Metall stand in Flammen. Ich lief ins Bad, holte Wasser und nasse Tücher und konnte das Feuer löschen. Danach hatte ich schlimme Verbrennungen an den Händen, aber ich betete zu Gott, dass er die Schmerzen fortnehmen möge, und die Wunden heilten innerhalb einer Woche.

Ein anderes Mal geschah etwas sehr Verstörendes. Ich hatte gerade in einer Pfarrei im südlichen Zaire gepredigt und wartete auf den Bus, um in eine andere Provinz zu fahren, wo ich als Nächstes sprechen sollte. Während ich noch wartete, fuhr ein junger Priester namens François in seinem Auto an der Bushaltestelle vor. Er hatte mich predigen hören und wusste, dass ich in dieselbe Stadt fahren wollte wie er.

»Die Fahrt dauert zwei Stunden«, sagte Pfarrer François. »Leiste mir Gesellschaft und erzähle mir von Kibeho.«

Es war schon spät und sehr dunkel und deshalb war ich froh über die Mitfahrgelegenheit. Wir hatten uns schon etwa eine Stunde lang angeregt über die Gleichnisse Christi unterhalten, als plötzlich vor uns eine Frau auf die Straße rannte und uns mit Handzeichen zum Stehen brachte. Sie sah ungepflegt und verzweifelt aus und flehte uns an, sie in die nächste Stadt mitzunehmen. Sie saß auf dem Rücksitz und begann so heftig zu weinen, dass sie nicht sprechen konnte. Einmal fing sie sogar an, sich die Haare auszureißen. Als wir auf der Schnellstraße waren und sie sich ein bisschen beruhigt hatte, erzählte sie uns, was geschehen war.

Sie sagte, sie hätte gemeinsam mit ihrer halbwüchsigen Tochter zu Hause gesessen, als plötzlich Soldaten durch die Tür eingebrochen seien und versucht hätten, das Mädchen zu vergewaltigen. »Sie rissen ihr die Kleider herunter und griffen nach ihr, aber sie hat sich gewehrt. Einem von ihnen hat sie ins Gesicht geschlagen und da hat er sein großes Messer genommen und es ihr in den Bauch gestoßen. Danach haben die anderen Soldaten auch ihre großen Messer genommen und immer wieder auf sie eingestochen. Sie haben sie umgebracht, die Teufel haben mein einziges Kind umgebracht ... Sie war alles, was ich auf dieser Welt hatte!«

Pfarrer François und ich sahen uns an und wussten nicht, wie wir die arme Frau trösten sollten. Dann schrie sie: »Ich will nicht mehr leben!« Als sie die Hintertür des Wagens öffnete, hörten wir ein dröhnendes Geräusch und dann einen furchtbaren Aufprall.

Der Wagen geriet ins Schleudern, doch schließlich gelang es Pfarrer François, ihn an den Straßenrand zu steuern und anzuhalten. Die Frau saß nicht mehr auf dem Rücksitz. Wir fanden sie auf der Straße, etwa dreißig Meter entfernt. Sie war tot.

Pfarrer François und ich zitterten am ganzen Leib; wir konnten nicht glauben, was gerade geschehen war. Wir beteten über ihrem Leichnam und baten Gott, sich ihrer Seele zu erbarmen.

Ein anderer Priester näherte sich mit seinem Wagen und wir schickten ihn zur Polizei. Als die Polizisten kamen, verhafteten sie Pfarrer François und warfen ihn ins Gefängnis. Weil er am Steuer gesessen hatte, dachten sie, dass er die Frau vielleicht überfahren hätte. Es war die Hölle – ich dachte, ich würde den Verstand verlieren. Das Grauen um mich herum war einfach zu entsetzlich.

Nur Gottes Schutz hat mich davor bewahrt, zusammenzubrechen und verrückt zu werden. Ich glaube, Jesus wollte mir zeigen, was er meint, wenn er sagt, dass die Welt in einem schlechten Zustand ist.

Mir war nicht klar gewesen, wie viel Gewalt, Hass und Niedertracht auf der Welt zu finden sind, ehe ich von zu Hause weggegangen bin. Mein Zuhause war ein friedlicher Ort, wo die meisten Menschen sich um die anderen kümmerten. Zaire hat mir die Augen geöffnet: Ich weiß nun, wohin die Welt steuert, wenn die Menschen sich nicht von der Liebe Gottes bewegen lassen.

Der Priester, der auf unsere Bitte hin zur Polizei gefahren war, nahm mich mit in seine Gemeinde, und wir beteten die ganze Nacht hindurch. Ich betete stundenlang den Rosenkranz und bat die Jungfrau Maria, den Kummer aus meinem Herzen und die Fassungslosigkeit von meinem Geist fortzunehmen. Ich bat Jesus, über Pfarrer François zu wachen und ihn vor den Dämonen zu beschützen, die mich angriffen. Und ich betete wiederum zu Gott, dass er sich der Seele der Frau erbarmen möge, die aus unserem Wagen gesprungen war.

Am nächsten Morgen war mir leichter ums Herz. Zwei Tage später ging ich auf die Polizeiwache und machte meine Zeugenaussage zugunsten von Pfarrer François. Er wurde von jedem Verdacht freigesprochen und aus der Haft entlassen.

Kurz nach diesem Vorfall erschien mir Jesus und sagte zu mir, dass er all die Prüfungen, Versuchungen und Anfechtungen gesehen habe, die ich erduldet hatte, und dass er mir dafür danke, dass ich ihm immer treu und gehorsam geblieben sei.

Er sagte auch, dass es für mich jetzt an der Zeit sei, nach Hause zu gehen, dass meine Mission in Zaire erfüllt sei und dass ich schon bald meine Mission in Ruanda antreten sollte. Ich dankte Jesus, dass er zu mir gekommen war und mein Herz erleichtert hatte, und dann habe ich meine Sachen gepackt und bin auf dem kürzesten Weg nach Hause gegangen.

Frage: Segatashya, wir können dir gar nicht genug danken für diesen Bericht. Du bist ein junger Mann mit einem großen Glauben, der Gott wahrhaft liebt. Wir sehen, dass du auf deinen Missionen die Herzen vieler Menschen berührst. Wir werden unsere Ergebnisse weiterleiten und wir freuen uns schon auf das, was du uns von deiner nächsten Mission hier in Ruanda erzählen wirst.

Epilog

Meine Begegnung mit Segatashya

Mit das Beste daran, dass ich einen Platz an der *National University of Rwanda* bekommen hatte, war die Tatsache, dass das Universitätsgelände nur eine knappe Autostunde von Kibeho entfernt war! Das hieß, dass ich endlich – zehn Jahre nachdem ich meinen Vater zum ersten Mal angefleht hatte, mich mitzunehmen – eine Wallfahrt zu der Stätte unternehmen konnte, von der ich seit meiner Kindheit geträumt hatte. Und dieses Mal brauchte ich niemanden um Erlaubnis zu fragen. Ich konnte dorthin fahren, wann immer ich mich danach sehnte – und ich sehnte mich oft danach.

Wir hatten eine Gebetsgruppe an der Universität, die mehrmals im Monat einen Bus charterte, um Studenten nach Kibeho zu bringen, und Sie können mir glauben, dass ich bei jeder Fahrt dabei war. Es war eine unglaubliche Erfahrung, den Boden des Heiligtums zu betreten und die wunderbaren Ereignisse, von denen ich seit meiner Kindheit gehört und mir hatte erzählen lassen, aus erster Hand mitzuerleben.

Noch immer empfingen mehrere Seherinnen Erscheinungen, noch immer drängten sich Scharen betender Pilger in der Hoffnung auf ein Wunder um das Podium, und noch immer war die ganze Atmosphäre durchdrungen von Spiritualität und Erwartung.

Doch zu der Zeit, als ich auf das Universitätsgelände übersiedelte – das war im Herbst 1992 –, gehörten Segatashyas öffentliche Erscheinungen seit über neun Jahren der Vergangenheit an. Und seine Predigtmissionen in Burundi, Zaire und in ganz Ruanda, zu denen Jesus ihn gesandt hatte, waren zu Ende gegangen, ohne dass ich je die Gelegenheit bekommen hätte, ihm persönlich zu begegnen oder dabei zu sein, wenn er eine Erscheinung hatte. Und am bittersten für mich war, dass er während seiner Predigtmission in meinem Land Ende der 1980er-Jahre auch mein Heimatdorf Mataba besucht hatte und ich nicht dagewesen war! Fast jeder, den ich kannte, hatte ihn sprechen hören und ihm die Hand geschüttelt, doch ich war gerade in ein Internat in Nordruanda gekommen und hatte keine Möglichkeit gehabt, nach Hause zu fahren.

Nun ja, ich habe immer noch meine Bandaufzeichnungen von Segatashyas Erscheinungen in Kibeho, dachte ich. Ich werde mich eben damit begnügen müssen, sie anzuhören. Und so fand ich mich damit ab, dass ich Segatashya nie persönlich begegnen würde ... doch ich sollte mich täuschen.

Es geschah Ende Oktober in meinem ersten Jahr an der Universität. Ich saß in meinem Schlafzimmer und lernte für eine Chemieklausur, als meine Freundin Marie mit einem breiten Lachen auf dem Gesicht durch die Tür hereinkam.

»Wenn ich dich jedem beliebigen Menschen auf der Welt vorstellen könnte, ganz gleich, wie reich oder berühmt er ist, wen würdest du am allerliebsten kennenlernen?«

Marie war bekannt für ihre Streiche und ich war sicher, dass sie sich einen Spaß mit mir erlauben wollte, bei dem ich am Ende irgendwie dumm oder einfältig dastehen würde.

»Warum fragst du? Hast du einen amerikanischen Filmstar auf dem Universitätsgelände getroffen, der zum Mittagessen vorbeikommen will? Eddie Murphy vielleicht oder Sylvester Stallone?«, fragte ich kichernd und nannte die beiden einzigen berühmten Hollywoodschauspieler, die ich kannte.

»Nein, ich meine es ernst. Und es ist jemand Interessanteres als irgendein alter Filmstar. *Denk nach!* Fällt dir wirklich *niemand* auf der ganzen Welt ein, den du schon immer treffen wolltest und bei dem du gedacht hast, dass das nie möglich sein wird?«

Ich schüttelte den Kopf. Ich hatte keine Ahnung, was meine Freundin meinte ... bis ich sah, dass sie einen Rosenkranz in der rechten Hand hielt. Auch wenn sie mir gern Streiche spielte: Marie liebte Jesus und die Jungfrau Maria genauso sehr wie ich und sie wusste, wie begeistert ich von Kibeho und den Sehern war.

»Du machst einen Witz, oder nicht, Marie?«

»Ich mache keinen Witz, Immaculée.«

»Du sagst, dass du mich dem Menschen vorstellen könntest, den ich am allerliebsten kennenlernen würde?«

»Genau!«

»Du sprichst nicht von Segatashya, oder doch?«, fragte ich, ließ mein Buch auf den Boden fallen und sprang auf.

»Doch, genau von ihm! Er ist hier, hier auf dem Universitätsgelände!«, rief sie.

»Das ist nicht möglich!«, rief ich aus.

»Doch!«, rief Marie zurück.

»Nein!«

»Doch!«

»Du musst mir jetzt sofort alles erzählen: Wo hast du ihn gesehen, was tut er hier, wie sieht er aus, hat er irgendetwas zu dir gesagt? *Erzähle!*«

Marie erzählte mir, ihre Mutter, die auch eine Anhängerin von Kibeho war wie ich, habe von einem Freund in ihrer Gebetsgruppe in Kigali erfahren (der es seinerseits von einer Nonne aus Butare gehört hatte), dass Segatashya eine Arbeit an der Universitätskapelle bekommen hatte, wo er dem Studentenseelsorger zur Hand ging und handwerkliche Arbeiten im Rektorat übernahm. Außerdem arbeitete er ein paar Stunden pro Woche in der Schulbibliothek.

»Oh, das ist bestimmt nur ein Gerücht«, stieß ich hervor.

»Nein, Immaculée«, beharrte meine Freundin. »Du kennst meine Mutter – wenn es um Kibeho geht, ist sie wirklich sehr gut vernetzt.«

»Wir werden sehen«, sagte ich, stürmte durch die Tür nach draußen und rannte, so schnell ich konnte, zur Kapelle. Ich rang nach Luft, als ich das Büro des Priesters erreichte, und setzte mich eine Minute auf die Stufen, um wieder zu Atem zu kommen.

Ich konnte es selbst nicht glauben, wie aufgeregt ich war … und wie nervös! Wenn ich jetzt in das Büro des Priesters hineinginge, würde ich womöglich von Angesicht zu Angesicht einem Menschen gegenüberstehen, der das Antlitz Jesu Christi gesehen hatte.

Soweit ich zurückdenken kann, habe ich immer über das Wesen Gottes nachgedacht. Ich war erst vier oder fünf Jahre alt, als ich schon Stunden damit zubrachte, mich zu fragen, wie Gott wohl aussieht; ob er an manchen Tagen lächelt oder traurig ist; ob er jemals schläft; und wenn ja, wie groß dann wohl sein Bett ist. Als ich älter wurde, wurden meine Fragen natürlich komplexer – doch das Nachdenken über die Schöpfung, die Ewigkeit, die Erlösung und das Wesen von Gut und Böse nahm in meinem Kopf immer sehr viel Raum ein und stand an vorderster Stelle.

Und jetzt war ich vielleicht im Begriff, einem Menschen zu begegnen, der regelmäßig mit Jesus gesprochen hatte und dem vielleicht mehr über die Mysterien des Universums geoffenbart worden war als irgendjemandem sonst. Vielleicht würde Segatashya mir Geheimnisse über den Himmel anvertrauen, die der Herr ihm mitgeteilt hatte und über die er sonst noch mit niemandem gesprochen hatte. Alles war möglich.

Doch es war nicht nur die Möglichkeit, etwas über den Himmel zu erfahren, die mich vor dem Büro des Priesters zum Zittern brachte. Segatashya war einer meiner größten Kindheitshelden. Ich liebte ihn, weil er ein sozial Benachteiligter und ein Außenseiter war, ein ungebildeter Heidenjunge, den Jesus aus einem Bohnenfeld herausgeführt hatte, um ihn in einen machtvollen

Gotteskrieger zu verwandeln. Dieser Junge hatte von Jesus selbst gelernt, wie man für Gerechtigkeit eintritt und gegen Satan kämpft.

Segatashya hatte seine Jugend damit verbracht, das Wort Gottes zu verbreiten und Seelen dabei zu helfen, den Weg zum Himmel zu finden. Er hatte in gefährlichen Ländern Gottes Werk getan, mit Priestern und Diplomaten debattiert und Bischöfe und Präsidenten beraten. Und das alles, ohne je lesen gelernt zu haben.

Er war mutig, ehrlich, demütig, ansehnlich und freundlich. Er sehnte sich danach, gut zu sein, hasste es, unrecht zu tun, und liebte Gott über alles. Wie hätte ich ihn als kleines Mädchen nicht bewundern sollen? Und mit jedem Jahr, das verging, bewunderte ich ihn mehr; je mehr ich erfuhr, desto besser konnte ich einschätzen, welche enormen Leistungen er vollbracht hatte.

Es war wirklich mein allergrößter Wunsch, Segatashya zu begegnen, damit er mir erzählen konnte, wie es war, mit Jesus zu sprechen.

Ich betrat das Büro des Priesters und fragte die Sekretärin, ob ich mit Segatashya sprechen könnte.

»Dafür hätten Sie fünf Minuten eher hier sein müssen«, antwortete sie.

Das Herz wurde mir schwer und leicht zugleich. Ich hatte meinen Helden ganz knapp verfehlt … aber, Gott sei Dank: Es stimmte, dass Segatashya genau hier auf unserem Universitätsgelände arbeitete!

»Wird er morgen wiederkommen?«, fragte ich hoffnungsvoll.

»Das ist schwer zu sagen«, antwortete sie. »Er arbeitet nur gelegentlich hier. Er arbeitet auch in anderen Pfarreien für die Kirche und manchmal hilft er in der Schulbibliothek aus. Aber wenn Sie wollen, können Sie eine Nachricht für ihn hinterlassen.«

»Ja, danke!«, strahlte ich, nahm den Stift und das Papier, das sie mir reichte, und machte mich daran, mit aller Sorgfalt einen

Brief an meinen Lieblingsseher aufzusetzen. Ich nahm mir Zeit, denn der Inhalt und die Formulierung sollten perfekt sein.

»Fassen Sie sich kurz, meine Liebe«, sagte die Sekretärin. »Er hilft zwar in der Bibliothek aus, aber er kann nicht lesen. Lassen Sie Ihre Kontaktdaten hier und ich gebe sie an ihn weiter, wenn er das nächste Mal kommt.«

»Ach ja, richtig, das hatte ich vergessen«, sagte ich und schrieb eine kurze Notiz an Segatashya, dass ich ihn gern ein paar Minuten sprechen würde, wenn es ihm nichts ausmachte. Ich schrieb ihm, dass mein Zimmer ganz in der Nähe sei, dass er jeden Tag ab 17 Uhr an meine Tür klopfen könnte und dass ich ihn nicht lange aufhalten würde.

Aus irgendeinem Grund – wahrscheinlich, weil ich mir unbewusst eine Enttäuschung ersparen wollte – rechnete ich nicht wirklich damit, dass Segatashya auftauchen würde. Dennoch steckte ich am nächsten Nachmittag um 17.01 Uhr den Kopf aus der Tür, um mich kurz umzusehen – und da war er!

Er befand sich am anderen Ende des Korridors und kam auf mein Zimmer zu. Am Tag zuvor hatte ich gedacht, ich sei nervös – jetzt hyperventilierte ich beinahe.

Zunächst einmal war er überhaupt kein kleiner Junge mehr! In den letzten zehn Jahren hatte ich immer das Bild von dem armen kleinen Hirtenjungen im Kopf gehabt, doch in denselben zehn Jahren war aus dem kleinen Jungen ein großer, erwachsener Mann geworden! Ich glaube nicht, dass ich jemals in meinem Leben von jemandem dermaßen beeindruckt gewesen bin ... Für mich fühlte es sich so an, als wäre es Jesus selbst, der da auf mich zukam.

Mein Herz raste und mir wurde schwindelig. Ich wollte ihn unbedingt treffen – aber in diesem Augenblick hätte ich mich am liebsten versteckt. Einen Moment lang überlegte ich, ob ich die Tür schließen und mich in meinem Schrank verstecken sollte, bis er wieder ginge, aber dafür war es schon zu spät. Der berühmte Seher stand direkt vor mir, und er hatte das liebste Lächeln, das ich je gesehen habe.

»Hi, Immaculée, ich bin Segatashya«, sagte er mit einer Stimme, die ganz genauso freundlich, aber tiefer und voller war, als ich sie von den Kassetten aus meiner Kindheit in Erinnerung hatte.

»H-hi«, stotterte ich. Wir begrüßten einander mit der traditionellen ruandischen Umarmung (die keine richtige Umarmung, sondern eher eine leichte Berührung der Schultern ist).

Dann sahen wir einander nur an.

Ich wollte so viel sagen, aber ich fand einfach nicht die richtigen Worte, um das auszudrücken, was ich auf dem Herzen hatte. Er lächelte mich an und versuchte, mich mit seinem freundlichen Wesen und seinen gütigen Augen zu beruhigen.

»Entschuldigung«, sagte eine Stimme hinter mir. Ich hatte ganz vergessen, dass Marie mit mir zusammen in meinem Zimmer gewartet hatte. Sie winkte Segatashya zu, und ich glaube, sie haben auch irgendetwas zueinander gesagt, aber ich kann mich wirklich nicht daran erinnern, denn ich war voll und ganz damit beschäftigt, meine Stimme wiederzufinden. Es gelang mir beim besten Willen nicht, einen Satz zu formulieren.

Nach einigen Minuten verlegenen Schweigens sagte Segatashya: »Also dann, ich wollte dich nur kurz persönlich begrüßen. Es war wirklich nett, dich kennenzulernen, aber jetzt sehe ich wohl besser zu, dass ich weiterkomme. Komm doch irgendwann im Büro vorbei und sag Hallo ...«

Ich wollte ihn veranlassen, noch zu bleiben, aber was sollte ich tun? Ich war völlig unfähig, mit ihm zu sprechen! Glücklicherweise ist es in der ruandischen Kultur üblich, dass ein Gastgeber seinen Gast die halbe Strecke begleitet, wenn der Gast das Haus seines Gastgebers wieder verlässt. Also ging ich automatisch mit Segatashya bis zum Ende des Universitätsgeländes.

Ich sprach ein kleines Gebet zur seligen Jungfrau Maria, damit meine Zunge sich löste, und endlich, nachdem ich den größten Teil des Weges schweigend neben ihm hergegangen war, konnte ich wieder sprechen. Für Nettigkeiten war jetzt keine Zeit mehr, also kam ich direkt zur Sache. Und sobald ich erst einmal angefangen hatte, Fragen zu stellen, konnte ich nicht mehr aufhören.

»Verzeih mir«, sagte ich. »Ich weiß, die Leute fragen dich sicher ständig über die Erscheinungen aus und das wird bestimmt langsam lästig, aber das ist der Grund, weshalb ich dich sehen wollte ... Ich möchte wissen ... ich möchte einfach alles wissen!«

Dann erzählte ich ihm, was Kibeho für mich bedeutete und wie ich die Erscheinungen ganz von Anfang an mitverfolgt und die Botschaften gehört hatte. Ohne eine Antwort abzuwarten, stellte ich ihm alle Fragen, die ich – für den Fall, dass ich jemals einem der Seher begegnen würde – in meinem Inneren aufbewahrt hatte.

Ich fragte nach den albernsten Details, zum Beispiel wie Jesus angezogen war und wie er das Haar getragen hatte. Ich wollte wissen, wie es sich anfühlte, dem Herrn so nahe zu sein und wie seine Stimme sich angehört hatte. Hatte er auch einmal gelacht oder einen Scherz gemacht? Ich stellte auch schwere Fragen nach den Botschaften über Sünde und Erlösung. Ich fragte ihn einfach alles, was mir in den Sinn kam.

Plötzlich merkte ich, dass wir das Universitätsgelände beinahe verlassen hatten und dass Segatashya stehen geblieben war. Endlich holte ich Luft und entschuldigte mich für meinen pausenlosen Redeschwall.

Er schwieg.

»Es tut mir leid, Segatashya, das kommt dir bestimmt unhöflich vor, dass ich so viele Fragen gestellt habe ... ich werde dich nicht länger aufhalten«, sagte ich niedergeschlagen.

»Oh nein, nein! Mach dir keine Sorgen, Immaculée«, antwortete er mit einem warmen Lachen. »Ich verstehe vollkommen, dass du viele Fragen hast, und ich hätte genauso viele, wenn ich an deiner Stelle wäre. Ich spreche liebend gern über Jesus und seine Botschaften. Ich habe nur überlegt, wo ich anfangen soll.«

»Na ja, du könntest mir einfach eine Zeit lang deine Augen leihen, das würde es einfacher machen. Dann könnte ich alles sehen, was du gesehen hast.«

Er lachte wieder, und dann fing er an, ein paar der Fragen zu beantworten, mit denen ich ihn auf dem Weg von meinem Zimmer bis hierher bombardiert hatte.

»Beginnen wir mit seinem Aussehen«, sagte Segatashya. »Jesus ist ein großer Mann, vielleicht 1,90 Meter groß oder sogar noch größer.

Und er ist ein starker Mann, als hätte er viel Zeit mit körperlicher Arbeit verbracht.

Er sieht aus wie Ende dreißig oder Anfang vierzig, und in der Regel trägt er ein langes weißes Gewand. Manchmal trägt er auch einen roten oder weißen Umhang. Der Umhang fällt wie bei der traditionellen Kleidung ruandischer Männer von seinen Schultern herab.

Jesus trägt einen Bart und er hat schulterlanges, dunkles Haar. Er ist ein sehr gut aussehender Mann mit einem reifen Gesicht, auf dem meist ein ernster Ausdruck liegt.

Seine Augen sind sehr liebevoll, aber immer fest und entschlossen. Seine Haut ist schwierig zu beschreiben, denn es gibt auf der Erde keine vergleichbare Farbe. Sie ist wie Bronze, wie die Haut eines ruandischen Mannes, aber nicht schwarz. Seine Haut ist vollkommen glatt und äußerst lebendig. Sie leuchtet, als ob die Sonne von innen durch sie hindurchscheinen würde.

Wenn du dem Herrn in die Augen siehst, dann erkennst du, dass er sehr sanftmütig und manchmal sehr traurig ist. Wenn er dich ansieht, dann weißt du mit absoluter Sicherheit, dass er dich liebt und für dich sorgt. Und obwohl er jung aussieht, hast du keinen Zweifel daran, dass er der König der Könige ist.

Immaculée, du spürst seine majestätische Ausstrahlung ... und wenn seine Gnade dich nicht aufrecht hielte, dann würdest du in seiner Gegenwart aufs Gesicht fallen, weil du weißt, dass du nicht würdig bist, vor ihm zu stehen. Einmal hat er zu mir gesagt, dass ich den Anblick seiner Macht und seiner Schönheit nicht überleben würde, wenn er als Gott in seiner ganzen Herrlichkeit zu mir käme.

Ich habe den Herrn oft gesehen, aber es ist noch immer sehr schwierig für mich zu beschreiben, wie es ist, in seiner Gegenwart zu sein. Ich erinnere mich jedoch ganz deutlich, dass ich angesichts seiner Liebe, seines Lichts und seiner Majestät so gezittert habe, dass ich in seiner Nähe beinahe zusammengebrochen wäre. Du spürst die Erhabenheit, einen unsäglichen Respekt und den Wunsch, einfach alles für ihn zu tun. Er ist wirklich der Weg, die Wahrheit und das Licht ... er ist Liebe und Leben im reinsten Sinne.«

Noch während ich Segatashya zuhörte, wie er seine Begegnungen mit Jesus beschrieb, wusste ich, dass allein die Macht seiner Worte mich die ganze Nacht wachhalten würde. Ich fragte weiter und bat meinen neuen Freund, mir zu beschreiben, wie sich Gottes Liebe angefühlt hatte. War es eher eine elterliche oder eine geschwisterliche Liebe?

An diesem Punkt unseres Gesprächs spürte ich ganz deutlich, dass es Segatashya wirklich zutiefst leidtat, dass er mich nicht sehen lassen konnte, was er gesehen hatte, als er mit Jesus zusammen war. »Eines musst du wissen: Jesus kennt uns bis in die tiefsten Tiefen unserer Seele hinein, er kennt all unsere Träume und Sorgen, Hoffnungen und Ängste, all unsere Schwächen und Tugenden«, erklärte er. »Er kann unsere Sünden und unsere Schuld sehen und wünscht sich nichts mehr, als dass wir unsere Herzen versöhnen und unsere Seelen reinigen, damit wir ihn ebenso unermesslich lieben können, wie er uns liebt. Wenn er uns Leiden sendet, dann nur, um unseren Geist zu stärken, damit wir stark genug sind, um gegen Satan zu kämpfen, der uns vernichten will, und damit wir eines Tages auf ewig die Herrlichkeit seiner Gegenwart genießen können.

Ich will es einmal so sagen, Immaculée: Wenn ich bei ihm war, dann wollte ich dort einfach nicht mehr weg von ihm. Wenn er jetzt käme, um mich zu sich zu holen, dann würde ich keinen Augenblick zögern, diese Welt für immer zu verlassen. In seiner Nähe zu sein heißt, in Liebe zu leben; da braucht es keine Worte. In seiner Gegenwart ist deine Seele im Frieden und vollkommen froh.

Du musst wissen, dass diese Liebe real und dass sie ewig ist und uns gehören wird, wenn wir ihn lieben und auf Erden seinen Willen erfüllen. Bitte ihn in dein Herz, und all seine Gnaden werden dein sein. Er wird dir nichts verweigern. Wenn du in deinem Leben nur eine einzige Wahrheit erkennen könntest, dann solltest du diese Wahrheit erkennen: Jesus liebt dich.«

Ich wollte Segatashya noch so viele Fragen zu seinen Erscheinungen, seinen Botschaften und seinen Begegnungen mit dem Herrn stellen. Aber es war schon spät, die Sonne ging unter, und wir mussten uns verabschieden.

Ich ging zurück in mein Zimmer, und er ging der sinkenden Sonne entgegen. Achtzehn Monate später lag Ruanda in Schutt und Asche. Über eine Million Menschen waren abgeschlachtet und fast jeder, den ich liebte oder gern hatte, war ermordet worden – auch Segatashya.

Zwölf Jahre vor dem Genozid hatte Jesus Segatashya bei einer Erscheinung Bilder von brennenden Häusern und von Menschen gezeigt, die von Mördern mit Macheten in Stücke gehackt wurden. Der Herr hatte dem Seher gesagt, dass dies geschehen würde, wenn die Menschen weiterhin sündigten und einander hassten. Segatashya hatte gewusst, dass der Völkermord kommen würde. Er hatte uns davor gewarnt und er hatte darauf hingewiesen, dass er vermieden werden könnte, wenn wir Gott liebten – aber einige von uns hatten nicht zugehört.

Als ich erfuhr, dass Segatashya von einer Todesschwadron erschossen worden war, weinte ich um ihn und um die Welt, die einen so wunderbaren Gottesboten verloren hatte.

Er war eine Stimme der Wahrheit in einer Welt, die allzu oft durch einen Schleier aus Lügen und Täuschung getrübt ist. Er war ein Licht in der Finsternis und hat uns Botschaften von Gott überbracht. Wenn wir sie mit offenem Herzen hören, können sie uns aus der Dunkelheit heraus- und in die liebenden Arme des Herrn hineinführen.

Die Botschaften, die Segatashya unter Einsatz seines Lebens überbracht hat, können unsere Herzen verwandeln und unsere Seelen retten, und wenn genug von uns sie befolgen, dann können sie unsere Welt vom Rand des Abgrunds zurückreißen. Die größte Hoffnung, die ich mit diesem Buch verbinde, ist diejenige, dass Sie auf die Botschaften hören, die Jesus uns durch Segatashya gesandt hat.

In meinem Herzen werde ich Segatashya immer als den »Jungen, dem Jesus begegnet ist«, kennen und lieben.

Und ich hoffe, dass Sie ihn ebenfalls lieben werden – jetzt, da Sie ihn ein wenig kennengelernt haben.

Danksagungen

Danke ... Dir, mein Gott, für das Geschenk dieses Buches und dafür, dass Du alles möglich gemacht hast; danke Dir, Maria, für die mütterliche Liebe, die Du allen schenkst; und allen Freunden in der ganzen Welt, die Kibeho unterstützen.

Immaculée

Danke Dir, meine liebe Immaculée; danke Euch: Reid, Shannon, Jill, Tricia, Christy, Johanne, Carina und den anderen wunderbaren und gut arbeitenden Menschen bei Hay House; und meiner schönen Frau Natasha, die immer für mich da ist.

Steve Erwin

Über die Autoren

Immaculée Ilibagiza wurde 1972 in Ruanda geboren und studierte an der *National University* Elektrotechnik und Maschinenbau. Während des Genozids an den Tutsi verlor sie im Jahr 1994 die meisten ihrer Familienangehörigen. Im Jahr 1999 emigrierte sie in die USA, wo sie schon bald bei den Vereinten Nationen in New York Arbeit fand. Heute ist sie hauptberuflich als Vortragsrednerin und Autorin tätig. 2007 gründete sie den *Left to Tell Charitable Fund* zur Unterstützung ruandischer Waisenkinder.

Immaculée ist Trägerin der Ehrendoktorwürde der *University of Notre Dame* und der *St. John's University*. 2007 wurde ihr der Internationale Gandhi-Friedenspreis für Versöhnung und Frieden verliehen. Gemeinsam mit Steve Erwin hat sie die Bücher *Left to Tell:Discovering God Admidst the Rwandan Holocaust* (auf Deutsch: »Aschenblüte: Ich wurde gerettet, damit ich erzählen kann«, Berlin 2008) und *Led by Faith: Rising from the Ashes of the Rwandan Genocide* und *Our Lady of Kibeho: Mary Speaks to the World from the Heart of Africa* (auf Deutsch: »Die Erscheinungen von Kibeho: Maria spricht zur Welt aus dem Herzen Afrikas«, Illertissen 2017) verfasst.

Wenn Sie dazu beitragen wollen, dass die Vision Unserer Lieben Frau sich erfüllt und Kibeho ein »Neues Jerusalem« wird, wo die Armen, Heimatlosen und spirituell Hungernden dieser Welt in einer schönen Wallfahrtskirche einen Ort des Gebetes, des Trostes und der Heilung finden, dann besuchen Sie bitte die

Homepage der Stiftung, die Immaculée zu diesem Zweck gegründet hat: **www.ourladyofkibeho.com**.

Und wenn Sie Näheres über ihre Bestrebungen, die wichtigen Botschaften der Liebe und Hoffnung Unserer Lieben Frau von Kibeho bekannt zu machen, erfahren wollen, dann besuchen Sie bitte ihre eigene Webseite: **www.immaculee.com**.

Steve Erwin ist ein aus Toronto gebürtiger Schriftsteller und preisgekrönter Zeitungs-, Radio- und Fernsehjournalist. Seit er im Jahr 2000 in die Vereinigten Staaten gezogen ist, war er mehrere Jahre lang als Auslandskorrespondent der *Canadian Broadcasting Corporation* in New York und als Nachrichtenjournalist und Feuilletonist für das Magazin *People* tätig. Er ist neben Immaculée Ilibagiza Mitverfasser der *New York Times*-Bestseller *Left to Tell: Discovering God Amidst the Rwandan Holocaust* (auf Deutsch: »Aschenblüte: Ich wurde gerettet, damit ich erzählen kann«, Berlin 2008) und *Led by Faith: Rising from the Ashes of the Rwandan Genocide* sowie des Titels *Our Lady of Kibeho: Mary Speaks to the World from the Heart of Africa* (auf Deutsch: »Die Erscheinungen von Kibeho: Maria spricht zur Welt aus dem Herzen Afrikas«, Illertissen 2017). Mit Dan Caro zusammen hat er das Buch *The Gift of Fire* verfasst. Er lebt zusammen mit seiner Frau, der Journalistin und Schriftstellerin Natasha Stoynoff, in Manhattan.